中国器物简史 上册

吕少民 主编

人民出版社
研究出版社

中国民间艺术品收藏评估委员会
中国民间艺术品收藏评估行业协会
中国艺术品鉴定网

艺术品鉴定丛书编委会

序　言

中国民间艺术品收藏评估委员会（原文化部艺术发展中心艺术品鉴定评估广东工作委员会），十多年来一直致力于中国艺术品鉴定、评估的研究与实践，在艺术品鉴定、评估服务标准和规章制度建设方面取得进展，得到部里相关职能单位的支持与肯定，并鼓励面向行业推广。为不断探索艺术品鉴定评估服务专业化、标准化，委员会组织了一批国内知名专家学者，通过阐释包括历史、人文、艺术、民俗等文化门类在内的中国传统文化，让读者更多更直接地了解祖国文化的辉煌。同时，这套鉴定丛书，将为国家相关部门、艺术品收藏者提供鉴评依据。

《艺术品鉴定丛书》一套十本，涵盖中国自夏商以至明清的代表性器物、书画、陶瓷、红木家私、古玉、紫砂器物外，还涉及中国美术简史、收藏常用语中英词典、鉴定程序制度汇编、艺术品鉴定基准（试行）等集知识与行业规范。文内配有大量实物图片，是读者收藏鉴赏中国艺术品的实用参考书籍，对艺术品研究者、爱好者、收藏者、投资者来说，是一部有实用价值的工具书。

由于《艺术品鉴定丛书》工程浩大及人力、物力所限，疏漏和遗误之处在所难免。希望你们编委会继续努力，再版时给广大读者呈现出一套更加完善的鉴定著作。

高式熊

2017年8月28日

主编的话

　　十多年来在日常鉴定和评估工作中，我发现有不少艺术品收藏者和从事鉴定、评估工作人员都希望能系统地了解中国器物历史与文化，但苦于这方面的研究成果和专业书籍尚属稀缺。为更好地服务社会，我集诸家之力，编撰了这部《艺术品鉴定丛书·中国器物简史》。此书通过器物演变，将其在四千余年的历史发展中，随着社会物质生活和精神生活日益提高、科技进步、工具改良及政治与宗教信仰的需求，继而发生的变化跃然纸上，诉说自夏至清的器物演变与文化变迁，我希望从鉴赏角度为艺术品爱好者构建起一个宏观的中国器物史架构。

　　《中国器物简史》是艺术品鉴定入门的第一课。本册依朝代先后顺序划分为十二章，每章三节。每个朝代均先自玉器、金属器、陶瓷器、绘画、杂项等方面展开介绍，后再从政治、经济、宗教、文学音乐和科学技术等角度，侧面解析器物变化的内在原因，以帮助艺术品收藏者较为快速地了解整个中国器物文化。

　　器物是历史的载体，也是社会变迁、文化艺术、人物事迹的诉说者。《中国器物简史》从实物出发，展现古人奇思睿智、精工巧艺，其问世似乎是填补了艺术品欣赏、鉴定教习中的空白，对于丰富中国文化史也是一个大胆的尝试。当然，这仅是抛砖引玉，在有生之年还望各有志之士助力，完成《中国器物史》编写工作。

在这里，我还要特别感谢以下诸位给予我们的指导和帮助，他们是：

叶选平（国家政协原副主席）

高占祥（文化部原副部长）

周和平（文化部原副部长）

郑欣淼（文化部原副部长，故宫博物院原院长）

刘书田（成都军区原政委）

胡　　克（文化部艺术发展中心原主任）

邓汉光（广州市原副市长）

陈兴保（文化部市场中心原主任）

庹祖海（文化部市场管理司原副司长）

刘　　波（文化部艺术发展中心原副主任）

刘清朗（文化部艺术发展中心原副主任）

赵过渡（中山大学高等教育学院原院长）

　　另外，在编书过程中难免有遗漏或疏误，这还有望于专家、读者们
的批评与指正。

吕砚民

2017.8.17

目　录（上册）

第一章
夏商器物文化

夏 约公元前 21 世纪 – 公元前 16 世纪

商 约公元前 16 世纪 – 公元前 11 世纪

第一节

夏商器物
——狞厉威严

上图 商 兽面纹玉戚 上海博物馆藏
右图 商 绿松石铜龙牌饰 中国社会科学院考古研究所藏

商 四羊铜尊 中国国家博物馆藏

商 青铜人头 三星堆博物馆藏

商 陶盉 三星堆博物馆藏

商 青釉弦纹尊 上海博物馆藏

商 乳丁纹勺 台北故宫博物院藏

夏朝是史书中记载的第一个世袭制王朝,年代约在新石器时代晚期,青铜时代初期。夏朝延续四百余年,约在公元前 16 世纪被商所灭。商朝处于奴隶制鼎盛时期,是中国第一个保留文字记载的王朝,在文化、青铜冶炼等方面均达到了较高水平。

夏商器物特征与当时人们的图腾崇拜有密不可分的关系,器物造型、纹饰多有一定的政治色彩,有种狞厉威严之美。

一、玉器

夏朝玉器多大件礼仪玉,少小件装饰玉。礼仪玉主要有圭、钺、璋、梯形刀等,装饰玉多管柱形。玉器纹饰较少,多扁平几何造型。

商朝玉器有较为显著的特征,除礼仪玉外,其余玉器多琢刻华美的装饰纹样,纹样线条多用阴阳两线描绘,又称"双勾线法"。商朝玉匠开始有意识地利用玉石的色泽纹理,施以适合的造型、纹饰,使作品在造型和色泽方面达到完美。商朝玉器种类繁多,按功能分,大致可分礼器、仪仗器、用具、饰品等几大类,其中装饰用玉最多。

夏 玉圭 上海博物馆藏

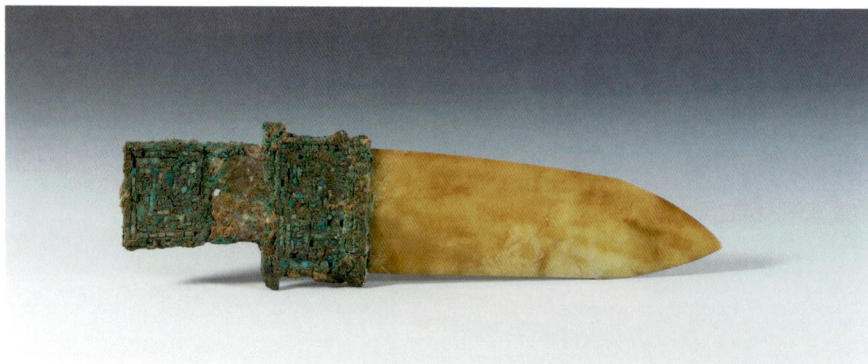

商 嵌绿松石铜内戈 上海博物馆藏

商 玉刀 中国国家博物馆藏

商 玉琥 中国国家博物馆藏

器物示例：玉琥，高 3.1 厘米，长 14 厘米，宽 1.9 厘米，河南省安阳市妇好墓出土。此器为立体圆雕，呈虎形，作伏卧状。方形头，头顶双角后伏，"臣"字形眼，张口露齿，背呈弧形，中部下凹，臀部隆起，四肢前屈，尾长下垂，尾尖上卷。器身饰卷云纹，尾饰竹节纹。臣字眼是此时期动物纹饰的典型特征。

此器玉质为深绿色，上有黄色沁。沁是古玉长期在地下受到各种化学物质入侵、腐蚀而呈现出与玉本色相异的颜色。有沁色玉器无论雕刻层次深浅，其沁色都能均匀的表现，即雕刻突出部分有沁色，凹面也有相同的沁色。观沁色是鉴别古玉的方法之一。

《周礼·春官·大宗伯》中记载："以白琥礼西方。"琥是玉礼器中六瑞之一，以虎符来发兵。但商朝妇好墓出土的浮雕、圆雕玉琥均有孔，故推测为饰品，称"虎形佩"。

商 素璧 中国民间艺术品收藏评估委员会藏　　　商 玉龙 中国国家博物馆藏

器物示例：素璧，外径 8.6 厘米，内径 2.2 厘米。此件素玉璧立边均规整，色泽透亮，上有褐色沁。《周礼·春官·大宗伯》中记载："以苍璧礼天。"古人认为"璧圆象天"，因此"以苍璧礼天"。璧在古代最重要的作用是祭天、祭祖先。用途广、使用年代长，从新石器时代开始一直延续到清朝。

素璧最早出现于新石器时代，最引人注目的有三个出土地，一是太湖流域的良渚文化遗址；二是广汉地区早期文化遗址；三是甘肃齐家文化遗址。商朝素璧在当时主要用于礼器。此素璧形制、颜色对称统一，也是商朝玉器风格庄重、威严的体现。

器物示例：玉龙，高5.6厘米，长8.1厘米，河南省安阳市妇好墓出土。玉质呈墨绿色，间有褐色沁斑。圆雕玉龙，龙首微昂，双角后伏。身于右侧盘曲，尾尖内卷，两短足前屈，各有四趾。中脊饰扉棱，身、尾饰双线阴勾菱形纹、鳞纹，左足外侧饰云纹。"臣"字状目，眼珠突起，鼻部微凸，张口露齿。双排牙齿，方形，牙上有凹齿。牙齿的刻画，特别是双排牙齿是商朝玉器重要的特征。

二、青铜器

青铜器是夏商时期生产力的主要代表。早在仰韶文化时期就出现了青铜片和小件青铜器。夏朝时，工匠们已有能力铸造复杂青铜器，有爵、角、盉、鼎、戈、箭镞等。铸造方法为合范式，并具备了镶嵌绿松石技术。器物纹样有兽面纹、乳丁纹、云纹等。虽然此时的青铜器在造型和质地方面较为单薄和粗糙，但开辟了我国青铜冶铸业先河，为商周青铜器发展提供了先决条件。

夏 束腰爵 上海博物馆藏

商朝晚期工匠已经可以熟练的使用分铸法，即把青铜器分为几个部分冶铸，然后再进行铸接。但总体上，商朝青铜器的冶铸方法多为直接范铸，具体步骤为：

1. 用泥土先制作一个铜器的基本形状并刻画纹饰。

2. 翻范，把细泥土贴按在泥模表面，使泥模形状和纹饰反印在细泥上，晾干为泥片。

3. 合范，将泥片烧制成陶范，这样更加坚硬不易变形。将陶范拼合，作为青铜器外侧，称为"外范"。把翻范用的泥模削薄，制成青铜器内侧，称为"内范"。内外范合成一体，二者的间距即为青铜器厚度。

4. 将铜液注入陶范空隙中，凝固后，打碎陶范，即得青铜器。然后对其进行打磨和整修。由此可知，陶范是一次性用品，只能铸造一件青铜器，故世间没有两件一模一样的陶范青铜器。

商朝后期青铜器的种类增多，有生活用器、礼器、兵器、乐器，甚至是车马器等，大型的熔炉直径可达八十厘米。

夏 镶嵌十字纹方钺 上海博物馆藏

器物示例：镶嵌十字纹方钺，通长 35.6 厘米，刃宽 33.2 厘米，厚 0.9 厘米。钺是古代用于杀戮的刑具，该方钺大而重，不便于使用，且器身镶嵌绿松石，应是礼器。该器方形平刃，刃上部有两方孔，似用于捆扎皮条。器物中心有一圆孔，周围镶嵌六组绿松石十字纹，纹饰较为特殊。

商 龙形觥 山西博物院藏

器物示例：龙形觥（gōng），高19厘米，通长43厘米，宽13.4厘米。这件青铜器堪称国宝级文物，造型独特，纹饰奇绝。其长腹弧鼓，后部直平，背为弧形铜盖，内有横榫可与器身扣合。铜盖中央有一蘑菇形钮，器身两侧附有两对贯耳，可把龙形觥吊置起于火上，器身另一端有口可散蒸汽，底部有矮圈足，又可平稳置于地面。

兽首状的一端，鼻翼、双目凸起，兽口龇牙咧嘴，显示出狰狞的凶狠状。纹饰以龙、蛇为主体纹样，结合旋涡纹、几何纹等其它纹饰，种类繁多。充分显示了商朝贵族骄奢淫逸，酗酒成风之态。

器物示例：后母戊鼎，高133厘米，口长112厘米，口宽79.2厘米，河南省安阳市武官村出土。此器物曾名"司母戊鼎"，重832.84千克，是已知中国古代最重的青铜器。

后母戊鼎初为乡人私自挖掘，出土后因过大过重不易搬运，私掘者又将其重新掩埋。后母戊鼎在1946年6月重新出土，当年村民锯下一只鼎耳，由于历史原因无法找到，如今所见鼎耳是补铸品，为一大遗憾。新中国成立后，此鼎于1959年入藏中国历史博物馆（即中国国家博物馆）。

商 后母戊鼎 中国国家博物馆藏

此器器身呈长方形，口沿较厚，轮廓方直，显现出不可动摇的气势。鼎身四转角处均有扉棱，下有四足。器身以云雷纹为地，耳饰浮雕鱼纹，外侧有双虎食人首纹，腹、足饰饕餮纹。腹部内壁有"后母戊"铭，为商王母亲庙号。

商朝青铜器是商朝礼制的重要载体和物化体现形式，反映着商朝礼制的各方面内容。后母戊鼎是王室重器，其造型、纹饰、工艺均达到极高水平，是商朝青铜文化顶峰时期的代表作。

据检测发现，此鼎含铜84.77%、铅2.79%、锡11.64%，基本符合《考工记·筑氏》所记鼎的铜锡比例，青铜文明的传承脉络可见一斑。

三、陶瓷器

夏朝陶器以泥质灰陶为主，黑陶、棕陶次之，而红陶已极少出现。主要器型有鼎、罐、甑（zèng）、觚（gū）、豆、簋（guǐ）、钵、三足盘、盆、瓮、缸等。纹饰以方格纹、绳纹、回纹、叶麦纹、涡漩纹、云雷纹、圆圈纹等。

商朝早期陶瓷也主要为泥质灰陶，并有少量棕陶和红陶，晚期白陶发展迅速，虽然比例不大但却十分珍贵。商朝陶器的主要器型有罐、甑、鬲（lì）、觚、爵、簋、盆、瓮等，其纹饰多为绳纹，也有的素面磨光后拍印双钩纹、圆圈纹、云雷纹等几何纹饰。

此时，陶瓷烧制工艺有很大提高，主要窑型为馒头窑。近年来还发现了一种更为先进的窑型，即龙窑。龙窑一般依山而建，外观形似一条长龙，故名龙窑。具有窑内炉火旺盛，通风性强，升温快等优点。同时，还可根据需求增加窑的长度，提高产量。

从陶到瓷是一个漫长的过程。夏商之时原始瓷器已经出现，器物多为素面，偶有少量的划刻纹饰。此类瓷器虽较为原始但与陶器已有很大区别。从胎质上看，原始瓷器用瓷土烧制而成，而陶器胎质则为陶土，二者胎料不同。从施釉上看，原始瓷器施釉，陶器一般不施釉。从功能上看，原始瓷器密度高，吸水性弱，多为盛水类器物；而陶器一般器型较大，多用来存储物品。

夏 堆绳纹扁足陶鼎 河南博物院藏　　　　商 硬陶瓿 滕州博物馆藏

夏 陶盉 中国国家博物馆藏

商 原始瓷尊 中国国家博物馆藏

器物示例：原始瓷尊，高11.5厘米，口径18.3厘米，底径3.5厘米，河南省郑州市二里岗出土。此器物敞口收颈，肩斜折，腹部较浅，向内斜收。身饰方格纹，施青色薄釉（一种覆盖在陶瓷器物表面的玻璃质薄层）。

四、漆器

中国是世界上最早使用漆器的国家，迄今为止发现最早的漆器是浙江余姚河姆渡文化遗址中出土的朱漆木碗，距今约七千余年。经过漫长的发展，在稍晚一些的良渚文化中出现了镶嵌工艺，对后世影响深远。夏商时期，漆工艺已经成为一项专门的手工业。漆器品种以生活用具为主，夏朝有鼓、

商 缠丝线黑漆木桃 河南省信阳地区文管会藏

商 朱漆雕花漆棺痕迹 安阳侯家庄西北岗大墓出土

瓠、盒和漆棺等，纹饰受陶器和青铜器影响，以动物和几何纹样为主。漆胎为木制，工艺以挖制和斫制相结合，并出现了新的雕刻工艺，如河南省洛阳市偃师二里头遗址出土的雕花漆器残片。

商朝漆器品种除日常用具外，还有乐器、兵器及丧葬用器等。纹饰以饕餮纹、雷纹等纹样为主。同时，漆里可掺杂各色颜料，器表还可贴金箔。商朝漆器以木胎为主，有少量的陶胎和铜胎。

商 缠丝线黑漆柲 湖北省文物考古研究所藏

器物示例：缠丝线黑漆柲（bì），残长 14 厘米，最宽 3.7 厘米，湖北省黄石市白沙遗址商朝文化层出土。柲，兵器的柄，亦泛指器物的柄。此器物为木胎，木柲握手处突起五层丝线，编织出细密的直线方格云雷纹图案，每组图案由四层方格纹和一个十字纹组成。通体髹（xiū，把漆涂在器物上）黑漆，丝线浸漆固结，产生浮突变化，既防滑又融入了原始的审美元素，是三千多年前真正意义上的漆线纹饰。

由于年代久远，且当时漆器多用木胎，难以保存，故今人对夏、商两朝漆器了解甚少。从目前已发掘的器物分析，商朝漆器多用黑红二色，多以矿物质颜料或植物性染料调色，纹饰多仿自青铜器纹饰。

五、织物与服饰

织布避体、御寒避风，是纺织的起源，早在新石器时期就出现了纺轮（用于将松散纤维拧成纺线）和腰机（用于织布）。夏朝纺织品以丝麻为主，发展至商朝种类有所增加，绢、纱、帛、罗、绮等丝织品种都已出现。在已发掘的墓葬中还常常出现丝带、丝绳和覆盖尸体的丝帛片等。

麻织品在商朝仍具有大众性和广泛性，故其数量并不逊于丝织品。河北省石家庄市藁（gǎo）城台西商朝遗址和北京市平谷区刘家河商朝墓葬均有麻织品出土。

商朝毛织品出土较少，目前主要见于新疆哈密市五堡墓葬遗址，其毛织物有平纹组织（经线和纬线平行交织）和斜纹组织（经线和纬线呈一定角度交织）两种，有的还用彩色经纬线织出彩色条纹，毛织技术已发展至一定水平。

商 黄地棕蓝色条纹毛布（左） 毛织长袍（右）哈密市五堡墓葬出土

商 咖啡色刺绣毛布裤 哈密市五堡墓葬出土

　　夏商时期，关于服饰形制的文字记载很少，只能从出土玉人中窥见一二，但玉人多为装饰品或礼器，对当时服饰的展现比较片面，并不能完全显示出服饰的等级差别。目前可以确定的是，商朝服饰已有等级之差，高级的织品、绣品供贵族享用，底层平民只能使用麻类织物。

此外，贵族服饰色彩比较多样，上衣多用赤、青、黄等色，下裳（cháng，古代遮蔽下体的衣裙）多用赭、绿色，衣领、袖子多有镶边，非常精美。商朝服饰种类至少已有十种，最为重要的一点是此时已出现蔽膝。蔽膝穿着于下裳之外，位于身体正前方，是商人对远古先民用兽皮遮羞的纪念，提醒自己勿要忘本，并用在礼服之中。

商 玉人 中国国家博物馆藏

器物示例：玉人，高 7 厘米，河南省安阳市妇好墓出土。玉人呈黄褐色，圆雕。跪坐，腰左侧插一宽柄器。妇好墓同出玉、石人物雕像和人头像等共十余件。通过这些雕像可看出商人服饰一种为交领，窄口长袖，衣下缘至踝，腰束宽带。另一种为后领较高，长袖窄口，衣下缘至臀部，衣上有云纹。蔽膝多为长条形，有的中腰较窄，有的上窄下宽，都系于腹上，下缘垂至于膝。

从出土实物来看，夏朝的制陶技术颇为发达，琢玉、制骨和铜铸也有一定规模，但如今我们对夏朝器物仍知之甚少，还无法完全证实其辉煌成就。商朝，青铜器铸造逐渐繁荣，原始瓷器与陶器并存，漆器和织物服饰也在稳步发展，存世器物数量较夏朝骤增。总体看来，夏商器物还未脱离质朴之气，造型纹饰充满狞厉威严之美。

商 青铜编铙 国家博物馆藏

第二节

夏商概况

——神授王权

夏朝（约公元前 21 世纪～公元前 16 世纪），是史书中记载的第一个世袭制王朝。一般认为夏朝是一个多部落联盟式国家，有一定数量的青铜器和玉器出土，但并没有同时期的文字相佐证，所以目前国内外学术界对夏朝的真实性存有争议。

商朝（约公元前 16 世纪～公元前 11 世纪），是中国第一个有同时期文字记载的王朝。商朝始于汤，终于纣。曾定都于殷（今安阳），所以又称"殷商"。商朝为奴隶制社会，在文化、青铜冶炼等方面达到较高水平。

商朝法制采取奉"天"罚罪，非常强调神，尤其是祖先神的作用，因此十分"迷信"鬼神，掌管占卜的巫和祭祀的神职人员地位显赫。商王自封为上帝的儿子，权利由神所授，故自称为"天子"。

一、政治

1. 起源与建立

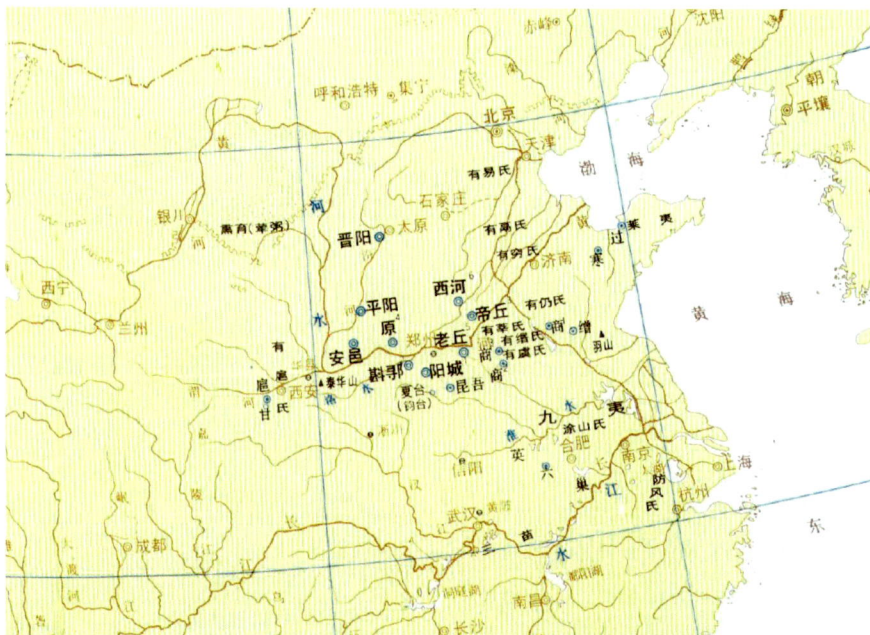

夏朝疆域图　图片来源：《简明中国历史地图集》

夏朝没有明确的疆域，夏氏族与其他部落关系如同宗主国与朝贡国一样，但部分小国受夏室分封，又如同诸侯国一般，所以只能推算出一个大致的势力范围。东至河南省、山东省和河北省三省交界处，南达湖北省北部，西起河南省西部、山西省南部，北及河北省南部。

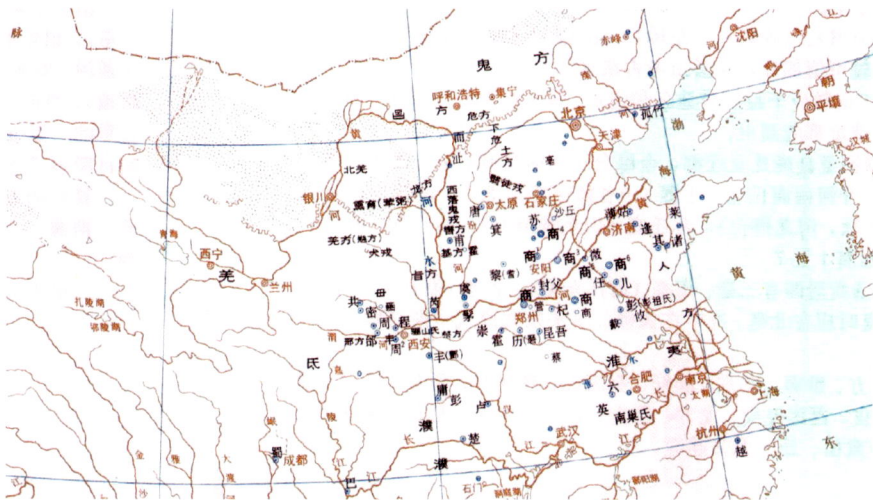

商朝疆域图　图片来源：《简明中国历史地图集》

商朝疆域东到渤海和黄海，南到湖北，西到陕西，北到辽宁。商朝国土间有着听命于其它国家的小国，所以商朝疆域并不是一个整体，这是早期国家的普遍现象。

夏朝君王在古籍中被称为"后"、"夏后"，也有的被称为"帝"。夏朝从禹算起至桀，共有 17 王，历经 14 代。

商朝共有 30 位帝王，历经 17 代。其中 28 王病死，1 王自焚而死，1 王可能是战死，最后一位君王商纣于牧野之战被周武王击败后而亡。据记载，商朝第 9 位君王商中宗太戊，在位时间最长，共 75 年。

商朝初期，王位以兄弟继承，即兄终弟及为主，中后期多由儿子继位，后期实行嫡长子继承制，"立嫡以长不以贤，立子以贵不以长"，王位多由长子继承。

相传尧、舜、禹时期，联盟共主以"选贤与能"的推举方式产生，史称"禅让制"。禹由于治水有功，获得了极大的声望，舜把王位禅让给禹。后来禹推举颇有威望偃姓首领皋（háo）陶为继承人，但皋陶早亡，没有等到禅让。禹又命伯益为继承人，但禹死后伯益没有得到王位，而是启在众人拥护下成为了王。伯益便率领盟军与其战斗，最后启获得了战争的胜利并确定了他的首领地位，但却不再实行推举禅让制。从此，"公天下"变成了"家天下"。

商国由契建立，尧称帝时期，契先被封为司徒，后又被封为玄王。帝舜时期，契帮助禹治水，得到商邑（今河南商丘），并在此建国。契的孙子相土驯服了马，发明了马车。契的六世孙王亥驯服了牛，开始用牛耕地，并发明了牛车，开展以物换物的商业形式，商国力渐渐强盛起来。夏朝末年，商国已成为东方的强国之一。

夏朝最后一位国王桀非常残暴，斩杀平民如砍伐草木一般，百姓不堪忍受。王朝统治日趋腐化，处于严重的内忧外患之中，逐渐走向衰落。商汤王经过多次战争使夏王朝孤立无援，后一举灭夏。商汤以武力灭夏，打破了帝王传承的规律，此后王朝更迭皆是如此，因而称此为"商汤革命"。

2. 武丁中兴

武丁是商朝第 23 任君主，死后谥号高宗，故被称为"殷高宗"。年幼时曾到民间生活，深知日常生活之艰辛。继位后，立志振兴大业，多次亲自率队出征，对鬼方、羌方、虎方、土方、人方等国进行征讨。且战争具有一定的规模，动辄数千兵力，记载最多一次发兵一万余人。这些战争使得商王朝国土扩张，捕获大量俘虏。

这一时期，存世遗物相当丰富，墓葬、宫殿、作坊等均有发现。青铜器铸造水平有突破性提高，质量与产量都是前人所不能及的。纺织、医学、天文交通等方面，也都有不错成就，开创了盛世局面。

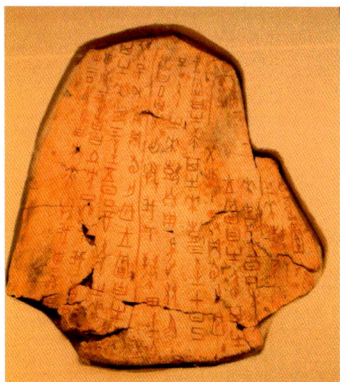

商 "土方入侵"涂朱卜骨刻辞
中国国家博物馆藏

器物示例："土方入侵"涂朱卜骨刻辞，长 22.5 厘米，宽 19 厘米，传河南省安阳市小屯出土。这是一块残断的牛肩胛骨下部，骨正、反面刻满长篇卜辞，字口涂朱，内容是武丁于两个月之内的癸未、癸巳、癸卯与癸亥四日，占问本旬（十天为一旬）之内是否会有灾祸发生。

此卜辞内容还涉及与商关系密切的土方，是研究商朝地理、方国及军事制度的依据，正可补史记之缺，堪称"甲骨之王"。

3. 走向衰亡

（1）夏朝

夏朝自孔甲继位后，国力日渐衰弱，至桀继位时各国诸侯已不来朝贺。但桀不思进取，骄奢淫逸，四处搜刮民财、抢夺财宝，斩杀谏言忠臣，渐渐失去人心。此时，商国日益强大，在征服邻国后，逐个击破夏商间的小国，使桀孤立无援。而后，商汤率战车七十余乘、敢死士兵六千余人攻夏王都。夏军与商军在鸣条激战，结果夏军队大败，夏王朝灭。

（2）商朝

商纣王是商朝最后一位君王，晚年残暴不仁，其叔父比干劝他重整朝纲，一连三天强谏不走。最终，纣王恼羞成怒说："我听说圣人的心有七个孔窍，我要看看你的心是什么样子！"便命卫士挖出比干心脏。

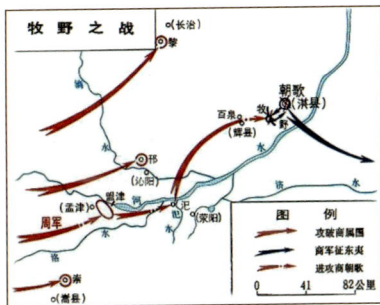
牧野之战形势图

商朝末期，周武王联合西方小国，亲自领兵车三百余乘、虎贲（精锐士兵）三千多人、甲士四万多人，发动了灭商战争。纣王仓促应敌，双方于牧野交战。因纣王荒淫残暴，士兵们对其愤恨不已，在前线纷纷倒戈起义，引导周军攻入商都，纣王无奈逃回朝歌，后在鹿台自焚而死，商朝就此灭亡。

商朝贵族骄奢淫逸，酗酒成风，墓葬中出土的大量青铜酒器也可说明这一点。黎、稷等谷物是商朝酿酒的原料，大量饮酒对谷物的消耗量很大，因此贵族对平民加大了剥削力度。同时，商朝刑法森严，卜辞记载被行刑者少则十余人，多则数百人，并且刑罚残酷。

二、各项制度

1. 官制

古代官制可以追溯到原始社会后期，尧、舜之际官名逐渐增多。夏朝官制已有雏形，有辅助君王的疑、丞、辅、弼，合称"四辅"，其下还有"三正"和"六事之人"。三正指庖正掌管膳食、车正掌管车服、牧正掌管畜牧。

六事之人为统领军事的长官，地位很高，常伴君王左右。

此外还有负责下达王命和宣布政令的遒（qiú）人、管理经济和征收农业剩余生产物的啬人、掌管刑狱的大理、掌管记事和册籍的史官、掌管历法的羲和、掌管音乐的瞽（gǔ）、以及掌管教学的校等。

商朝已有较完备的官员制度，总体分为在朝中任职的内服官和被封于王畿（jī）外的外服官两种。外服官主要为王朝分封的诸侯、伯等。

内服官又有内廷事务官和外廷政务官之分，事务官专为君王服务，多管理日常生活中的各项具体事务。政务官则是辅助君王制定政策的官员，最高职位称为"相"，又称"保"、"阿"、"尹"。商朝高级官吏统称"卿士"。此外，商朝统治者"尚鬼"、"尊神"，故设掌祭祀、占卜、记史等事宜的官员。

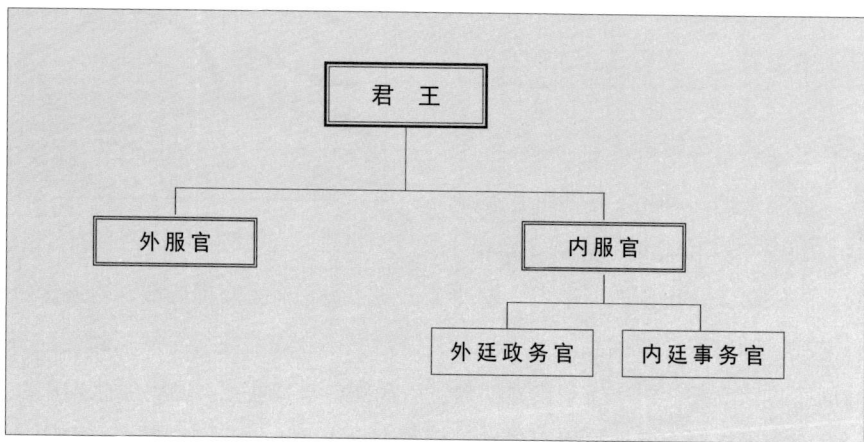

商朝官制示意图

2. 律法

夏朝统治者以"天"的名义统治疆域，律法的指导思想可概括为奉"天"罚罪。并确定了一些罪名及定罪量刑的原则，有死刑、肉刑、流刑和赎刑。

商朝法律依然以"天"为指导思想。《汤刑》是商朝法律制度的总称；《汤誓》是商汤伐夏桀时所颁布的命令；《汤诰》由商汤发布，内容是向商朝平民宣告夏朝罪恶和商朝政治纲领，以巩固统治。此外《盘庚》《甘誓》《伊训》也是商朝具有法律效力的政策文件。

商朝刑名较多，并多被后世所引用。

（1）死刑

戮：刑辱示众后再斩之。炮烙：令受刑者贴于涂油的铜柱上，下加热炭，受刑者便很快坠入炭中烧死。醢（hǎi）：把罪犯捣成肉酱。脯：将罪犯晒成肉干。劓殄（yì tiǎn）：把罪犯和其后代都杀死，同于株连九族。

（2）肉刑

墨刑：在罪犯面部刺刻，并涂以墨色。劓刑：割掉鼻子。刖（yuè）刑：断足。宫刑：破坏生殖器官，残害生育能力，是一种仅次于死刑的重刑。

（3）徒刑

将罪犯拘役使其劳行。

3. 兵制

夏朝兵制初具规模，君王军队由卫队式常备武装和兵民合一的民军组成。作战方式以步兵为主，但出现了战车，车上成员有左、右、御的区分。军队武器以弓矢和戈矛为主，目前已发现的兵器最常见的是箭头。

据统计，商朝约有 500～700 万人，其中士兵数量约 12～15 万人。其军事制度在甲骨卜辞中记载较多，君王是军队的最高统帅，常亲自出征，君王配偶也会率军出征，如妇好。此时军队成员已有较为明确的分工，卒由贵族和平民组成，日常要进行射、御练习，并以田猎形式进行军战演习。附属国首领和贵族大臣平时治民，战时担任高级军事官，领兵打仗。战争来临时，也会根据需要

商 双耳矛 湖北博物馆藏

的不同进行征兵，数量在 1000～10000 人不等，以庶民为主，奴隶多为杂役。

商朝军队分步卒和车兵，以车战为主要作战方式。战车多由两匹马组成，一般有三名车兵，左持弓、右执戈、中间为驾车者。兵器有弓、箭、刀、斧、戈、矛、钺、头盔、甲胄、矢镞等，其中刀、斧、戈、矛、头盔、矢镞等用青铜铸造。青铜矛是商朝常见冷兵器之一，河南省安阳市侯家庄商王陵墓内曾出土 70 捆矛，每 10 个一捆，可见其数量之大，同时也说明商朝对于兵器的存放有一定的制度要求。

4. 人殉制度

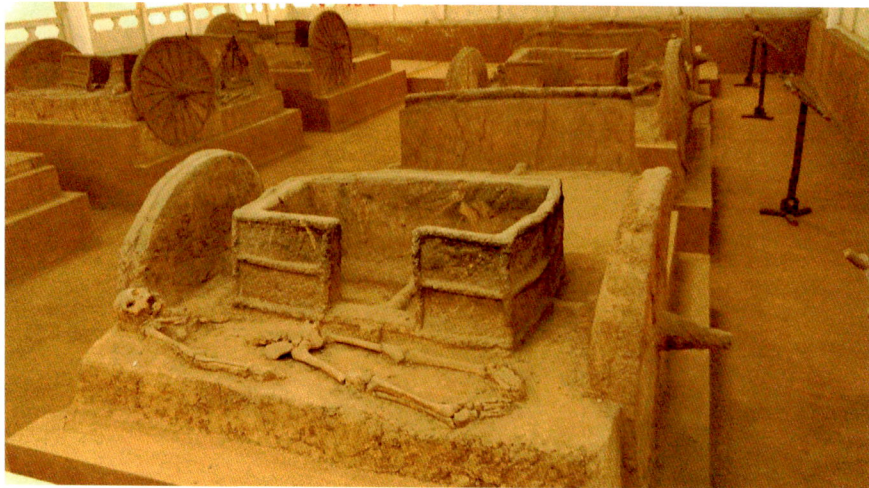

商 车马坑 殷墟博物馆藏

商朝用活人殉葬、祭祀非常盛行，其数量也很庞大。目前发现的商朝墓葬中多有殉葬者，数量多者有百余人，如殷墟侯家庄大墓。据出土的甲骨文记载，武丁之后的商王祭祀使用奴隶多达到一万三千余人，仅发现的武丁时期卜辞中，就有一千余条关于奴隶祭祀的记载，其中最多的一次人数达五百余人，最少的也有二十一人。

三、农业与商业

1. 农业生产工具

考古发现证明，夏朝农作物以粟（去皮后称"小米"）、黍（去皮后称"黄米"）为主，并出现了麻和大豆。农具有铲、镰、耒、耜等，材质主要为石质，有少量的蚌、骨和木质农具。

商朝，铲、镰、锄、耒和耜仍是常见的农业生产工具，依旧由石、木、蚌和骨做成，此时青铜器只为贵族服务，所以少有青铜质农业工具。铲用于挖土和松土，石铲由表面磨光且形状扁平的石头所制，蚌铲由河蚌稍加磨制而成，骨铲则多用牛的牙床骨割裂后制成。镰为收割工具，锄、耒和耜为翻土工具，多石质。

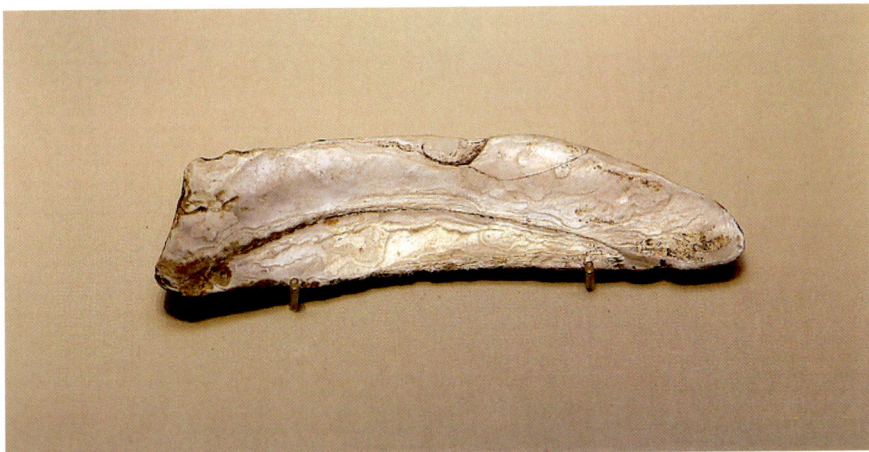

商 蚌镰 中国国家博物馆藏

器物示例：石耜，长 23.3 厘米，宽 23.5 厘米。新石器时期，把石耜作为掘土和翻地农具。它比铲体形大，扁平锋利，多为长方形，也有舌形、桃形、梯形和椭圆形，两面刃。商朝，石耜仍在农业上占有重要位置。

商 石耜 中国国家博物馆藏

2. 耕种方法

商朝的劳作方式为协田，即多人一起协作种田，进行集体耕种。其耕种方式较原始农业提高不少，人们已经知道如何治理土地、挖沟引水和培土除草等一整套耕种方法，甲骨文中的甾、疆、囲、畋、男等象形文字，都与农田整治有关。由"田"字可知，此时人们先将土地治理成方块，再进行耕种。而"耤"

商 王令众人协田刻辞牛骨
中国国家博物馆藏

（jì，用耒耜以古法耕种）表明，田地开垦后还需要翻耕。卜辞记载，商汤时人们就已懂得用粪为田地施肥，以提高产量，还知道可用火来驱虫保苗。

3. 商业

相传商人王亥（即商王契的六世孙）将牛驯服后便驾车到处做生意，同别人交换物、服饰、用具等物资，开创了商业活动。夏朝有关商业形式的记载非常少，目前可以确定的是，此时已出现以物易物的交易方式。

商 货贝 中国国家博物馆藏

商王朝建立后，随着农业生产和手工制造技术的提高，商业也随之发展起来。商朝货币为贝，以朋为单位。五个贝串成一串，两串为一"朋"。贝具有很高的价值，铭文记载商王赏赐功臣也不过只有十朋。商朝的商人会携带大量贝币在本地或异地、甚至异国贩卖盐、米、酒、鱼、龟等物品，有些还是大宗商品贸易，所用贝币数量庞大，以麻袋来盛装贝币。

四、文字与音乐

1. 甲骨文

甲骨文是目前已发现最早的系统性文字，因锲刻、书写于龟甲和兽骨上被称为"甲骨文"。在商朝之前就已存在，可能源于 9500 年前的河南裴李岗文化。甲骨文是商朝的主要流传文字，记载了自盘庚至纣王二百七十余年的事迹，为今人研究商朝文化提供了大量宝贵资料。甲骨文中形声字数量众多，上承原始符号，下启青铜金文，为汉字发展的关键阶段，也被称为"最早的汉字"。

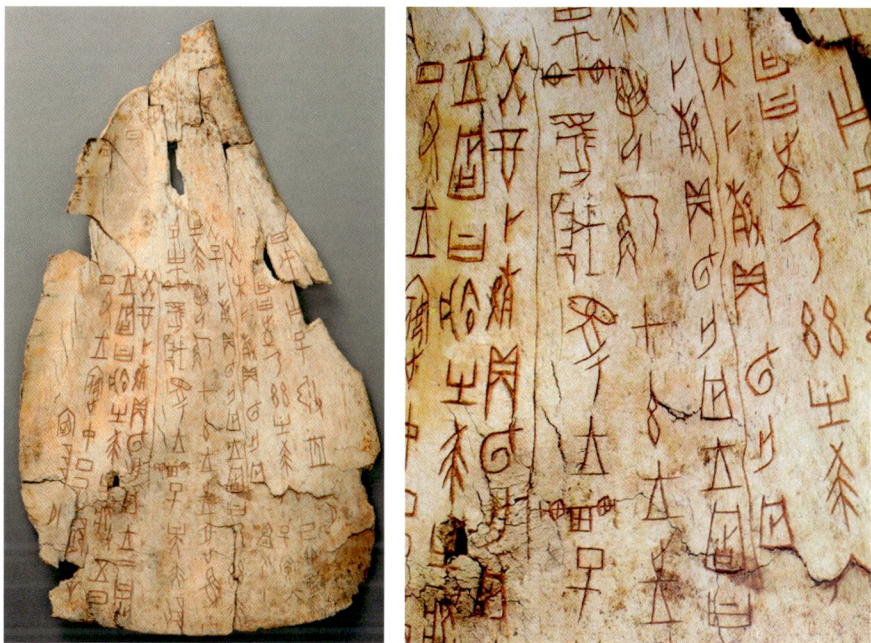

商 王宾中丁·王往逐兕涂朱卜骨刻辞及局部 中国国家博物馆藏

器物示例：王宾中丁·王往逐兕（sì）涂朱卜骨刻辞，牛骨。此卜骨内容涉及祭祀、田猎、天象等诸多方面。据传，清朝末年，河南省安阳市小屯村一位农民在挖田时掘出甲骨，转手至古董商人，这位商人慧眼识精把它带到京城，被时任国子监祭酒（官职，掌管各类官学和考试）的王懿荣辨识出为殷商遗物，并审定为最早的古文字。这次偶然的发现，使甲骨学成为一门新学问。

这些锲刻在龟骨上的刀笔文字充满了自然质朴、古拙浪漫之美。正如郭沫若先生所说："卜辞契于龟骨，其契之精而字之美，每令吾辈数千载后人神往。"此件卜骨刻辞书风雄健，是商晚期甲骨刻辞中不可多得的珍品。

2. 金文

金文又称"铭文"，是铸在青铜器上的文字。金文较甲骨文笔画更为繁琐，发展更为完善。早期青铜器上的铭文字数很少，多仅铸刻家族名号或器物所有者名号。后期字数有所增加，但至多不超过 50 字，出现了记事性铭文。

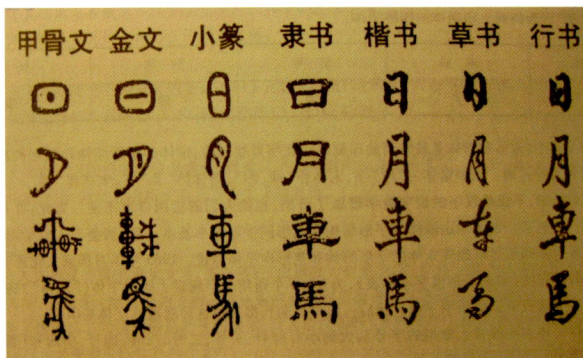

汉字演变示意图

后母戊鼎上的金文

商 二祀其卣 故宫博物院藏

器物示例：二祀其卣（yǒu），通高38.4厘米，宽36.9厘米。该器外底铸铭文39字，是现存商朝青铜器中铭文最长的几件器物之一。

铭文大意为商纣王命令此器所有者去夆地发布政令，在雍地田猎，并赠送夆地酋首一双兽皮。酋首返赠此器所有者五串贝。时值商纣王二年正月丙辰日，祭祀太乙（即商汤，号太乙）的配偶妣（bǐ）丙的日子。此器所有者对天上的帝和地上的商王都做出了贡献。

3. 音乐

目前有三种夏朝乐器出土，分别是土鼓、鼍（tuó）鼓和磬（qìng），说明夏朝已有音乐存在。土鼓以陶为框，是两边蒙皮的打击乐器；鼍鼓为木质，蒙鳄鱼皮，也是打击乐器；磬为石质，上有孔，可悬挂敲击，专家测定为一磬一音。

在商朝墓葬中出土的文物有不少是乐器，表明当时的音乐发展已趋于成熟。商朝乐器品种相当多样，有篪、埙（xūn）、磬、铙（náo）和鼓等。铙多用青铜制成，有大铙、小铙之分，多枚铙编组而成的则称"编铙"，三枚铙组成的小型编铙比较常见。

商 陶埙 中国国家博物馆藏

商 饕餮纹铙 天津博物馆藏

器物示例：饕餮纹铙，口纵 23.8 厘米，口横 35.5 厘米，通高 47.5 厘米。整器合瓦形，形体高大厚重，口沿微呈凹弧形，两侧自下向上斜张，粗柄上有突起的一周，柄中空并与内腔相连通。铙体前后均饰有饕餮纹，内填雷纹，柄及铙顶部也遍饰雷纹，整体纹饰精美繁复，生动立体。

铙作为一种乐器名，最早见于《周礼》："以金镯节鼓，以金铙止鼓。"可观其形制像铃，演奏时铙口向上，将中空的柄部安上木把，置于木座之上，以木槌敲击铙口中间及两侧，即可发出洪亮悠长的声音。铙为我国最早使用的青铜打击乐器之一，流行于商朝晚期。最初用于在军中传播号令，后主要在祭祀祖先和自然神明时敲击演奏。

五、科学技术

1. 天文历法

夏朝历法是中国最早的历法，此时已可以依据北斗星斗柄的方位来确定月份。商朝规定 366 天为一个周期，并有大小月之分。商人把一天分为早、中、夕三个阶段，此外，日出地面称"旦"，日落称"昏"、"各"。商朝人对自然气象十分关心，甲骨文中记有多次日食和月食事件，且记录相当细致，甚至有连续多天的气象情况。甲骨文中的风、雨、阴、晴、霾、雪、虹、霞等天气词汇，说明商朝已有非常具体的气象分级。此外，商朝数字有明确的十进制，并有奇偶数和倍数概念。

已知商朝有三种纪日法，即天干纪日法、地支纪日法和干支纪日法，其中干支纪日法是世界上使用时间最长的纪日法，出错率较小，也不会造成重叠。由甲子、乙丑、丙寅等 60 个单位组成，每 60 日为一个循环，商朝多用此种纪日法。

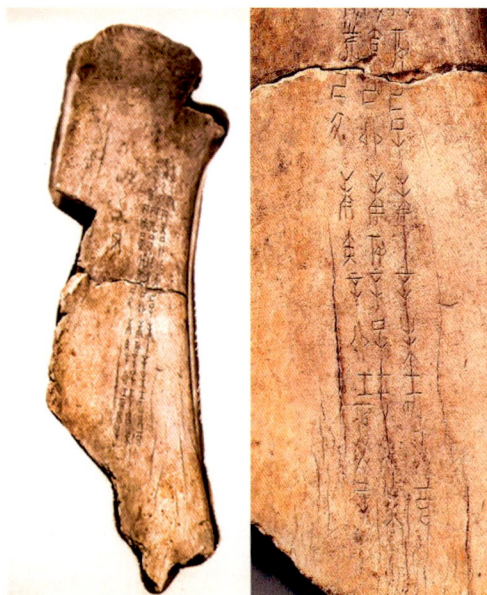

商 刻干支表牛骨 中国国家博物馆藏

器物示例：刻干支表牛骨，长 22.5 厘米，宽 7.4 厘米，河南省安阳市殷墟出土。此为商朝末年牛肩胛骨，上锲刻由甲子、乙丑、丙寅、丁卯……辛卯、壬辰、癸巳组成的"干支表"。

2. 医药

夏商朝人对疾病已有一定的认识，卜辞中关于疾病的记载有数百条之多，并出现了疾首、疾耳、疾目、疾口、疾齿、疾身、疾足、风疾和喑疾等名词。商人治病的方法主要由"巫"进行祭祀、祈祷，并使用一些药物。

夏商位于中国历史的初期，此时的先民们对自然和自身的认识较为有限，君主为巩固自己的统治地位，声称自己的权利由神所授，此理论一直被延续至中国封建王朝结束。夏商时期虽已有不少器物，但与后面历朝相比仍较为稚拙。受政治、技术影响，所造器物多为实用器或祭祀用器，制造速度也非常缓慢，某些器物很可能经几代人之手才得以完成。

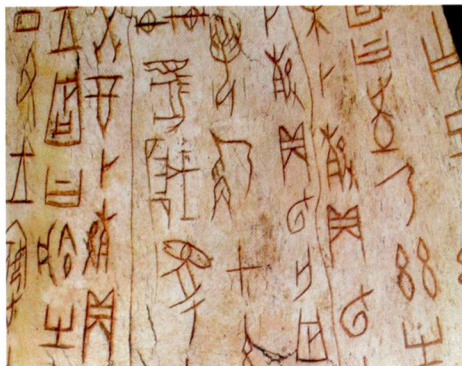

第三节

夏商器物总说

——生机盎然

时至今日，人们对夏朝的认识仍十分有限，对于夏人是如何生活、如何认识"美"的知之甚少。商朝人嗜占卜与人殉，尊神而又敬鬼，其精美器物不仅是财富权利的体现，也是沟通天地、联络神人、震慑平民的法器。因而器物造型与纹饰逐渐变得威严诡异，既体现着宗法制度，又表现着信仰和思想。夏商是中国封建王朝的开端，处于中华文明的前期，其器物、社会、经济等方方面面都呈现出一种生机盎然的成长之态。

夏朝礼仪用玉数量多而器型大，装饰玉数量少而器型小，整体造型趋于扁平，较少琢刻纹饰。相反，商朝玉器纹饰较为精美，大量运用双勾线法（减地法阳线纹），玉器种类繁多，有不少装饰用玉存世。

青铜器方面，夏朝已有能力铸造较为复杂的器型，并且掌握了镶嵌宝石的技术，但器物还稍显单薄和粗糙。商朝晚期，分铸法发展成熟，可铸造出极其复杂的器型，器物种类也大为增加，其中酒器最为繁盛。

陶瓷器方面，夏商陶器以灰陶为主，商朝陶器的主要器型有罐、甑、鬲、瓿、爵、簋、盆、瓮等。纹饰比较简单，多为绳纹，也有素面磨光后拍印双钩纹、圆圈纹、云雷纹等。夏商之际陶开始向瓷过渡，原始瓷器逐渐增多。

夏商时期，漆器主要用于制造生活用具、乐器和兵器。漆胎以木质为主，商朝有少量的陶胎和铜胎。纺织品方面，夏朝以丝麻为主，发展至商朝品种有所增加。此外，商朝毛织技术也比较发达。今人对于夏商服饰的认知并不多，目前可以确定的是，商朝服饰已有等级之差，高级的织品、绣品由贵族享用，底层平民只能用麻类织物，商朝服饰种类至少已有十余种。

商 青铜鸮卣 山西博物院藏

第二章
西周器物文化

西周 公元前 11 世纪－公元前 8 世纪

第一节

西周器物

——理性程式

西周 玉璧 中国民间艺术品收藏评估委员会藏

西周 玉龙纹觿 台北故宫博物院藏

西周 漆罍（修复品） 西周燕都遗址博物馆藏

西周 储藏瓮 美国明尼阿波利时艺术学会博物馆藏

西周 兽面直纹簋 台北故宫博物院藏

西周 鸟纹提梁卣 纽约大都会博物馆藏

西周 毛绣品 哈密五堡墓葬出土

周朝是中国最后一个奴隶制王朝，由西周和东周两个时期组成，东周又被分为"春秋"和"战国"两部分。西周国力鼎盛，周礼严明，器物风格较为统一，以理性程式化为特点。东周，周礼逐渐瓦解，僭越现象频发，故而将西周、春秋与战国分列而讲。

一、玉器

西周在继承商朝玉器双线勾勒技艺的同时，又开创了一面粗线或细阴线镂刻技艺，俗称"双钩一面坡"。制造风格由商朝的庄重威严渐转向写实，纹样发展趋于成熟，多表现为程式化。西周的分封制和宗法制度，对玉器制度产生的影响很大。玉与礼相互联结后，西周王朝设立了管玉机构，玉府和典瑞。玉府直接为王权政治服务，管理的玉器有礼器、丧葬器、服饰器和符节器。典瑞负责保管王公大臣所执的瑞玉及礼玉。

西周对玉石的使用有非常严格的等级规定，主要体现在质量和色泽上。西周使用的玉石虽五彩缤纷，有白、青、墨、碧诸色，但崇尚白玉，以和田白玉为最。从材质上看除了和田玉、蓝田玉，还有大量的玛瑙、水晶和绿松石等其他材质的宝石，以符合周礼中天子以下不能用全玉的规定。西周玉器主要为礼仪用玉和装饰用玉，礼仪用玉以琮、璧、璜、戈为主。玉器数量众多，仅三门峡虢国（虢 guó，周朝诸侯国）墓地出土的玉器就达上百件。

西周 玉鹰 滕州博物馆藏

器物示例：玉鸟，宽4厘米，长6.2厘米。玉质细腻温润，呈白色。玉鸟圆眼钩喙，形态古拙，在喙、冠末和短尾羽三个弯卷处钻三个透孔，胸部转角处也有一个穿孔。鸟身饰比较单一的直线或曲线，胸部雕刻卷云纹。

西周 玉鸟 中国国家博物馆藏

此时期的玉鸟形象简化，图案与青铜器上的鸟纹具有共性。在造型上相对统一且具有一定标准，整体形态写实，已脱去了商朝的庄严和神秘感，透露出程式化风格。

西周 玉璧 中国民间艺术品收藏评估委员会藏

器物示例：玉璧，直径13厘米，厚0.7厘米。玉质细腻，呈青黑两色，黑色部分边缘有黄色沁。上饰夔龙纹，张口卷唇、翘鼻，卷尾呈长条形，纹饰弧线较多，线条自然流畅。对称均衡，也是西周器物风格理性的体现。纹饰造型柔美，包浆熟润，品相完好，极具古拙的美感。此玉璧雕刻工艺为西周典型的"双钩一面坡"。

西周 玉牛 中国国家博物馆藏

器物示例：玉牛，长 4.7 厘米，高 2.4 厘米，厚 0.5 厘米，1957 年陕西省西安市张家坡出土。体态肥硕健壮，形象生动逼真，玉质光润亮泽。玉牛昂首前视，双角向后，角下有双耳，用阴线刻画双目、鼻，眼为杏核眼，口微张，似在张口鸣叫，口部及下颌有一对穿孔，可穿系。背部微微拱起，臀部圆润丰满，四肢粗壮，抓住了牛的基本特征。这反映牛已作为西周人主要饲养的牲畜之一。

二、青铜器

西周是青铜发展的重要阶段，前期器物种类繁多、造型精美，是青铜铸造的鼎盛时期。后期渐渐简化，器物上开始出现长篇铭文。这个时期，青铜器数量远超前代，铸造技术趋于规范，反映出青铜冶铸业技术不断提高发展的状况。西周铜矿采冶包括探矿、开采、选矿、冶炼、铸造等多个环节。

探矿：沿用商朝探槽法，即根据已露出的矿脉挖槽找矿。

开采：联合开采法出现，即多个竖井下部与平巷相通，便于采运。开采和装运工具有斧、锛（bēn）、凿、钺、铲、锹竹篓、竹筐等。在铜矿遗址中曾发现竹签和松柴，并有燃烧痕迹，可能是当时的照明用具。

选矿：有手选和水选两种，多使用水选工艺。在铜岭铜矿发现了一整套水选溜槽选矿设施，展现出周人无限的智慧之光。

冶炼：一般在铜矿开采场附近就地冶炼，并掌握了硫化矿炼铜技术。

铸造：西周时期青铜器仍采用浑铸、分铸两种铸造方法。随着模、翻范技术的进步，可以成组铸造一类器物，使形制、纹饰和铭文完全相同，呈现出程式化特征。

西周 凤纹卣 上海博物馆藏

西周 盨（Ii）青铜驹尊 伯吴盨 中国国家博物馆藏

器物示例：伯吴盨（xǔ），盛食器，高 17 厘米，口宽 18.4 厘米，江苏省镇江市丹徒烟墩山出土。器呈椭圆方角形，兽首耳，鼓腹，圈足中部内凹。器盖作拱形，上置两个曲尺形捉手。腹部饰瓦纹，器盖边缘与器腹近口缘处各饰一周窃曲纹。

西周时期，青铜器使用制度森严，有着明确的等级秩序，多以用器数量和组合方式来区分。与商朝青铜器相比，此时器物铭文字数普遍增多，内容多涉及政治、军事等多个方面。此青铜盨内铸铭文 3 行 15 字："鲁司徒伯吴敢肇作旅，万年永保用。"文字错落有致，布局方整。

西周 "长思"青铜编钟 中国国家博物馆藏

器物示例："长思"青铜编钟，通宽25.4厘米～27.5厘米，通高38.5厘米～48厘米。此铜钟圆甬有旋，腔体较阔，一组数枚，外形相同，型号递减，为编钟。中山大学历史系教授徐坚认为："西周编钟的出现是在南方成熟的甬钟进入关中地区后，在商周革命的过程中被可以取代先前存在于商文化中的编铙而形成的"。编甬钟的出现，是西周权贵在规制礼仪上的重要组成要素。西周编钟多在祭祀、宴飨（xiǎng，饮宴群臣、国宾）等活动中使用，身份等级不同，使用编钟的数目、悬挂方式也不同。

三、陶瓷器

西周时期，原始瓷器数量增加，多为生活用器，有甗（yǎn）、豆、盖、罐、簋、瓿（bù）、碗、瓮等。目前，南方出土的瓷器数量和种类要多于北方，仅江苏省镇江市句容县甸岗村浮山果园一号墓就出土124件瓷器。

西周 云雷纹硬陶瓮 绍兴博物馆藏

这一时期原始瓷器原料为高岭土，但加工不精、质地粗糙，颜色多为灰白或灰色。瓷釉以青绿色为主，还有淡黄、褐和紫褐色。瓷器流釉现象比较普遍，釉层薄厚不均，器物多为泥条盘筑而成。纹饰以云雷纹、网纹、方格纹和席纹为主。

器物示例：原始瓷青釉划花双系罐，口径8.4厘米，底径8.3厘米，高13.1厘米，河南省洛阳市出土。此罐身施青釉，敛口折腹，束腰圈足。肩部饰水波纹，两边各有一横系，造型如鱼篓，是西周早期原始瓷器的典型器物。此原始瓷器上的青釉，是石灰釉的一种。

西周 原始瓷青釉划花双系罐 故宫博物院藏

由石灰和黏土配制而成，由于黏土中含有铁，在高温条件下会呈现青色。这种石灰釉也被称为"碱釉"，从商朝一直沿用至明清时期，是我国传统瓷釉品种。

四、漆器

西周时期，已有人工种植漆树的记载，种植者还需向天子贡赋。漆不仅用于日常器具上，还大量用于装饰舟、车、宫室，故西周漆器数量大为增加。

此时漆器以木胎为主，兼有瓷胎。日常生活用具，增加了漆耳杯、勺、梳、槌等。兵器，除盾、甲、矢、剑鞘外，还有戈、矛等。车马器，有车舆（车厢）、车辕（车前驾牲畜的两根直木）、车伞盖以及马饰等。丧葬用具，有棺、椁（guǒ，套在棺外的外棺）、镇墓兽和木俑等。

装饰纹样的种类较夏商有明显增加，有饕餮纹、凤鸟纹、弦纹、雷纹、云雷纹、回纹和涡纹等，几何纹样以衬托主纹为目的，数量不多。彩绘和镶蚌是西周漆器最具特色的装饰手法，为后世镶嵌螺钿工艺的鼻祖。此时蚌料多磨成中心微凸的圆形蚌泡，或蚌条、蚌块，与漆器色彩形成强烈对比，花纹极为醒目。

西周 漆方豆 西周燕都遗址博物馆藏

西周 漆罍（修复品） 西周燕都遗址博物馆藏

器物示例：漆罍（léi），高 54.1 厘米，北京市房山区琉璃河遗址出土。此遗址发掘出一批漆器，大多胎质腐烂，器皮犹在，彩绘、蚌嵌，大体皆存。此漆罍便是修复人员根据漆皮所显示的形状，复原而来。器物有盖弇口、折肩，腹微鼓、圈足有耳。螺钿与彩绘共同组成图案，二者交相呼应，色彩鲜明，白色部分为蚌泡或蚌条。器物为木胎，盖上牛头形装饰和漆耳应是先雕刻成型，再与器和盖粘合。这种分段雕刻、互相粘合的制胎技术，充分表现出西周工匠的高超技艺。

五、织物与服饰

1. 织物

西周纺织业有官办作坊和家庭副业两种形式，这二者生产方式均直接或间接受君王控制和指挥。西周纺织品依旧主要分为丝、麻和毛织品三大类，丝织品在商朝基础上制造范围有所扩大，养蚕和丝织加工也有所进步。

西周君王将矿物染料作为高级染料，只有贵族可以使用，主要有朱砂、赭石、石黄和石绿等，赭石多用来染毛、麻织品，其它染料多用于丝织品。

西周 玉蚕 中国国家博物馆藏

西周 丝绣痕迹 陕西宝鸡茹家庄西周墓出土

西周 毛绣品 哈密五堡墓葬出土

西周 荒帷痕迹 山西绛县横水墓地出土

器物示例：荒帷痕迹，荒帷即为棺罩，此荒帷面积有十平方米，由两幅拼接而成，上有精美凤鸟刺绣。凤鸟为侧面，钩喙圆眼，线条流畅，大凤鸟旁边有四只小凤鸟。虽然此荒帷仅是痕迹，但仍能看出这一时期的刺绣技术已经非常成熟。

2. 服饰

西周时期，服饰是人们阶级地位的标志，服装制度十分严格。服装样式在商朝基础上略为宽松，衣袖有大小两种，领子均为右衽，即右前襟向左侧放置，左前襟向右侧腋下放置，左襟压在右襟上。衣服一般腰间系带，不使用钮扣。裙或裤的长度短的及膝，长的及地。此时，冠已发展齐全，有鹊尾冠、尚冠、长冠、筒冠、冕、弁（biàn）等。帽类在此时也有了雏形。

西周冠服制度完善，后世多在此基础上沿用发展，影响深远。冠服制度也称为"礼服制度"。此时礼服仍为上衣下裳，但头要戴冠，并通过冠、章纹、组玉等区分等级。

服饰制度具体如下：

冕服：帝王在祭典中穿着，礼服中最尊贵的一种。主要由冠、衣、裳、蔽膝组成，衣裳上绣有章纹。衣裳内着白色衬衣，下身前部着蔽膝，天子蔽膝为朱色，诸侯为黄朱色。鞋为双底，以皮革和木做底，鞋底较高，天子在隆重典礼时穿赤色鞋。

弁服：隆重性次于冕服，与冕服形制相似，但不加章纹。弁服可分为爵弁、韦弁、冠弁等几种，它们主要的区别在于所戴的冠和衣裳的颜色。

玄端：为天子日常服饰，也是诸侯和臣子们的朝服。

西周 玉人 山西博物院藏

器物示例：玉人，高9.1厘米，宽3.3厘米，山西省临汾市曲沃出土。扁体立形。整体皆以斜切刀法刻成。人物浓眉大眼，宽鼻扁嘴。衣高领，斜下左侧开短衽，束腰，下呈梯形，中有箭镞形蔽膝，左右脚跟相连，脚尖向外上翘。玉人后脑可见直发，发饰为双龙纹，二龙下抵肩部，中间镂空，上端卷起形成一穿孔。此种发式颇为少见，可能为史书中所记载的"弁"。

西周 拱手玉人 洛阳东郊西周墓出土

西周 车辖饰 宝鸡茹家庄出土

器物示例：拱手玉人，高7.3厘米，宽2.5厘米，厚1.3厘米，河南省洛阳市东郊西周墓出土。玉人为近侍形象，头部左右两侧为龙形双笄（jī，簪子，用以挽起头发、插住帽子），身着窄长袖深衣，束宽腰带，腹前系一斧型"蔽膝"，衣襟右开作曲领右衽式。

器物示例：铜人车辕饰，陕西省宝鸡市茹家庄出土。人作跪坐状，头戴一罐筒形小高帻（zé，头巾），有缨（系在脖子上的带子）结于颌下以固帻，衣服款式为曲领右衽窄长袖深衣，宽腰带，系斧型"蔽膝"。

西周器物，仍以青铜器为代表，数量远超前朝，铸造技术也趋于规范。西周玉器的琢制则以"双钩一面坡"技艺为主导，使玉器纹饰更加生动。而漆器存世量很少，器物底色与蚌泡形成鲜明对比，如此风格的漆器在后世非常罕见。众所周知，织物不易保存，今人多只能从人像中窥见西周服饰，再通过研究典籍相互佐证，由此得知西周时已有较为完备的服饰制度。

第二节

西周概况

——礼乐秩序

西周（约公元前 11 世纪～公元前 8 世纪）由周武王姬发建立，定都镐京，今西安市长安区。周平王于公元前 770 年，东迁并定都洛邑（今洛阳），此后这段时期称为"东周"。

西周时，周天子借"礼乐"来统治人民，维护宗法制和天子的君权、族权、神权、夫权。相传此礼乐制度由周公制定，明确规定吉礼、凶礼、军礼、宾礼、嘉礼等用乐等级，使人们贵贱有差、尊卑有别、长幼有序，社会充满秩序化。

一、政治

1. 起源与建立

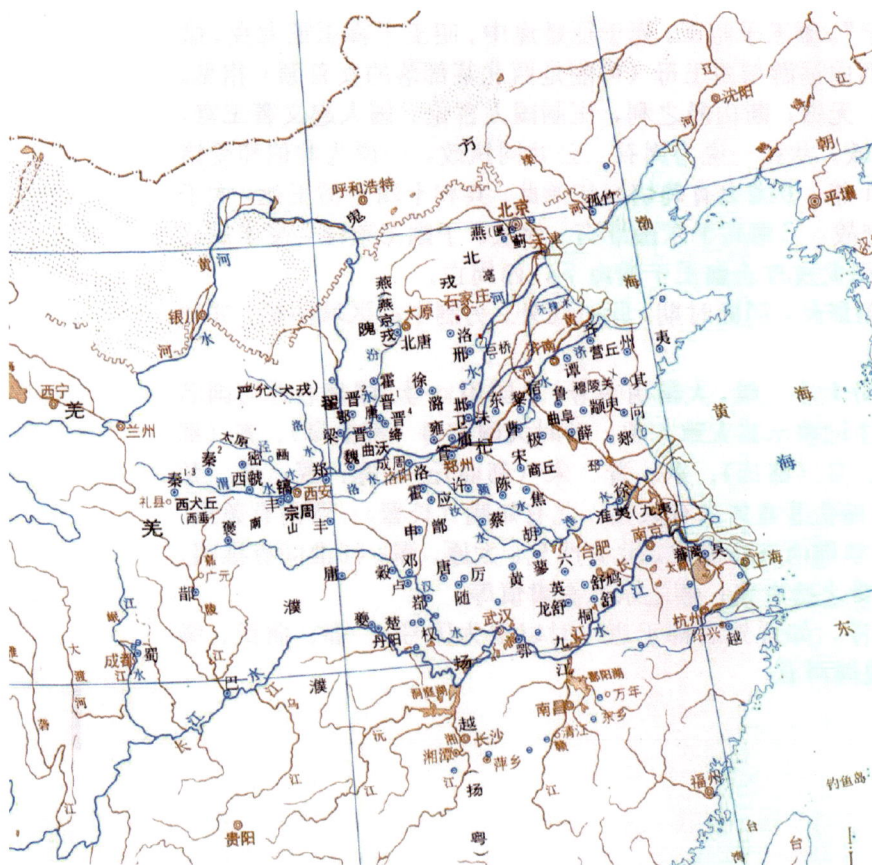

西周疆域图　图片来源：《简明中国历史地图集》

西周疆土北至燕国，到达今辽宁省喀左一带，东至齐鲁到达山东半岛一带，南到汉水中游，西到甘肃省渭河上游。

周朝共传30代37王，西周有12王，其中九王病死，一王亡国被追杀而死，一王被人民暴动驱逐出城后凄凉而死，一王被人民淹死。

西周曾经是商朝的附属国，商朝末期纣王畏惧周的国力强盛，所以囚禁了周文王姬昌，并逼迫他喝下以自己儿子的肉为原料的肉汤。后来，周人用宝马、美女将姬昌换回。归国后，姬昌便制定了"有亡荒阅"法律，即大量搜捕逃亡者，以防人口流失。同时，增强国力，使周边部落归附。姬昌死后，其子周武王姬发继位，于牧野与商军大战，周大胜，商灭亡。

2. 三监之乱

周武王灭商后，分封皇族和功臣，封管叔鲜、蔡叔度、霍叔处为"三监"，并监视武庚（商纣王之子）行动。周武王殁，周公辅政于周成王，而三监对此有异，后联合武庚叛乱，史称"三监之乱"。周公用三年时间才平定战乱，叔处被废为庶民，叔度被流放，武庚及叔鲜被杀。

3. 走向衰亡

周幽王于公元前781年继位，他任用贪图利益的虢石，朝政日益腐败，百姓怨声载道。公元前779年，周幽王对外战争失败，同时天灾频发，王朝统治内忧外患。幽王又废正后及太子宜臼（jiù），宜臼逃至申国，与申侯联合进攻西周，周幽王被杀。公元前771年，西周覆亡。

周幽王死后，晋、申、卫、缯、郑等诸侯立周平王宜臼为王。而此时，部分王朝大臣立周幽王之弟余臣为王，并称为"携王"，出现二王并立局面，但多数列国只承认周平王。公元前750年，晋文侯杀死了周携王，结束二王并立局面。

二、各项制度

1. 官制

西周依然分为内服官和外服官两种。外服官为四方诸侯，承担镇守地方、出兵征伐、朝觐谒见、缴纳贡赋等义务。

内服官分为卿事寮（liáo）和太史寮，卿事寮中地位最高的是师、保、傅和尹。其中师、保、傅为三公，负责指导、辅佐、监护周天子；尹与三公地位相当，负责管理四方诸侯和朝中百官。三公之下有"三事大夫"和"三有司"，三事大夫负责政务执行；三有司负责土地赋税、筑城修路、军政刑狱事务，与三事大夫分权。

太史寮包括卜、史、祝等。卜的数量比商朝要少。史官掌历法、记事，并参与机要，可议政。祝掌管宗教事务，负责宗庙祭祀。

西周王室内官增多，太宰相当于周王室的事务总管。小臣、小尹为近侍随从，九御为宫内女官，掌管侍女。

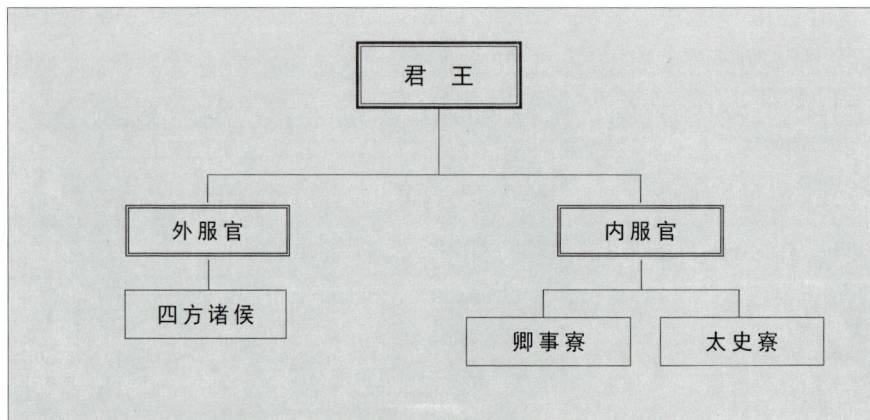

西周官制示意图

2. 宗法制与分封制

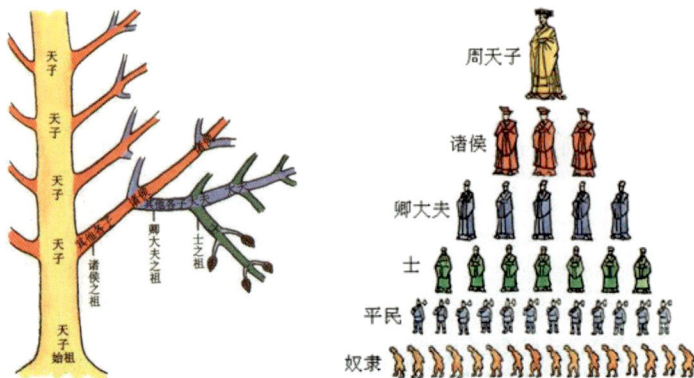

西周宗法制与分封制示意图

西周将宗族分为大宗和小宗，周天子为天下的大宗，王位由嫡长子继承，其他庶子为小宗，被分封到地方做诸侯。庶子在各自封国的王位也只能由嫡长子世袭，其他庶子又作为小宗被分封为卿大夫。依次分封下去，便形成天子、诸侯、卿大夫、士等金字塔式等级制结构，在很长时间内保持了疆域稳定。

三、农业与商业

1. 农业生产工具

农业在西周有着非常重要的地位，是周人社会生活的基础。此时农业生产过程包括播种、管理、收割和储藏，每一过程都有相应的农具。以铲、刀、镰、石杵较为多见，农具材料以石最为常见，其次为骨、蚌，而陶、铜、木质者较少。据文献记载，此时的青铜农具较多，但目前出土数量却不多，据推测可能是因为青铜是贵金属，工具废弃后可以回炉重铸。

西周 双孔石刀 中国国家博物馆藏

器物示例：双孔石刀，长9.5厘米，陕西省西安市长安出土。西周时期，这种扁刀被称作"铚"（zhì），主要用于收割禾穗。使用时，将绳穿过小孔把石刀固定在手掌上。

2. 耕种制度

井田制在商朝已有文字记载，但盛行于西周时期。此制度是将土地分割为方形，似"井"字，土地为周王所有，分配给庶民使用，土地不能买卖转让，且要交一定的贡赋。井田为农民集体耕种，一井分为九块，周边的八块为私田，收成归耕户所有，中间的一块为公田，收成上交封邑贵族。

井田制示意图

3. 商业

西周商业被列为"九职"之一，目的是通四方之珍异，主要为统治阶级服务，并设立了专门管理市场的机构——"司市"。规范化的管理方式有效地防止了偷抢欺诈等事件发生，既维护了社会秩序、保持了物价稳定，又满足了统治阶级对奇珍异宝的需求。同时也注意了度量衡是否公平，质量是否有保证，对普通购买者也有好处。市场内除了交易牛马、丝帛和珍异外，还可以交易奴隶。据铭文记载，当时五名奴仆可交换一匹马和一束丝。

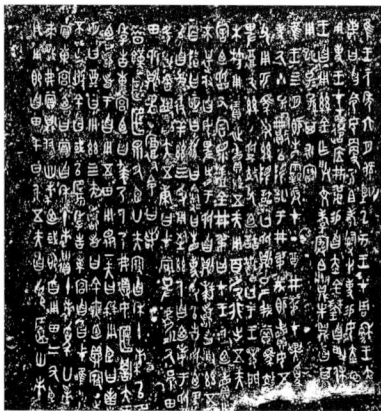

器物示例：曶（hū）鼎铭文拓片。曶鼎毁于清朝，现仅存鼎内铭文拓片。铭文分为三个部分，共有 24 行，残存 380 字。

铭文第二部分记载，作器者用一匹马和一束丝从效父那里赎得五名奴仆，但效父未履行承诺，作器者派家臣到狱讼官那里控告效父及其家臣。

西周　曶鼎铭文拓片　上海博物馆藏

周朝商业虽然繁盛，但商人社会地位低下，只有商人和庶人能入市交易。贵族若想采买交易只能通过仆役进行，象征等级和权威的礼器和兵器也不准入市。

此时金属货币使用相对广泛，主要以铜质货币为主，仿农具的铜币称为"布"，主要在贵族与大商人之间流通。平民则多用贝、农具、兽皮、帛粟等生产、生活用品作为货币使用。

四、文学与音乐

1. 文学

西周出现了我国第一部诗歌总集——《诗经》，此书收集了西周初至春秋中期 305 篇诗歌，故又称《诗三百篇》。虽然并非成书于西周，但其中的诗歌大量为西周时期所创作。《诗经》分为"风"、"雅"、"颂"三部分，"风"为京都之外的地方乐歌，"雅"为王朝直接统治地区的乐歌，"颂"则是宗庙祭祀时的乐舞曲。

《诗经》内有不少反映社会生活的诗篇，有的揭露统治者的腐朽政策，有的表达对徭役兵役的憎恨，有的歌颂真挚爱情，具有鲜明的时代感。西周乐歌语言朴素，多用赋、比、兴的手法来传达情感，赋是直陈其事，比即打比方，兴则是先咏物再抒发感情。

2. 音乐

西周已出现专业乐人，称为"伶人"、"乐正"等，一些艺术水平很高的乐人可以在名字前冠以"师"字，如师旷、师襄等。此时乐器已有七十余种，有八音分类法可将乐器系统分类，琴、瑟等也发展成为独奏乐器。在乐理上，形成了调、调式、转调、固定音高、节奏、速度等观念。此时中国最早的较为完善的音乐机构出现，并有一套行之有效的音乐教育制度与之匹配。

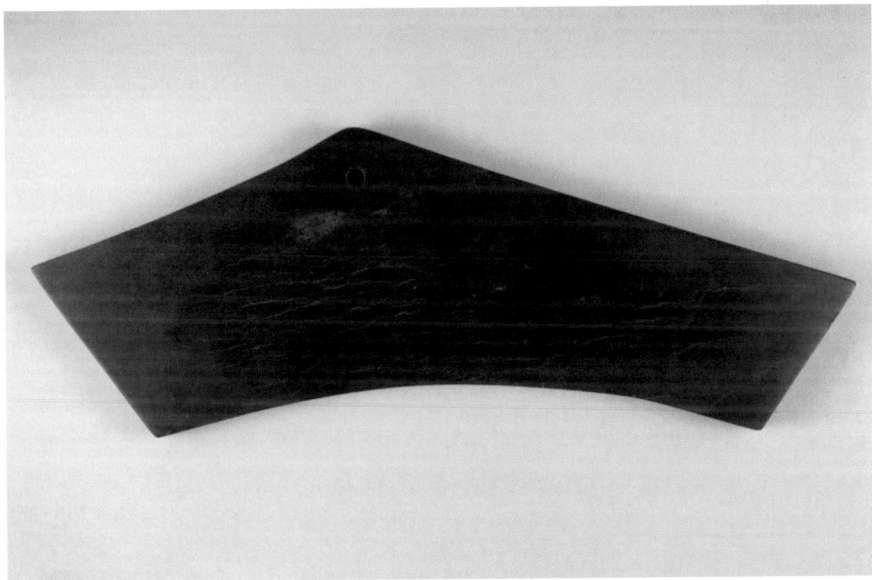

西周 墨玉磬 故宫博物院藏

西周君王非常重视音乐，将它与"礼"联系在一起，合称为"礼乐"，庶人不能享受。乐舞是礼乐中十分重要的艺术形式，流行于上层社会。六代乐舞是最高级的乐舞，简称"六舞"或"六乐"，用于君王举行祭祀大典和重大活动，由《云门》《大咸》《大韶》《大夏》《大濩》《大武》组成，其中《大武》为西周初年创作，内容为武王伐纣。此外，乐舞还有小舞、散乐、夷乐、颂乐、雅乐、房中乐等类别。

西周 逨钟 中国国家博物馆藏

器物示例：逨（lái）钟，高64厘米，柄高21厘米，陕西省宝鸡市眉县杨家村窖藏。与逨钟一同出土的还有青铜钟、青铜镈（bó）等十八枚铜质乐器，此枚逨钟与其他三枚铸铭钟同属一编。据现存四枚钟的音域组合推测，此编钟还缺少四枚，此逨钟为八枚中的第二枚。

该钟有铭文15行128字，记述了器主逨继承祖考职事，为四方虞禀（bǐng）。"虞禀"为官职，与《周礼》中记载的"山虞"、"川衡"、"林衡"、"泽虞"四职相似，主要管理地方自然资源，如山林、川泽。

五、科学技术

1. 天文历法

西周时期，人们通过观测恒星，在黄道和赤道两侧确定了二十八个星座，称为"二十八宿"，以帮助人们确定天体位置和天象，如日食、月食的发生位置等。同时，通过确定太阳在二十八宿中的位置来确定季节，这比观测早晚星象确定季节的方法更加精确。

土圭是中国最早观测日影的仪器，今河南省登封市告成镇有一处西周测影台遗迹，是已知最早的装置圭表的观测台。其表高八尺，圭是与表相连的座子。正午表影落在圭上，夏至日投影最短，冬至日最长，利用此法就可以相对准确地测定出太阳年的长度。

2. 医药学

周人对疾病的认识在商朝的基础上更进一步，对于热病、浮肿、昏迷、和不孕等疾病有了固定的病名。《诗经》《周礼》等书中记载了多种疾病，如溃疡、疟疾、佝偻病、秃头等。

在治疗方面，摒弃了商朝的巫术方式，主张"先味而后药"，即先用食疗，再用药治。西周饮食疗法已有相当积累，提出饮食要适应季节变化，甚至出现了专管王室膳食的官职"枣食医"。此外，针灸、按摩、导引等各种治疗方法在这个时期也已有所应用。

西周，专职医生开始出现，并且有了最初的医学分科。年终时还要经过医疗考核，并根据成绩来决定级别和俸禄。当时的宫廷医生分为食医、疾医、疡医、兽医四科，疾医职责是负责治疗百姓疾病，疡医相当于今天的外科医生。医疗制度的设立也较为完备，有医师一人，上士二人，下士四人，府二人，史二人，徒二十人。医师是"众医之长"，掌管国家医药政令，负责王室、邦内的疾病预防和治疗；士为治病医生；府掌管药物、医疗器具；史负责文书和医药档案；徒负责看护病人。

西周实行分封制和宗法制，在很长一段时间内保证了疆域稳定。此外，商人的鬼神思想逐渐淡薄，被礼乐所取代，人们的各种行为都要与"礼"相符合，社会极富秩序性。同时，经过漫长的发展，诗歌开始被记录成书，有了真正意义上的文学雏形。

第三节

西周器物总说

——宗法森严

西周时期，周天子用森严的宗法制和分封制，稳固贵族阶级的内部秩序。同时，以礼乐制度规定人们的日常行为，使人们的审美也以礼乐为中心、以德性为基础，故而西周器物多呈现出一种理性与秩序之气。

西周玉器在前朝基础上，开创了"双钩一面坡"的镂刻技艺。风格由尚神的狞厉威严转向写实的理性程式，纹饰较商朝更趋图案化，刻线更流畅、细小，礼玉增多且有非常严格的使用规则。

西周是青铜器发展的重要阶段，器型多样、纹饰规整，器物铭文字数逐渐增加，出现了长篇铭文。这一时期，青铜器铸造已颇为规范，铜矿采冶环节明确，分为探矿、开采、选矿、冶炼等多个步骤。

西周原始瓷器出土数量较前朝有所增加，多为生活用器，如瓿、豆、罐等。此时原始瓷器仍质地粗糙，制作工艺简单。瓷釉为石灰釉，釉色以青绿色为主，淡黄、褐和紫褐色为辅。

西周漆器多为木胎，兼有瓷胎，彩绘和镶嵌蚌泡是西周漆器最具特色的装饰手法之一，为后世螺钿工艺的鼻祖，器物色彩对比强烈，纹饰极为醒目。

织物方面，主要分为丝、麻和毛织品三大类，有官办作坊和家庭副业两种形式，均受君王控制和指挥。这一时期，服饰成为人们阶级地位的标志，服制严格。服装样式略为宽松，衣袖分大小两种，领子均为右衽。一般用带扎系衣服，不使用纽扣。

西周 大克鼎 上海博物馆藏

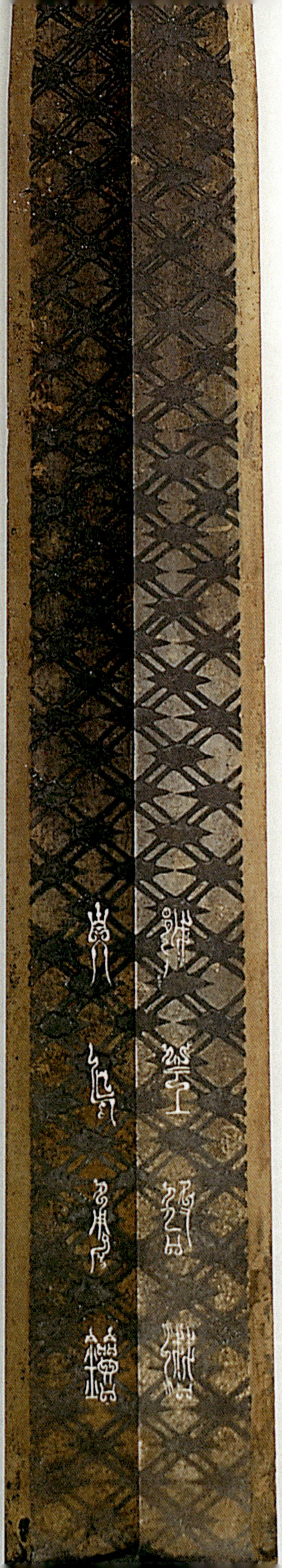

第三章
春 秋 器 物 文 化

春秋 公元前 8 世纪 – 公元前 5 世纪

第
一
节

春
秋
器
物

——

神
秘
抽
象

春秋 龙纹璜 台北故宫博物院藏

春秋 龙首纹玉珏 上海博物馆藏

春秋 兽带纹鼎 台北故宫博物院藏

春秋 牺尊 上海博物馆藏

春秋 越王勾践剑 湖北省博物馆藏

春秋 原始瓷印纹筒形罐 江西省博物馆藏

春秋 金柄铁剑 宝鸡市考古研究所藏

春秋时期始于周平王东迁，是中国历史上奴隶社会的瓦解时期。周朝自东周开始由强转弱，王室日益衰微，自顾不暇，诸侯国之间竞相征伐，战火不断，最多时竟有一百四十多个诸侯国。

西周礼乐制度随着王室的衰微，也逐渐被瓦解。人们的思想也从长期的礼乐禁锢中解放出来，加上社会长期动荡不安，反映到器物之上是程式化减弱，器型与纹饰愈加神秘抽象。

一、玉器

春秋时期，礼崩乐坏，用玉僭越现象严重，玉的主要功能从礼玉转为佩玉，出现了不少武器型玉器，如玉剑饰、玉钺、玉戈等。儒家将道德赋予玉器之上，玉成为了道德修养的标志，所以君子必须佩玉，尤以和田玉为最，进入以和田玉为主流的时代。不同的玉材用途也不一样，和田玉多为礼玉，水晶、玛瑙、松石等一般宝玉石多用作普通饰玉。

此时，玉璧多用于佩带，器型较小，两面饰纹，有些边出细廓。玉璜数量众多，雕琢精细，型式与前代不同，佩挂方式变为两端向下。玉器上的纹饰多呈图案化排列，布满玉器表面，立体感强，神秘抽象，多见云纹、谷纹、涡纹、乳丁纹等。

春秋 双龙首玉璜 上海博物馆藏

春秋 勾云纹玉瑗 山西博物院藏　　春秋 扁平圆环状雕龙玉璧 宜昌博物馆藏

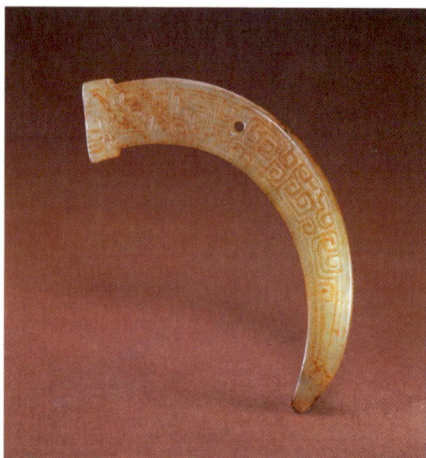

春秋 玉觿龙纹冲牙 故宫博物院藏

器物示例：玉觿（huǐ）龙纹冲牙，长7.4厘米，端宽1.5厘米，厚0.3厘米。此器为和田玉质，青白色，局部有褐色沁斑。器片状，似弧形长牙，上端宽而方，下端略尖，中上部有孔，可穿绳悬挂。冲牙表面饰阴线刻出的花纹，线条呈方折状，图案中隐有多个觿龙纹。此件作品造型简练而抽象，代表了春秋时期关中地区佩玉的风格。

春秋 龙首纹玉玦 上海博物馆藏

器物示例：龙首纹玉玦（jué），直径 3.1 厘米，厚 0.33 厘米。该玉玦为春秋早期器物，延续西周风格。玉色呈鸡骨白（玉器在土壤中受到沁蚀后，表面形成白色氧化物），扁平环形，有一缺口。两面有线刻的变形龙首纹，早期的这类纹饰主要采用平面双线阴刻技法。龙首纹，是夏、商、西周以来龙纹的一大突破，直接影响了战国的龙纹造型。

二、金属器

1. 青铜器

春秋中期后，青铜器铸造工艺有了显著改进，范铸技术由单一转变为浑铸、分铸、蜡铸、软焊、硬焊、锻造等多种金属工艺的综合运用。

蜡铸即是使用失蜡法铸造青铜器，用蜂蜡做成铸件模型，以耐火泥料填充蜡模内外，加热后蜡模熔化流失，使整个铸件模型变成空壳，再将铜液灌入壳内，便铸成器物。失蜡法可以铸造极其繁复的器物，甚至是镂空器物。

而陶范铸造的发展主要表现在薄壁和超薄壁铸件，如著名的越王勾践剑，剑首的同心圆薄壁厚度仅为 0.2 毫米～0.4 毫米。此时，器物外形趋于素朴，讲求实用，由于币、带钩等类器件的大批量生产，促进了一型多用、叠铸等工艺的发展。

春秋 越王勾践剑 湖北省博物馆藏

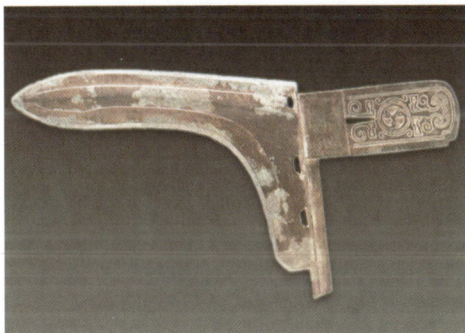

春秋 圆涡纹戈 江西省博物馆藏

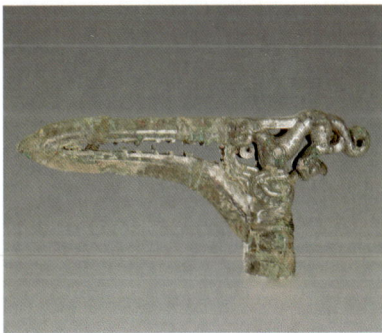

春秋 虎鹰互搏銎内戈 山西博物院藏

春秋 镂空菱格纹双联铜鞘剑 江西省博物馆藏

春秋 百乳铜鉴 湖南省博物馆藏

春秋 匏（páo）壶 山西博物院藏

春秋 铜剑 中国国家博物馆藏

　　器物示例：铜剑，长 60.6 厘米，宽 5 厘米，湖北省荆州市江陵望山一号墓出土。剑身满布菱形暗纹，剑谭上嵌有蓝色琉璃及绿松石。表面经硫化处理，有一层黑色硫化物保护膜，铜剑至今光亮如新，剑锋寒气逼人。此剑与著名的越王勾践剑同一墓葬出土，极为相似，但没有铭文，应该也是越国铸造。

春秋 镂空蟠蛇纹鼎 山西博物院藏

　　器物示例：镂空蟠蛇纹鼎，高 24 厘米，口径 26.3 厘米，山西省运城市新绛柳泉收集。器物附耳折沿，弧腹平底，下有三个兽蹄足。鼎腹有内外两层。外层附加于鼎颈和底之间，由蟠虺纹（即像许多小蛇相互缠绕在一起的图案，多作为器物的主体纹饰，盛行于春秋战国时期）构成。兽蹄足根饰兽面纹，给人庄重神秘的感觉，具有春秋时期鼎足的典型特征。此鼎外层镂空铸造的蟠虺形象是传统铸造工艺难以达到的，为目前国内所见用失蜡法铸造青铜器的最早范例。

春秋 高柄小方壶 山西博物院藏

　　器物示例：高柄小方壶，高28厘米，最大腹径8.9厘米，山西省太原市金胜村赵卿墓出土。壶为小方口平沿，颈部微敛，溜肩鼓腹，下部有高柄喇叭形足，小巧精致。壶身饰菱形和几何网格纹样，高柄、圈足饰三组神鸟纹，鸟昂首阔步或伸颈长鸣，形状颇为奇异。该壶纹饰内嵌多种矿物组成的黑色物质，经研究，主要由石英、长石、褐铁矿、锡石、孔雀石等成分组成。此件器物制作精美，极富装饰效果，呈现出一种古朴、俊秀的镶嵌艺术美。

　　春秋时期人们思想逐渐开放、学术百家争鸣、科技发展迅速，类似镶嵌、错金银、错红铜的装饰工艺快速发展起来，开始运用在大件的青铜器上。纹饰颜色也由单调的青铜色向金银富贵的色调发展。

2. 金器

　　古人用金造物要比用银早一些，原因是金块可以直接从自然中获取，而银则需要从矿石中提取淬炼。春秋时期的制金工艺直接源于青铜器，简单器物直接浇铸而成，复杂器物则采取先分铸再浇铸或焊接而成。此时已掌握浇铸、锤鍱（yè，用锤将金敲打成片状，再按要求制造形状和纹饰）、焊接、镶嵌、镂空、线刻、浮雕、圆雕等多种工艺。器物上的纹样多为云雷纹、蟠螭纹等，艺术构思讲究对称、平衡。

春秋 兽面金方泡 陕西凤翔马家庄出土

春秋 蟠龙纹金饰 陕西历史博物馆藏

春秋 圆形贴金箔锡饰片 宜昌博物馆藏

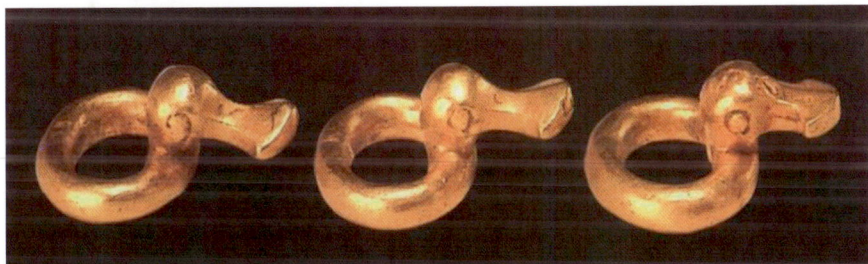

春秋 鸭形金带钩 陕西宝鸡益门二号墓出土

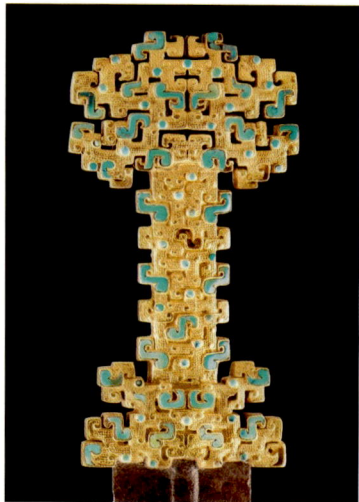

春秋 金柄铁剑剑柄
陕西宝鸡益门村二号墓出土

器物示例：金柄铁剑，长10.4厘米，肩宽3.7厘米。金质剑柄，铁质剑身，分制铆合，铁剑插入金柄内，剑身呈柳叶形。剑柄整体镂空，以交错相连的抽象蟠虺纹装饰，并镶嵌绿松石及料珠等，装饰纹饰华丽，精美无比。杨建华认为，"这种剑的剑首、剑柄、剑格一般都有纹饰，因此被命名为'花格剑'"。此把金柄铁剑采用了浇铸、镶嵌相结合的工艺技法，用两种熔点不同的金属铸造同一把剑，对工艺要求之高可想而知，充分说明了春秋时期已具有较好的工艺水平和冶炼铸造水平。这把金柄铁剑，以其超前的雕刻技术、手工镶嵌工艺等，被人们称为"至今已出土古剑中艺术、历史、科学价值最高，最为经典的艺术作品"。

三、瓷器

春秋时期原始瓷器数量增多，质量也有所提高。主要产地仍在江南地区，原料加工更为精细，多数器物用轮制成型，器型规整匀称，胎壁变薄。釉分青绿色、黄绿色和灰绿色，纹饰主要有方格纹和织物纹。春秋晚期至战国初期，原始瓷器发展鼎盛，江南地区原始瓷器数量，约占同期瓷器总数一半左右，这可能也与江南地区盛产瓷土有关。

春秋 云雷纹兽首方耳三足陶鼎 印纹陶瓿 江西省博物馆藏

春秋 原始青瓷双耳罐 江西省博物馆藏

　　器物示例：原始青瓷双耳罐，该器敛口、宽沿，颈部内收，腹部扁圆，假圈足底。肩部有两个对称的双耳，系耳两侧又各饰一个"S"形附加堆纹。肩部还饰弦纹与斜线带条纹。器表施青绿色釉，釉厚薄不匀，但釉面晶亮。从胎骨上看，这件原始瓷器的胎骨有较深的灰白色，比陶器坚实，击之有铿锵之声。原料相较后代瓷器而言质量不够高，淘洗不够细，胚料处理不精等特点，表现在胎体上是留有肉眼可见的不规则的空洞，这些特点均可成为鉴定原始瓷器的依据。

春秋 原始瓷锥刺纹鼎 江西省博物馆藏

器物示例：原始瓷锥刺纹鼎，该器物敛口卷沿、颈内凹，有三个矮足。腹部扁圆，有三个对称的附加堆纹竖条，腹部满饰密集的锥刺纹，表面施青黄薄釉，胎质坚硬，火候较高。这件器物上的锥刺纹，也称"刺剔纹"、"针刺纹"、"戳刺纹"，用工具在器坯上成片剔刺得名，开始出现于新石器时期早期。

四、漆器

春秋时期，由于漆器轻便、精巧，被广泛用于日常生活之中。贵族竞相以漆器替代青铜器，在上层社会蔚然成风。

这一时期出土的漆器数量和品种都远超前代，且制作工艺更为精美。漆器除了木胎，还有竹胎、石胎和铜胎，种类有饮食用器杯、盘、豆等；家居用器案、床、衣箱、屏风等；兵器漆弓、漆盾、甲胄等；乐器琴、鼓、笙等；丧葬器葬棺、椁等；交通工具车、船等。此外，还出现了纯艺术的观赏性漆器。

漆器主要以黑地绘红彩为主，纹样题材分几何形和写实两类，几何纹样深受青铜器纹饰影响，构图规矩，线条纯熟流畅。

春秋 木雕盘龙 漆鼓 河南侯古堆一号墓出土

器物示例：木雕盘龙，直径46.4厘米。盘龙为一块独木雕刻而成，底座为圆形，盘龙两耳直立，双目圆瞪，后边双肢曲蜷于两侧，前边双肢曲蜷于头下。雕刻生动，有狰狞神秘之感。通体先髹黑漆，然后用朱、黄二色勾勒蛇纹。

器物示例：漆鼓，直径19厘米，鼓柄残长18厘米。漆鼓有柄鼓，上下两面均为皮革，鼓面髹漆彩绘，中间朱绘一圆形，内绘三条夔龙，龙身填黄色回纹。漆鼓线条流畅，色泽艳丽。鼓壁凿有方形眼，上下对应，木柄素面的一端插入方眼内，通过鼓腔又插入上端的方眼内，组合严密，非常牢固。下端有一圆形柄格紧贴鼓壁，使鼓柄不易脱落。鼓柄八棱形，表面先髹黑漆后再用朱色勾成三角形界格，其间朱绘云纹。漆鼓制作精美，色泽艳丽，纹饰生动，线条刚劲流畅，表现出很高的绘画水平。

春秋时期器物与西周器物有很大不同，不再以"礼乐"为人们行为准则，那些原本象征权利与地位的器物频频被各国诸侯"僭越"享用，器物造型和纹饰向神秘抽象发展，玉器成为君子必有之物，青铜器越加精美轻薄，金器铸造工艺更为繁琐。原始青瓷数量翻倍，漆器也更加轻巧华美，被广泛用于日常生活之中。

第二节

春秋概况

——百家争鸣

"春秋时期"从公元前 8 年持续至公元前 5 世纪。春秋之名来源于鲁国史官所著的一部编年史《春秋》，此书记录了公元年前 722 年～公元年前 481 年间各国的重大事件，并按春、夏、秋、冬四个季节记录，古人重视春秋两季，便把这部史书命名为《春秋》。后又因《春秋》的记事年代与这段历史时间大体相当，所以史学家们把"春秋"当做这段历史时期的名称。

春秋时期，周礼受到冲击，人们的思想也逐渐挣脱礼制"束缚"，形成了几大学说流派，出现"百家争鸣"局面。

一、政治

公元前 770 年，因内乱和犬戎（古代少数民族，活跃于今陕、甘一带）入侵，周平王被迫将国都从镐京迁至洛邑（今洛阳），此后的周朝称为"东周"。东周统治范围不足六百里，诸侯国相互征伐，战争频繁，小国纷纷被强大的诸侯国吞并。

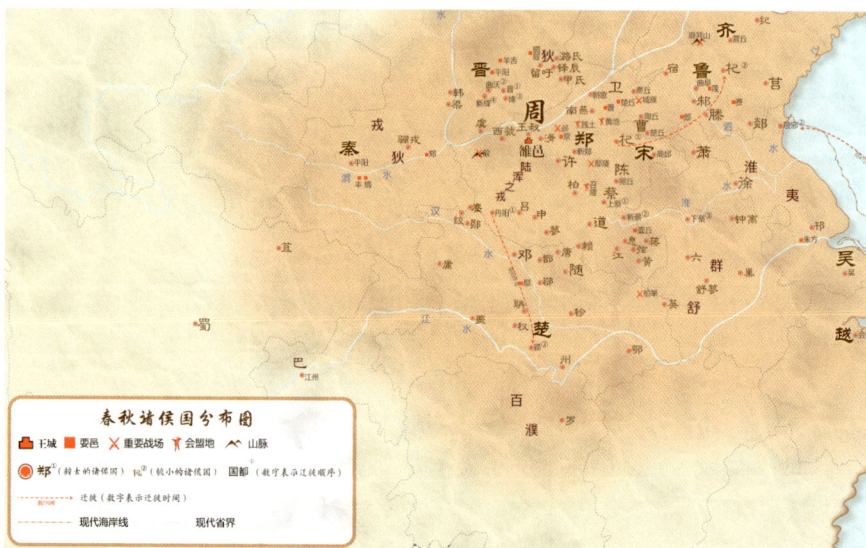

春秋初期诸侯国分布图

经过多年的争霸战争，部分大国权力逐渐落到大夫手里。晋国大权掌握在智、赵、魏、韩四家，智氏出兵攻打赵氏，最终被赵、韩、魏三家联合消灭。后韩、赵、魏三家瓜分晋国，公元前 403 年，威烈王册立三家为侯国，此事件即为《资治通鉴》中春秋和战国的分界点。

二、军事

1. 军事制度

春秋时期战争频发，诸侯国军队主要由公室军队、世族军队组成。公室军队由士和农组成，士以习武打仗为职，农即庶人。这一时期，所有成年男子都必须接受军事训练，一季习武，三季务农，每三年还要进行一次大演习。奴隶一般随军服杂役。势力强大的卿大夫也有自己的军队，即世族军队，其制度与公室军队大致相同。

2. 兵器

春秋作战方式以车战为主，多由四匹马驾挽，车上有三人。兵器主要有戈、矛、戟（jǐ）、剑、殳、弩等，材料以青铜为主。戈、戟等长兵器主要为车兵使用，剑、匕首等短兵器主多为步兵使用。此时出现了一种戈矛分铸联装的戟，戈和矛分别铸造好后，再装在同一木柄上，这种戟直刺有力，横钩不容易脱落。

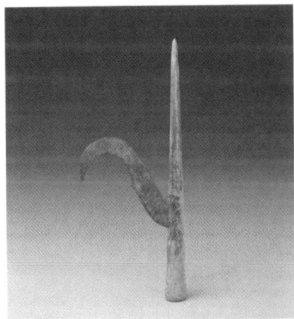

器物示例：钩矛，长23厘米，宽9.4厘米。矛呈窄长状且无叶，一侧铸有刃弯钩。此矛能刺能钩，提高了杀伤力，但是使用弯钩时，其反向作用力易使矛头脱落。此类钩矛在后世发现极少。

春秋 钩矛 故宫博物院藏

三、农业与商业

1. 农业政策

春秋时期，牛耕和铁制农具进一步发展，生产力水平提高，人们开始大量开垦荒地，并占为私有财产。同时，贵族通过赏赐、劫夺和转让等途径，不断扩大私有土地面积。这一时期，多数国家实行井田制，私田不向国家纳税，因此农民大量开垦私田、荒废公田，农业在国家财政收入占比不断下降。

鲁国为了增加收入实行初税亩政策，规定不论公田、私田，一律按田亩收税，税率为产量的10%。郑国、楚国、晋国等国家也相继实行此税制。

2. 农业生产方式与工具

春秋时期，牛开始被用来拉犁耕田，养牛业呈现繁荣局面。山西浑源曾出土过一个春秋时期的铜牛尊，其牛鼻穿有一环，说明此时已经掌握了穿牛鼻的技术，这是驯养耕牛的一大进步。

春秋 牺尊 上海博物馆藏

大量开垦荒地，以及牛耕技术的出现，使得农业生产进步很大，因而农具随之改进，种类增加，有耒、耜、铲、锄、犁、钱（似铲，一用来挖土）、镰、铚、磨盘和杵臼等。其材质仍主要为木、石、骨、蚌和少量青铜，晚期出现了铁制农具。

3. 商业

春秋时期私人商业逐渐发展起来，各个政权都设有专职管理市场的机制。出现了不少跨国经商的大商人，各统治者们从利益出发，在会谈时一致强调要保护商业交流。春秋后期，部分诸侯国的商人拥有一定的经营自由，但仍要保证商品首先满足本国需求，在得到本国许可后才可向他国出售。

这一时期，借贷活动非常盛行，有官府借贷和卿大夫借贷两种，以救济性借贷为主，多为低息或无息借贷，极少数是以获取暴利为目的的高利贷。商业兴旺扩大了对货币的需求，金属货币的方便性逐渐显现出来，慢慢代替了贝币和其它货币。

器物示例：银空首布，宽6厘米，长10.5厘米，河南省周口市扶沟古城村窖藏。空首布是春秋战国时期周、晋、郑等国发行的一种金属货币。此银空首布呈长方铲形，柄呈椭圆形且中空，两肩各有一倒刺。该器物的出土，证实早在春秋时期就已使用银质货币。

春秋 银空首布 河南博物院藏

四、文学与音乐

1. 文学概况

春秋时期，文化思想由宗教迷信向以人为中心的人文文化转变。周天子权威衰落，使得学术下移、文化典籍走向民间。社会的各方变化引起人们思想观念的巨大改变，出现多位大思想家，可谓是百家争鸣时期，部分文学作品既是史学、哲学著作，又富有文学意味。

此时语言表现方式自由灵活，广泛应用修辞手法和语助词，文体也逐渐完备，独立的文人阶层开始形成，文学走向成熟与繁荣。

2. 思想家

（1）孔子

孔子，名丘，字仲尼，鲁国陬邑人（今山东曲阜）。是春秋末期的大思想家，创建了儒家学派，对中国、整个亚洲乃至世界都有很深远的影响。孔子主张"为政以德"，用道德和礼教来治理国家。这种治国方略也称为"德治"或"礼治"。儒家认为，无论人性善恶，都可以用道德去感化育人，即是德治。"礼治"，则是遵守严格的等级制度，君臣、父子、贵贱、尊卑都有严格的等级区别。孔子还开创了新的教育理念，认为"有教无类"，主张学习不分贵贱、不分国界，只要有心向学，都可以入学受教，开创了教育普及的先河。

（2）老子

老子，字伯阳，谥号聃，又称"李耳"，是我国古代伟大的思想家、哲学家、文学家和史学家，也是道家学派的创始人，主张"无为而治"。在权术上，老子讲究物极必反。代表作为《道德经》（又称《老子》），核心精华是朴素的辩证法。

（3）孙子

孙子，名孙武，字长卿，齐国人。著名的军事家、政治家，被誉为"百世兵家之师"、"东方兵学的鼻祖"。著有巨作《孙子兵法》十三篇，为后世兵法家所推崇，誉为"兵学圣典"，置于《武经七书》之首。《孙子兵法》在中国乃至世界军事史和哲学思想史上都占有极为重要的地位，并在政治、经济、军事、文化、哲学等领域被广泛运用。

3. 音乐

这一时期，音乐从乐舞形式中分化出来，成为独立的艺术门类，在形态上也发生了转变，由"古乐"转向"新乐"。乐舞开始向歌舞伎乐形式演化，歌舞伎乐虽然也是将歌唱、器乐、舞蹈综合于一体，但三者既可以作为独立表演形式，又可组合表演。由于礼制松动，"雅乐"趋于瓦解，而"女乐"则如雨后春笋般拔地而出，光艳夺目、婀娜多姿的女性歌舞表演者更能满足新兴贵族们的需求，故而频频出现于各诸侯国的宫廷之中。

五、科学技术

1. 天文历法

春秋时期人们已能由月亮的位置推出每月太阳的位置，在《春秋》中还有首次哈雷彗星出现的确切记录。此期，各诸侯国多运用自己的历法，因此出现多轨制历法，但总体上已形成了较为固定的系统。

据数学家钱宝琮研究表明，春秋时期历法已基本确立了 19 年 7 闰原则，比西方早将近两百年。春秋历法即是现在所说的农历（阴历）历法的前身，农历一般年份为每年 12 个月，每月天数依月亏而定，但为了迎合地球围绕太阳的运行周期（即回归年），每隔 2 年～ 4 年增加 1 个月，称为"闰月"，这年即称为"闰年"。以此推算，3 年 1 闰，5 年 2 闰，19 年 7 闰。

2. 医药学

在西周的基础上，春秋医学继续发展，出现了医学理论著作，并将哲学与之相融合。医和是春秋时期秦国的名医，"医"为职业，"和"为名字。他是我国古代最早提出六淫致病的人，六淫即为风、寒、暑、湿、燥、火六种外感病邪的统称，这反映出当时对疾病病因的认识已有一定水平。

春秋是一个多国混战的时期，但也是群雄并起、思想百家争鸣的时期，出现了孔子、老子等大思想家，他们的思想学说深深构建着中华文化。而经过数百年发展，春秋时期在制器技术、医学等方面也比前代有了不小的飞跃。

春秋 镶嵌棘刺纹尊 上海博物馆藏

第三节

春秋器物总说

——标新立异

春秋时期礼崩乐坏，礼仪制度纷纷被打破，人们的思想日益开放，在文化哲思上进入百家争鸣时期。这一骤变使各种礼器逐渐走出庙堂，进入人们生活之中，器物风格更为神秘抽象，多有标新立异之作。

春秋玉器功能从礼教转向装饰，并将儒家的德与玉相联结，君子必佩之，所以此时玉器数量众多。玉器纹饰排列趋于图案化，神秘抽象，多见云纹、谷纹、涡纹、乳丁纹等。

中期后，青铜器铸造工艺改进显著，失蜡法的出现使得人们可以铸造极其繁复的器物，甚至是镂空器物。此时还掌握了多种制金技术，其工艺直接源于青铜铸造，纹样也与青铜器纹饰类似，多为云雷纹、蟠螭纹等。

春秋时期，原始瓷器多数用轮制成型，胎壁变薄，器型规整匀称，纹饰主要有方格纹和织物纹。但此时，轻便、精美的漆器更受贵族的拥护，广泛应用于日常生活之中，器型除饮食用器外，还有家居用器、乐器、兵器和交通工具等。此外，还出现了纯艺术性的观赏漆器。漆器颜色以黑红为主，几乎没有见到镶嵌贝泡和宝石类器物。

春秋 铜吐舌夔纹匜 台北故宫博物院藏

第四章
战国与秦朝器物文化

战国 公元前 5 世纪 – 公元前 221 年

秦朝 公元前 221– 公元前 207 年

第一节

战国与秦朝器物

——平衡律动

战国 玉谷纹璜 台北故宫博物院藏

战国 漆木龙蛇座豆 湖北省博物馆藏

秦 青铜鹤 秦始皇帝陵博物院藏

秦 大瓦当 中国国家博物馆藏

战国 人物龙凤帛画 湖南省博物馆藏

战国 龙凤纹漆盾 湖北省博物馆藏

战国 错金银虎噬鹿屏风座 河北博物院藏

　　战国时期包括东周和秦国统一六国的时间，经过春秋的争霸战争，中原地区分别被燕、赵、魏、韩、楚、秦、齐这七个国家分占，形成七雄格局。公元前 221 年，秦国一统天下，但仅传 3 世，立国 14 年，制器工艺与风格多延续于战国，秦朝器物风韵未能发展完全。总体上，战秦器物多以平衡为美，无论是造型还是纹饰多为对称结构，但同时又不失律动之感，静中有动。

一、玉器

　　儒家"君子比德于玉"之说为战国玉器发展提供了强有力的理论根据。而铁器的广泛应用直接推动了制玉工艺的发展，玉器线条与商周相比刚劲利落、精美细致。此时玉器装饰纹样也较为丰富，最为常见的有谷纹、涡纹、云纹和勾连纹，此外还有蟠螭纹、云雷纹、兽面纹、窃曲纹等。

　　这一时期，组玉佩最具特色，量大而精美，是玉佩发展的高峰时期。形制上讲究平衡对称，带有律动感。标准的组玉佩中央有一大玉璧，上下各有一玉璜。上璜两端缀有玉珠、上部有一玉环。下璜两端缀玉牙，两牙之间饰玉冲，佩戴者行走时冲牙相触，发出悦耳的声音，以驱除杂念。社会地位越高的人佩戴的组玉佩越多、质地越好、工艺越精良。

　　秦朝立国只短短十几年，其文化基于战国时期的秦国文化，但秦国缺乏优良的琢玉技艺，因此影响到秦朝的玉器成就。秦玉器数量不多，工艺也不算精美，雕刻技法多采用阴刻。常在弧线弯曲处运用几何方形，布局紧密。纹饰以龙纹、蟠螭纹、凤纹、云纹和勾连云纹为主。秦尚黑，所以偏好深色或青色玉材。秦朝末期大量玉器被掠夺，落入起义军首领或富豪手中，有的可能混迹于汉玉中，需要认真分辨。

秦 黄玉虎纹璜 故宫博物院藏

战国 玉螭凤云纹璧 故宫博物院藏　　　战国 玉卷尾龙（一对）江西省博物馆藏

战国 白玉铺首 江西省博物馆藏　　　战国 龙凤活环玉佩饰 湖北随州曾侯乙墓出土

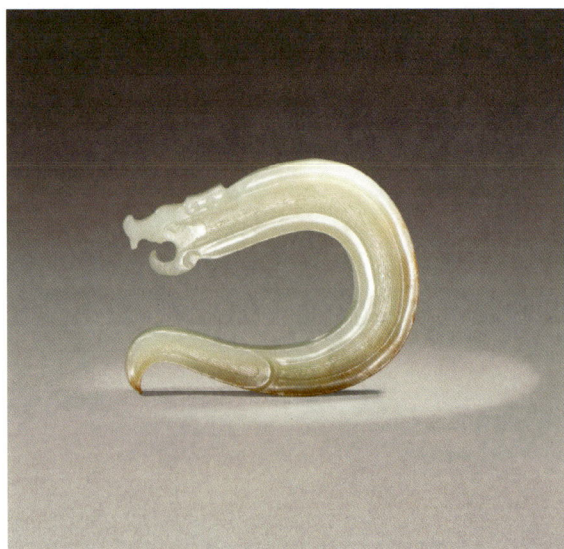

战国 玉龙 上海博物馆藏　　　战国 组玉佩 中国国家博物馆藏

战国 玉勾云纹灯 故宫博物院藏

器物示例：玉勾云纹灯，高12.8厘米，盘径10.2厘米，足径5.9厘米。灯白玉质，有赭色沁。灯盘中心凸雕一五瓣团花为灯芯座。盘外壁和灯柱上部饰勾云纹，内壁及灯柱下部饰勾连云纹。玉灯座、柱、盘分别由三块玉雕成，嵌粘密实，纹饰精美，富有层次感。造型设计独具匠心，风格简约平衡，较前代为之一新。此玉灯上的勾云纹是指云纹呈"T"形转向相接，连续勾转不断。刻线细而利，走势扭曲委婉，是使用铁器琢玉的成果。

战国 白玉镂空螭纹环 江西省博物馆藏

器物示例：白玉镂空螭纹环，玉环有赭斑，圆璧状。器面镂雕三螭，螭足踏云纹，头尾相连接成环形，还有一只小兽蹲伏其间。纹样繁复，线条流畅，充分显示出战国时期精湛的雕刻技术。

战国时期，玉螭纹多作玉器之形或作玉器辅助纹使用。三螭纹是战国玉璃的典型代表。此期玉螭多无角，仅有耳和四足，尾上翘内卷，形虽如虎或龙，但均无虎斑和龙体的鳞纹。

二、金属器

1. 青铜器

春秋晚期至战国早期是青铜器发展的鼎盛阶段，这一时期，青铜器制造华贵绚丽又不失雅观。器物类型与春秋时期差别不大，礼器相对减少，此时铜镜和带钩广为流行，种类繁多。

纹饰方面除常规的蟠螭纹、绳纹、勾连雷纹、花纹带等，还出现了大量人事活动图案。此外，写实的动物纹也很流行，常见有虎、鹰、牛、鱼等，多为高浮雕式，常出现在器物突出的部位。

工艺方面大量运用错金银技术，即先在器物表面刻出凹槽，再用工具把金银丝打入凹槽，后打磨平滑。秦朝青铜器多为兵器，秦王追求浩大气势，故部分器物体型较大。

战国 羽状纹地菱形纹铜镜 湖南省博物馆藏

早在夏商时期就已出现铜镜，但多为素镜，即镜背无纹饰的铜镜。西周时，镜背逐渐开始装饰纹样。发展至战国，铜镜纹饰种类已经非常多样，铸造工艺也更加先进，铜镜铸造渐渐进入成熟期。战国铜镜形制范化、纹饰精美，标志着中国古代铜镜从早期的稚拙走向了成熟。这一时期还出现了有编号的青铜器，但编号方式尚为简单。

秦 秦陵一号铜马车 秦始皇帝陵博物院藏

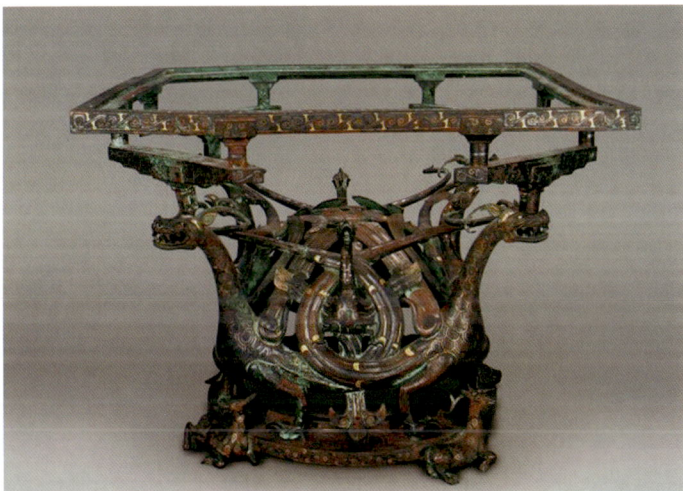

战国 错金银四龙四凤方案座 河北博物院藏

　　器物示例：错金银四龙四凤方案座，通高 36.2 厘米、边长 47.5 厘米，河北省平山县三汲乡战国时期中山王墓出土。据闻，此物是 1974 年，河北省石家庄市平山县一位农名为了取土平整农田，在两座大土丘上挖土而发现。器物案座底部为两雄两雌跪卧的梅花鹿，四龙和四凤组成案身。四龙独首双尾，上吻托住斗拱，双尾向两侧盘环反勾住头上双角。四凤双翅聚于中央连成半球形，凤头从龙尾纠结处引颈而出。方案出土时，有些部分已腐朽，目前所见为修复过后的形态。四龙四凤的造型复杂优美，加之方案周身所饰的金银错花纹更显精致，可谓集铸造、镶嵌、焊接等多种工艺于一体，技艺精湛，无以复加。

秦 青铜鹤 秦始皇帝陵博物院藏

　　器物示例：青铜鹤，高 77.50 厘米，长 101 厘米，陕西省西安市秦始皇帝陵 K0007 陪葬坑出土。铜鹤站立于对角的镂空云纹踏板上，长颈弯曲，下伸至地面作觅食状，喙中含一铜质虫状物。腿爪细长，爪趾与踏板塑于一体；鹤体高大，造型逼真，通体残留有少量白色彩绘。

　　2. 金银器

　　战国金器依旧受到青铜器的影响，造型和纹样变化不大。金器多用错金银、包金与鎏金工艺，其中错金银类器物最为常见。包金是将金箔裁剪后包贴于器物之上。鎏金则是将金箔剪成碎片，与水银按比例加热融化后，倒入冷水中成为泥状固体，称为"金泥"或"金汞齐"。再用铜棒沾盐、矾等混合物，将金泥抹于器物表面，用炭火温烤水银蒸发，金泥则固定在器物表面。

　　此时的工匠们还掌握了范浇铸器，这是批量生产同一器物的前提。但黄金本是稀有金属，它们只掌握在极少数贵族手中，所以还不能像青铜器、漆器那样大量成批制造。这一时期银制器物已经出现，但数量仍少于金制品。秦朝金银器并不多见，秦始皇陵的铜车上有数件，均为铸造成型。

战国还出现了大批量金制货币，据出土实物看来可分为金饼和金版两种。金饼有马蹄形和圆形两种，金版也可分为长方形和锭形。其上常常印有十几个或几十个"郢爰"、"陈爰"之类的戳印，故又称"郢爰"、"陈爰"。目前看来，金币的大量流通仅限于楚国，不能完全代表其他国家情况。

战国 甘斿银匜 鎏金银盘 中国国家博物馆藏

秦 金当卢 秦始皇帝陵博物院藏　　战国 包金镶玉嵌琉璃银带钩 中国国家博物馆藏

器物示例：包金镶玉嵌琉璃银带钩，长 18.7 厘米，宽 4.9 厘米，河南省辉县市固围村五号墓出土。带钩呈琵琶形，中部凸起，底部为银托。钩首为兽首，青玉雕刻。面为包金浮雕兽面，两侧盘绕两条夔龙，倒向勾端，合为一首。脊背正中嵌入三块白玉玦，玦面刻有卧蚕纹。前、后两玉玦的中心孔各嵌入一个琉璃珠。整个带钩把金属铸造工艺和琢玉工艺结合起来，堪称中国古代最华美的带钩。

战国 狼噬牛纹金牌饰
中国国家博物馆藏

器物示例：狼噬牛纹金牌饰，宽 7.4 厘米，长 12.7 厘米，内蒙古自治区鄂尔多斯市出土。牌饰用黄金制成，牌面上压制出四狼噬牛的纹样。以牛的脊柱为轴，中分画面，四狼两两成对，对称分布于左右。战国时期，蒙古高原的少数民族与中亚游牧民族联系密切，狼噬牛纹即是比较典型的中亚草原艺术风格。同时这些民族又受到中原文化的熏染，此牌饰对称布局的画面就带有中原艺术风格。

三、陶瓷器

1. 战国

战国 磨光压划纹黑陶鸟柱盘 磨光压划纹黑陶鼎 河北博物院藏

战国时期，江苏、浙江、江西一带原始瓷器生产尤为发达，制瓷技术越发精进。瓷器胎质坚硬，细腻致密，部分胎料已达到成熟期瓷器的程度。器物多用陶车拉坯成形，内底心有一圈圈细密的螺旋纹，底有切割线痕。釉色多呈青色，釉层有的厚薄均匀，有的呈芝麻点状。这一时期首次出现了黑釉陶器，同时还发现碗、钵类器物中间以瓷土粉为间隔，可以叠置入窑烧制，有效地利用了空间，提高了产量。

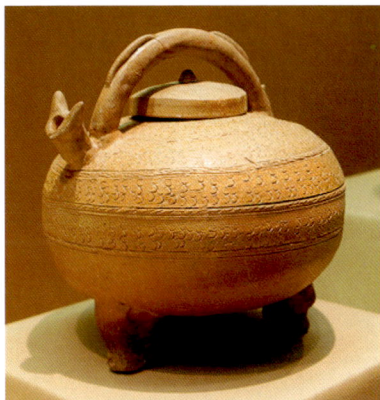

战国 原始青瓷提梁盉 鸿山遗址博物馆藏

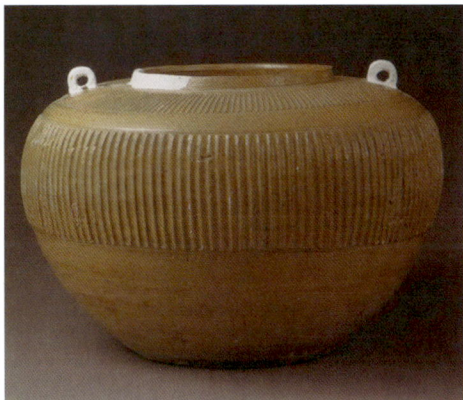

战国 原始瓷罍 滕州博物馆藏

战国 龙梁瓷壶 中国国家博物馆藏

器物示例：龙梁瓷壶，盛酒器。高18厘米，口径7厘米，浙江省绍兴市漓渚出土。此壶由夹砂硬陶制作，圆口、斜肩鼓腹，肩上有一龙形提梁。龙身有锯齿形脊背，以龙首为短流，底部有三个兽形蹄足。此壶胎质坚硬，薄釉，腹及盖顶饰指甲纹，胎色灰白，青黄釉薄而均匀，没有早期青瓷常出现的釉层剥落现象，胎釉结合得很好，是中国早期原始青瓷中的佳作。

2. 秦朝

秦朝陶器品种繁多，造型也多仿自青铜器。最能代表秦陶器烧造水平的便是兵马俑，俑与真人真马大小相似，形象生动，气势磅礴。人俑体型高大，陶工们不得不将腿部做成实心圆柱体，以承上躯重量，或在俑足下粘接足踏板，降低重心、增大俑和地面的接触面。秦兵马俑不

秦 大瓦当 中国国家博物馆藏

仅反映了当时的文化艺术、科学技术和生产水平，还将烧陶技术与雕塑艺术进行了结合。

砖瓦是秦朝陶器的另一代表性器物，其颜色青灰、质地坚硬、制作规整，种类多样。仅砖就有空心砖、条形砖、长方形砖、楞砖、曲尺砖、券砖等。烧制方式一般为模制，用纹模在器物表面加印纹饰，亦有素面。

器物示例：秦跪射俑，通高 128 厘米，秦兵马俑二号坑出土。跪射武士俑出土于秦兵马俑二号坑东端的弩兵阵中心，身穿战袍，外披铠甲，头顶右侧绾一发髻，左腿曲蹲，右膝着地，双手置于身体右侧作握弓弩待发状。跪射武士俑的塑造比起一般的陶俑要更加精细，对表情神态和发髻、甲片、履底等的刻画生动传神，并且文物原本的彩绘保存状况极好，真实表现了秦军作战的情景。

秦 秦跪射俑
秦始皇帝陵博物院藏

四、漆器

战国是中国漆器工艺发展的第一个繁荣期，色调以红、黑两色为主，器内涂朱红，器外髹黑漆，显得典雅和富丽，呈现出强烈的装饰效果。漆器生产规模日趋扩大，已经融入到人们的日常生活之中，被广泛应用于各个阶层。漆器中生活用具最常见，兵器和乐器次之。

战国漆器多饰抽象纹样，如菱形纹、方块纹、目纹、涡云纹、圈点纹、夔纹和龙凤纹等。多与铜器相结合，而基本不见商朝镶嵌绿松石、蚌片等手法。此时漆器以木胎为主，并有陶胎、铜胎、皮胎、竹胎、骨角胎，晚期加嵌金属的漆器增多，出现了扣器（即用金属加盖器物口沿的器物），为战国漆器中的珍品。

战国 彩绘猪形漆盒 荆州博物馆藏　　秦 彩绘云凤纹漆尊 湖北省博物馆藏

战国 黑漆朱绘卧鹿长 湖北省博物馆藏

　　器物示例：黑漆朱绘卧鹿长，长45厘米，高（不计角）27厘米，湖北省随州市曾侯乙墓出土。此器物整木雕成，头插真鹿角，平首匍匐，前腿跪曲，后腿侧弯，作少憩状，神态安详。后腿上部有一方孔，背上原应装有一物，可能为安鼓之用。鹿身以黑漆为地，朱绘花瓣纹和星点纹。

秦朝漆器工艺多继承战国工艺，但器物纹样更有张力。胎骨主要有木胎、夹纻胎、竹胎，多数为木胎。而木胎又分厚薄两种，薄木胎的数量比战国时期还要多一些。

秦 牛马鸟纹漆扁壶 湖北省博物馆藏

器物示例：牛马鸟纹漆扁壶，湖北省孝感市云梦睡虎四十四号墓出土。此件器物是由两半木胎分别挖制再粘合而成，扁壶一面绘颈粗、腹圆的硕壮公牛，一面绘并肩前进的奔马和飞鸟，两侧绘变形的凤鸟纹。通体髹黑漆，以红、褐色绘纹饰，线条飞洒流利、笔力浑厚，很好的表现了秦朝盛气。扁壶作为盛酒器的一种，是秦朝的典型器物。

目前出土的战秦时期漆器制品十分丰富，为这时期的漆器鉴定研究提供了宝贵的实物资料。总结来看，此时期的漆器多为日常生活用品，大都有鲜艳的彩绘。彩绘技法一般采用线描和平涂相结合，多在黑漆地上用多种颜色漆绘花纹图案。

五、绘画

据文献记载，商周已有壁画存在，但目前还没有相关的实物资料来证明。湖南长沙楚墓出土的两幅战国帛画《人物龙凤帛画》和《人物御龙帛画》，是中国迄今发现最早的完整的独幅绘画实物。

战国 人物龙凤帛画 人物御龙帛画 湖南省博物馆藏

器物示例：人物龙凤帛画，纵 31.2 厘米，横 23.2 厘米，湖南省长沙市楚墓出土。画面分上、中、下三层，上层绘一龙一凤，凤引颈昂首，龙身躯蜿蜒；中层绘一高髻细腰、广袖长裙、合掌而立的贵族女子，当为墓主人形象；下层绘一弯月状物。绘画以白描为主，间以单色平涂，线条流畅舒展、形神兼备，尤其是龙、凤的动态渲染和人物的静态刻画，形成一驰一张的鲜明对比，具有很强的艺术表现力。

器物示例：人物御龙帛画，纵 37.5 厘米，横 28 厘米，湖南省长沙市楚墓出土。画面正中绘一戴高冠、穿袍、佩长剑的男子。他侧身而立，手扶佩剑，立于龙身，头顶有一华盖；龙弓身成舟，舟尾立一鹤（凤），舟旁有一鲤鱼随行。人物衣着的飘带、华盖的垂穗都表示了风动的方向，可见龙舟迎风前进的姿态。人们将其与"人物龙凤帛画"一起并称为先秦绘画艺术中的双璧。

六、织物与服饰

1. 织物

战国时期，黄河流域及长江中下游地区都生产丝织品，并形成了各自的地方特色，以齐国和鲁国丝织业最为发达。此时丝绸生产有了明显的专业化分工，有些技术世代相传，已达到较高水平。织物纹样形式多样，抽象化的动物、植物穿插盘叠，色彩丰富、风格细腻。构图讲究对称平衡，动静结合，色彩搭配适当。

战国丝绸主要分为绢、绮、锦三大类，绢的数量最大，其织造技术也不断提高。曾侯乙墓中的绢，经纬密度远大于春秋时期。此外，麻织品也有较高成就，有的经纬密度比现在普通的棉布还要紧密。秦朝纺织业依旧分为官营和民营两种，并在战国的基础上继续发展。秦朝织物存世不多，从已有实物来看，缫丝（将蚕茧抽出蚕丝的工艺）和丝织水平有一些提高。

战国　对龙对凤纹锦　中国丝绸博物馆藏　　　战国　小菱形纹锦　湖南省博物馆藏

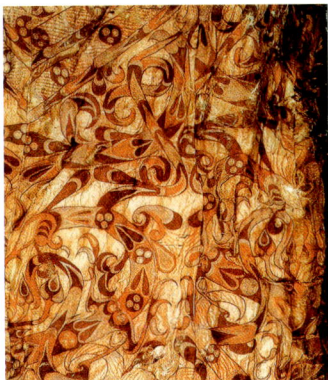

战国 蟠龙飞凤纹绣浅黄绢衾局部
荆州博物馆藏

器物示例：蟠龙飞凤纹绣浅黄绢衾（qīn）局部，长190厘米，宽190厘米，内缘宽10厘米，湖北省荆州市马山一号楚墓出土。衾为入殓时盖尸之物。此衾为正方形，上端中部有凹口。表面由25片绣绢拼成，正中23片为蟠龙飞凤纹绣，左右两侧各有一片舞凤逐龙纹绣，锁绣针法。里为灰白色绢，内缘为红棕色绣绢，内絮丝绵。

战国 绉纱手帕 湖南省博物馆藏

器物示例：绉纱手帕，长28厘米，宽24厘米，湖南长沙左家塘楚墓出土。此帕一角打小结，上下毛边，两侧幅边完整。绉纱又称"縠"，制作工艺比纱复杂。这件浅棕色绉纱手帕相当轻薄，厚度相当于现代的雪纺，说明当时楚国的纺织技术已相当高超。

2. 服饰

战国时期各诸侯国在服饰方面更偏向于本国的习俗风格，从出土实物资料来看，战国时期有深衣和胡服两大类。秦朝服饰主要承战国影响，仍以深衣为典型服装样式，秦始皇统一中国后对礼服制定了较为全面的穿着规范，皇帝常服通天冠，着玄（黑色）衣纁（xūn，红色）裳，百官戴高山冠、法冠和武冠，穿袍服，佩绶。大礼服为上衣下裳，并规定衣色以黑为最上，三品以上的官员着绿袍，一般庶人着白袍。嫔妃服色较为多样，穿着以华丽为上。

深衣即是上衣与下裳相连，制作时上下分制，然后再相互拼接。一为交领直裾式，一为交领曲裾式。直裾式深衣袖长和臂长相等，用大宽带束腰，长摆不开岔；曲裾式深衣楚地最为流行，领沿较宽，较瘦长，用较厚织物作边，右衽很长。文献记载西周时已着深衣，但实物资料甚少，战国时期深衣形制可从玉人、铜人、帛画等器物上窥见一二。

曲裾袍服展示图（参考出土帛画复原绘制）

曲裾深衣还有一明显的不同之处，即"续衽钩边"。"衽"指衣襟，"续衽"就是将衣襟接长。"钩边"形容衣襟的样式。它改变了过去服装多在下摆开衩的裁制方法，将左边衣襟的前后片缝合，并将后片衣襟加长，加长后的衣襟形成三角，穿时绕至背后，再用腰带系扎。

战国时，赵武灵王为加强军事战斗力、方便作战狩猎，推动胡人服饰。要求着窄袖短袄，束皮带，用带钩，下身着裤，脚穿皮靴。胡服中的短袄，商周时期的劳动者、武士和小孩都有穿过，但形制稍有不同。

战国秦朝的器物多在统一、平衡的结构中追求变化，有平衡律动之美。这一时期为青铜器发展的鼎盛时期，失蜡法的成熟运用铸造出了大量异常华美的器物。而铁器的广泛应用则直接推动了琢玉等工艺的发展，提高了质量与制器效率。此外，银制器物开始被人们所使用，制瓷、制陶技术也越发精进。

秦 度量衡 台北故宫博物院藏

第二节

战国与秦朝概况

——诸侯争霸

战国（公元前 5 世纪～公元前 221 年），包括东周灭亡和秦灭六国。三家分晋后韩、赵、魏跻身强国之列，战国七雄格局正式形成，分别是：燕、赵、魏、韩、楚、秦、齐，其他小国最终被七雄所灭。

秦国原为周王朝的一个诸侯国，秦始皇继位后攻灭六国，北击匈奴、南并百越（长江以南诸多部落的泛称）。秦结束了自春秋战国以来五百年来诸侯分裂割据的局面，成为中国历史上第一个多民族融合的中央集权制国家。

一、政治

1. 战国七雄疆域

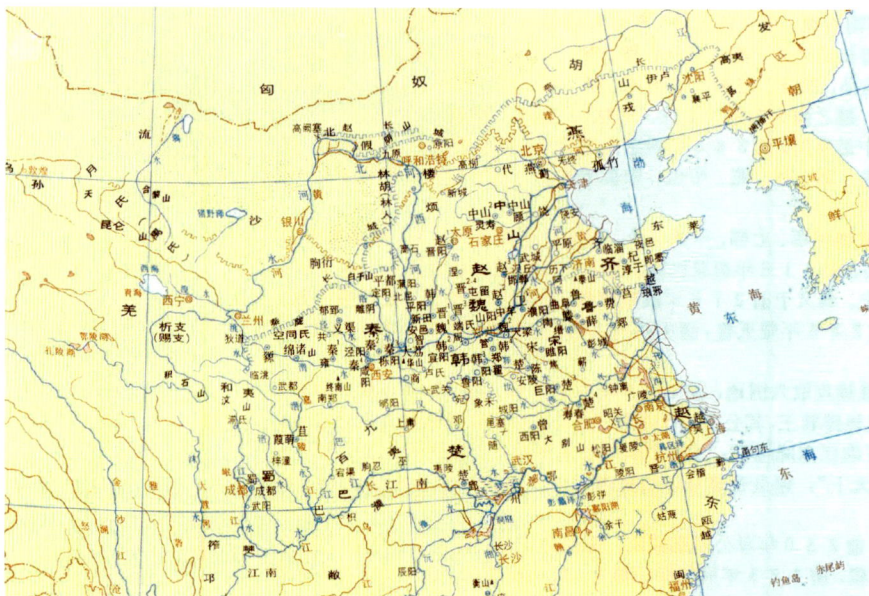

战国时期诸侯国分布图　图片来源：《简明中国历史地图集》

秦：约占今陕西省关中、汉中，甘肃省东南部，四川省中东部。

魏：山西省南部，河南省北部、中部和东部。

赵：山西省北部、中部和河北省中部、西南部，内蒙古自治区的一部分。

韩：河南省中部、西部和山西省东南部。

齐：山东省北部，河北省南部、西部和山西省东南部。

楚：湖北省全省，河南省、安徽省、湖南省、江苏省、浙江省的一部分。

燕：河北省北部，辽宁省、吉林省的一部分。

2. 秦朝

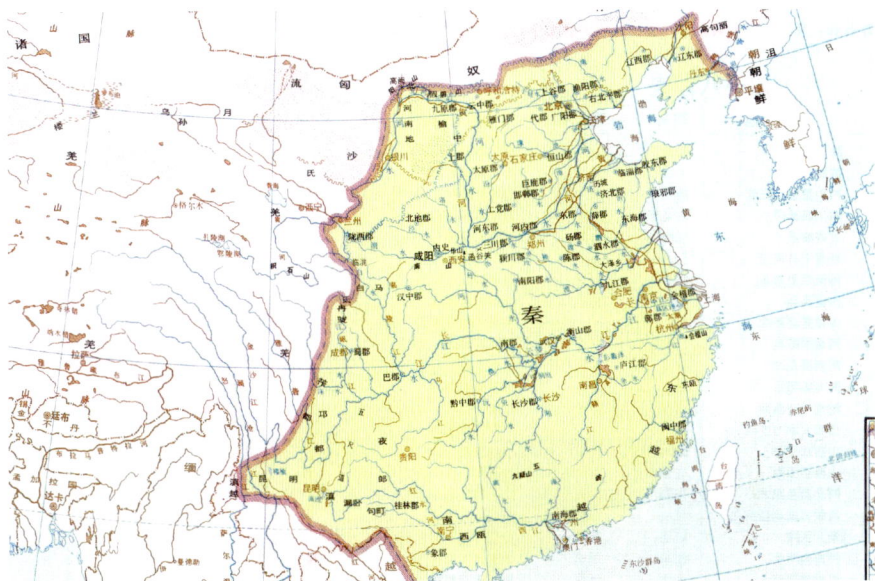

秦朝疆域图　图片来源：《简明中国历史地图集》

秦传三世，共两帝一王，共 14 年。秦始皇死后，秦二世胡亥与宦官赵高合谋篡改秦法，王朝统治一片混乱。公元前 207 年，秦王子婴向刘邦投降，秦朝灭亡。秦朝疆域面积扩展迅速，约有三百四十万平方公里，全盛时疆域东起辽东、南据岭南、北达阴山、西抵青藏高原。

二、各项制度

1. 官制

（1）战国

战国时期，各诸侯国纷纷建立了新的官僚体制，以纠宗法贵族把持政权之失。中央最高官吏为相邦，治理朝中百事，对其他官吏有赏罚之权。各国都置此官，但名称略有差异，有些国家用"太宰"、"冢宰"、"令尹"之类的旧名，有的国家则称为"宰相"。

相邦之下有掌管各种具体职务的官吏，如主管民政、军事和工程事务的司徒、司马、司空，管理刑罚、辞讼的司寇或司理，专管农业、山林资源、手工业的司田、虞（yú）师等。

（2）秦朝

秦王嬴政采用三皇五帝的尊号，自称"始皇帝"，规定皇帝自称为"朕"，拥有至高无上的权利，皇帝总揽行政、军事、经济等一切大权。秦始皇以战国时期秦国官制为基础，调整和扩充秦朝官制。

秦朝官制可概括为三公九卿，三公即丞相、太尉、御史大夫。丞相分为左右两位，帮助皇帝处理全国的政事。太尉掌军事。御史大夫掌群臣奏章、下达皇帝召令、图籍秘书和监察百官。九卿有卫尉、郎中令、太仆、廷尉、典客、奉常、宗正、少府、治粟内史，分别掌管皇宫保卫、警卫、宫廷车马、司法诉讼、外交、宗庙礼仪、皇室内部事务、山河湖海税收和制造业、财政税收事宜。

秦 "公孙谷印"玉印
中国国家博物馆藏

器物示例："公孙谷印"玉印，高 1.6 厘米，边长 2.2 厘米。印面为正方形，白文篆书"公孙谷印"四字。秦朝印文字形略长，线条较细。秦朝时间虽短，但统一了文字，秦相李斯还在少府专设"符节令丞"主管玺印，并规定只有皇帝、皇后及诸侯王的印才可称为"玺"，普通平民印称"印"或"章"。

秦代官印形制大小较一致，无论官印、私印都为白文凿印，采用小篆文字。官印有界栏，一般官吏多用"田"字形界栏，低级官吏多用"日"字形界栏。

2. 法律

（1）战国

战国初期，各诸侯国变法使法律进一步系统化，但也更加严厉。魏国有《法经》，详细记录了魏国法律。秦国本就有族诛之刑，商鞅变法后又设连坐之法，还有肉刑、大辟、凿顶、抽肋、镬烹等刑法。其它各诸侯国也竞相制定严刑酷法，以管制臣民。

（2）秦朝

秦始皇统一六国后，以战国时期秦律为基础，参照六国律，制定了秦朝法律。秦朝法律细密严苛，是秦始皇加强皇权、巩固中央集权的政治工具。面对酷刑，人们怨声载道，这也是加剧秦灭亡的重要原因之一。

①郡县制

秦朝把全国分成三十六郡，后又陆续增设至四十余郡。郡是中央政府辖下的地方行政单位，完全由皇帝控制。郡设郡守、郡尉、郡监，直接受中央政府控制。郡以下设县或道，内地设县，边地少数民族地区设道。县以下设乡、里和亭，亭遍布于城乡各地，两亭之间相隔十里，设亭长。秦朝设立的这套中央集权制度框架，其核心在后代基本没有变化。

②统一货币与度量衡

为方便管理和巩固皇权，秦始皇统一了秦疆域内的货币和度量衡。将黄金改为上币，以二十两为单位。以秦国旧行的圆形方孔铜钱为下币，曰"半两"，其重也为半两。用商鞅制定的度量衡为标准器，统一全国度量衡，还用法律规定了度量衡器误差的允许限度。

战国 "商鞅"青铜方升 中国国家博物馆藏

战国 "燕客"铜量 湖南省博物馆藏   秦 半两 上海博物馆藏

器物示例："燕客"铜量，高 13 厘米，口径 15 厘米。"燕客"铜量是楚国的一种量器，为圆筒形，素面无纹，外壁有铭文 6 行约 59 字。铭文内容涉及赋税征收、俸禄发放等。

三、军事

1. 战国

战国时期战争频繁，各国都拥有强大的武装力量。士兵多是招募而来，各国为了激励士兵奋勇作战，均采用不同的奖赏办法。此时君主都把兵权牢牢地控制在自己手中，军队的将帅都由君主任命。调动军队时，以虎符为信物。虎符为虎形，多铜质，分左右两半，有子母口可以相合。右符在君王手中，左符在将领手中。王若派人调兵，就需带上右符，合符后将领才能听命行动。

战国 杜虎符 陕西历史博物馆藏

器物示例：杜虎符，长 9.5 厘米，高 4.4 厘米，厚 0.7 厘米，陕西省西安市南郊北沈家桥村出土。虎作走形，虎身有错金铭文 9 行 40 字。此符铸于秦惠文君称王前，掌握在名为"杜地"的军事长官手中。

2. 秦朝

秦朝军队异常强大，秦始皇陵的兵马俑坑其中两坑，保守估计就有武士俑七千件，战车百乘，战骑百匹。秦军分三个部分，即京师兵、郡县兵、边防兵，其中各部分又有精分。

兵马俑坑出土兵器约达四万余件，铁质兵器仅占万分之一，说明战国中晚期铁器的强度和硬度还不够，不宜大规模制作兵器。这一时期，兵器按功能可分为短兵器、长柄兵器和远射程兵器三类，有剑、金钩、矛、戈、铍、弩、弓等。

秦 青铜箭镞 秦始皇帝陵博物馆藏

器物示例：青铜箭镞，长 16.5 厘米～20 厘米，陕西省西安市秦始皇陵兵马俑一号坑出土。秦兵马俑坑出土的箭镞可分为大型和小型铜镞两类。所有出土铜箭的镞首和铤（dìng，箭头与箭干连接部）均接铸为一体，茬口清晰。铜镞首与铤重量大体相等，符合力学原理。

四、农业与商业

1. 农业

战国时期铁制农具示意图

战国铁制农具进一步推广，类型多种多样，有锄、臿、镰、铚、斧、铸、凿、刀等，同一种工具在大小或样式上也有差异。此外，这时除了牛耕，还有了马耕，还掌握了识别土壤和施肥技术，这比欧洲早一千多年。人们能根据土壤、气候等不同因素，因地制宜地选择不同的作物进行种植。秦朝政治上重农抑商，加之国土面积增加，其粮食产量较战国时期增加不少。但在秦朝短短的十几年中，农业工具并无太大变化。

2. 商业

战国时期，多数国家承认了商人的合法存在，并征收各种税捐。为了适应商业发展，货币种类繁多，流通量大。三晋货币主要为铲形布币，齐、燕主要为刀币，秦、周主要为圆形的有孔圜钱，楚国主要是贝壳形的蚁鼻钱。随着商品交换的发展，很多城市也开始铸造自己的货币，因此各地货币样式也不尽相同。

秦朝自"商鞅变法"后，严格限制商业活动，收取高额的市场租金、关税，对商人编商籍，破产后的商人将被收编为国家苦役。这些措施实施后，商人的可得利润远低于农户，秦朝商业发展受到限制。

五、文学

战国时散文创作十分兴盛，有的汪洋恣肆、有的譬喻连珠、有的剖析透彻、有的逻辑严密，写作手法丰富多彩。继春秋学术变革之后，战国时期又有不少学派出现，形成百家争鸣的局面。儒家荀子，道家庄子，墨家墨翟，法家韩非、商鞅，阴阳家邹衍，兵家孙膑。各派各家均著书立说，广授弟子，参与政治，学术思想极为繁荣。

秦朝崇尚法家，兼用阴阳家，开展焚书坑儒活动，将法家学说过分夸大君权的一面发挥到极致。秦始皇为巩固统治，统一了秦国文字，将小篆作为标准文字，写成范本，在全国推行。相传该字体为秦国丞相李斯所创，他以秦国的文字为基础，参照六国文字而成。

战国时期，中原地区逐渐由七大霸主控制，开启诸侯争霸局面，而后又逐渐被秦国统一。秦国的政治制度集战国时期各国制度精华，设郡县制、统一货币、文字、度量衡，进一步加强了帝王权力。秦王嬴政还自封"皇帝"，沿用至清王朝结束。

第三节

战国与秦朝器物总说

——兼收并蓄

　　战国与秦朝时期，器物造型与纹饰上的神秘色彩逐渐消失，反而多了几分平衡律动之感。战国由七雄主导，长时间的战争兼并打破了疆土区域内的文化固有模式，而秦王一统天下后又集各家之长，推行了大量连接各区域的政策，故而无论是在器物上还是社会概况上，战国时期各国、秦朝都是在以兼收并蓄之态学习、融合他国文化、制度。

　　战国时期受儒家影响，玉器为君子必配之物，存世数量不容小觑。加之铁质琢玉工具的发展，此时玉器纹饰精美细致，线条刚劲有力。秦朝立国时间很短，琢玉工艺又源于战国时期的秦国，还未来得及有所发展。

　　青铜器方面，战国青铜器华贵绚丽又不失雅观，铜镜形制范化，从稚拙走向了成熟。秦朝青铜器则多为兵器，且有些体型较大，说明秦青铜铸造工艺非常成熟。战国时期金器变化较小，多用错金银、包金与鎏金工艺，还掌握了范浇铸器的方法。秦朝金银器较为少见。

　　战国制瓷技术越发精进，多用陶车拉坯成形，还首次出现了黑釉陶器。秦朝普通陶器造型也多仿自青铜器，最具代表性的陶器为兵马俑和砖瓦，其体型之大、形式之多样、质地之坚硬，充分的展现了秦陶器的烧造水平。漆器方面，战国漆器空前繁荣，色调以红、黑为主，广泛应用于人们的日常生活之中。秦朝相较战国的薄木胎漆器数量更多，纹样也更有张力。

　　战国丝绸主要分为绢、绮、锦三大类，有些织物经纬密度远大于春秋时期。此外，部分麻织品甚至比现在普通的棉布还要紧密，可见织造水平之高。服饰方面，战国时期主要服饰为深衣和胡服，深衣又分为交领直裾式和交领曲裾式。秦朝服饰主要承战国影响，仍以深衣为典型服装样式，但对礼服有了较为全面的规定。

战国 玉璲 台北故宫博物院藏

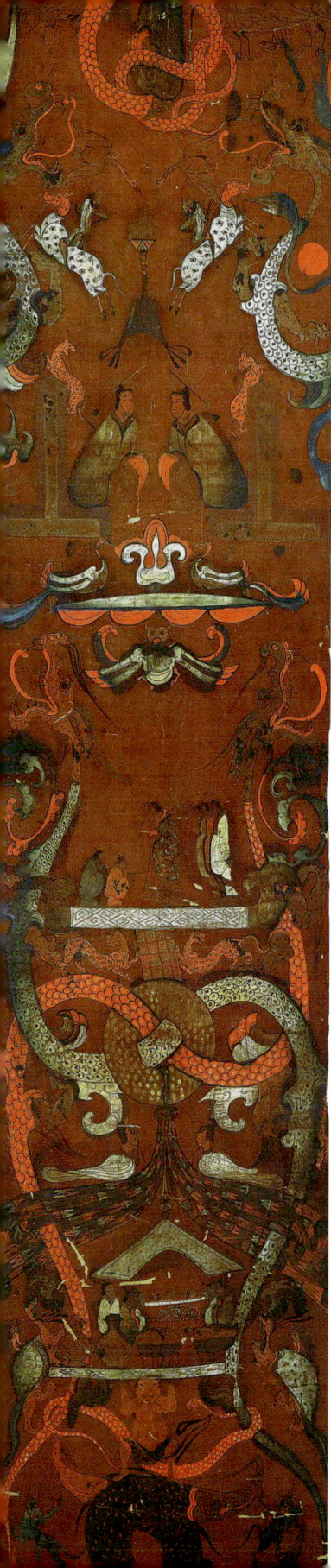

第五章
汉朝器物文化

汉朝 公元前 206 年 – 公元 220 年

第一节

汉朝器物
——夸张奔放

上图 汉 白玉鸟纹珮 台北故宫博物院藏
右图 汉 螭龙鸡心佩 中国民间艺术品收藏评估委员会藏

汉 八牛贮贝器 上海博物馆藏

汉 星云连弧纹镜 台北故宫博物院藏

汉 金虎饰 上海博物馆藏

汉 朱地彩绘棺 湖南省博物馆藏

汉 长信宫灯 河北博物院藏

汉朝分西汉、东汉两个时期。其间，王莽篡权，建立过短暂的王朝。自公元前 206 年，刘邦建立西汉王朝始，除去王莽新政权 17 年，整个汉朝长达 409 年时间。汉朝文化统一，科技发达，器物数量多样，造型美观实用，科学合理，器物风格夸张而奔放，一显盛世姿态。

一、玉器

汉朝礼玉较先秦有所减少，佩玉在种类上更趋于简化，但丧葬玉则显著增加。此时，制玉技术也有所改进，高浮雕、圆雕和透雕玉器增多，器物表面还增加不少细刻线纹，有些器物表面已经可以打磨得相对圆滑。纹饰风格由抽象转为写实，具有真实感和生命力。汉朝玉器的玉料大部分为新疆输入的软玉，多用绿色或黄褐色的玉料，但白玉的用量也大大增加。

目前所见汉朝的礼仪用玉大多为璧和圭，而玉圭在西汉中期后也逐渐消失。玉璧的纹样除了蒲纹和谷纹外，还流行在玉璧外侧加饰一周兽纹或鸟纹，称为"出廓璧"。此时，虽然仍存在琥和璜，但仅是作为装饰用玉。璋和琮已很少见到，很可能是不常制造和使用了。

汉人重生死，讲究厚葬，认为玉石能使尸骨不朽、灵魂不灭，所以丧葬玉在汉玉中占有很重要的地位。葬玉主要由玉衣、玉九窍塞、玉琀和玉握组成。玉衣为皇帝和贵族的殓服，由玉片和金线组成。玉九窍塞是填塞或遮盖耳、目、口、鼻、肛门和生殖器等九窍的玉器，皆为素面。玉琀多作蝉形，置于死者口中。玉握置于死者手中，西汉中期以前多作璜形，后逐渐流行玉猪。

汉 嵌绿松石透雕玉饰 湖南省博物馆藏

汉 鎏金嵌玉饰 河南博物院藏

汉 玉鹰 咸阳博物馆藏

汉 玉镂空龙纹璧 台北故宫博物院藏

汉 黄玉玲 玉猪（玉握） 故宫博物院藏

汉 虎型璜 中国民间艺术品收藏评估委员会藏

　　器物示例：虎型璜，宽 10 厘米，高 5.5 厘米，厚 0.6 厘米。玉璜受沁严重，包浆浑厚，回形纹路清晰，超薄雕琢干净、利落，工整无比，大气磅礴。此玉璜选材自中国四大玉种之一的独山玉，承载着"帝王玉"的历史，深得帝王宠爱，是一件汉朝宫庭器物。

汉 玉夔龙蚕纹璧 故宫博物院藏

　　器物示例：玉夔龙蚕纹璧，厚 0.6 厘米，直径 25.5 厘米，孔径 6.7 厘米。玉色偏绿，且有墨斑、绺裂（liǔ liè，即裂纹），并有赭褐色沁斑。两面雕，以夔龙纹、蚕纹各一周为主题纹样，间以窄条绹（táo）纹。夔龙上装饰阴刻斜方格纹及"二"字纹。

　　此璧纹饰雕刻技艺上采用游丝毛雕，这种线纹是用一种非常尖细的坚硬工具在玉器上进行雕刻，若用力不均，会出现叉道和若断若续的"跳刀"。此种琢玉方法在战国晚期就已出现，但普遍应用在汉朝。后来宋、元、明时亦有出现，但线条又深又粗，而无"游丝毛雕"和"跳刀"感。这两者之差别，是识别汉与汉以后玉器的方法之一。

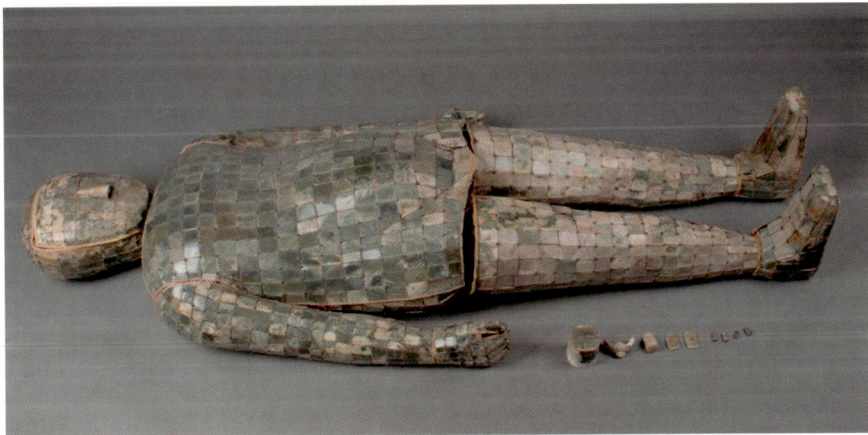

汉 刘胜金缕玉衣 河北博物院藏

器物示例：刘胜金缕玉衣，通长 188 厘米，河北省保定市满城出土。此件玉衣，由头罩、上衣、袖筒、裤筒、手套和鞋六部分组成，刘胜金缕玉衣共用 2498 块玉片，金丝 1.1 千克。所用玉片大部分呈长方形和方形，也有梯形、三角形、四边形和多边形。最大的玉片长 4.5 厘米，宽 3.5 厘米，用在脚底。最小的玉片只有成人拇指盖大小，用来表现手指。金缕玉衣是汉朝规格最高的丧葬殓服，大致出现在西汉文景时期。曹魏以后杜绝厚葬之风，金缕玉衣也成为汉朝玉器形制的典型代表。

二、金属器

1. 青铜器

汉朝青铜器型成新的风格，常用来铸造日用器皿，这些器物比先秦时期更具艺术性和设计感。铜灯和豆式熏炉非常盛行，此外还有鼎、壶、钫、尊、熨斗、带钩、铜镜等。青铜灯出现于战国时期，发展至汉朝已经非常成熟，有些还可以控制灯光的强弱。豆式熏炉是古代焚香的器具，一般炉体作圆形，用来放香料，体下有高足，炉盖高而尖。

汉朝晚期青铜器比前朝轻薄，错金银技术在青铜器装饰中几乎消失，但鎏金青铜器仍然很多，且其上还出现细线阴刻云纹装饰。

汉朝青铜器铭文中简化字增多，有的省略笔画或偏旁、有的整体简化、有的截笔、还有的借笔和草化，其他时期少有此种情况。汉朝青铜器往往是批量生产，成批使用，所以常铸刻有数字编号、天干编号，铭文中标明器物的使用场所。

汉 五牛铜枕 中国国家博物院藏　　　　　汉 四兽踞坐青铜人像 雅安博物馆藏

汉 错金银鸟篆文铜壶 河北博物院藏　　汉 铜弩机 河南博物院藏

汉 雁鱼灯 海昏侯墓出土

　　器物示例：雁鱼灯，江西省南昌市海昏侯墓出土。整体表现为一只体态丰满肥硕的大雁，短尾上翘，双腿直立，脖颈向上延伸，然后回首张口衔一鱼。灯盘带柄，位于雁背。灯罩为两片弧形板。灯盘、灯罩可转动开合以调整挡风和光照，鱼身、雁颈和雁体中空相通，可纳烟尘，各部分可拆卸以便清洗，构思设计精巧合理，达到了功能与形式的完美统一，是一件难得的艺术珍品。

　　雁鱼灯利用大雁脖子作为虹管，燃灯时灯烟随虹管收入灯座中，灯座盛水，烟溶于其中，可避免灯烟污染空气。其对铸造工艺要求很高，存世量非常少，海昏侯墓出土的两盏雁鱼灯是迄今为止出土的第四、第五盏雁鱼灯。

　　著名美学家李泽厚在《美的历程》中曾把汉朝的艺术归于"气势与古拙"，

他认为"与后代的巧、细、轻相比，它确乎显得分外拙、粗、重……它由于以简化的轮廓为对象，就使粗犷的气势不受束缚而带有非写实的浪漫风味。"此件雁鱼灯憨态可掬的造型正是汉朝艺术古拙的审美表现。

汉 错金博山炉 河北博物院藏

器物示例：错金博山炉，高26厘米，足径9.7厘米，河北省保定市满城出土。炉身似豆形，通体用金丝和金片错出舒展的云气纹。炉盘上部和炉盖铸出高低起伏的山峦。炉盖上因山势镂孔，雕塑出生动的山间景色。山间神兽出没，虎豹奔走，轻捷的小猴或蹲踞在峦峰高处、或骑坐在兽背上嬉戏玩耍，猎人手持弓箭巡猎山间。座把透雕成三龙出水状，以龙头擎托炉盘。工艺精湛，装饰华美，是一件举世闻名的珍宝。

2. 金银器

汉朝金银器远超前代，生活器皿较少，多为精致豪华的装饰品，可能与这个时期鎏金的做法盛行有关。此时，银器也有了较为广泛的使用，在饮食器、服饰、车马具等，数量明显较前代有所增加。制作工艺方面尤以掐丝和焊缀金珠为最，掐丝即是将捶打成极薄的金银片剪成细条，慢慢扭搓成丝，再掐成图案，粘焊在器物上。焊缀金珠是将金片切碎后加热熔聚成粒，使其凝结在金银丝一端备用掐丝和金银珠通常结合使用。

汉　鎏金银竹节熏炉　陕西历史博物馆藏

汉　金兽　南京博物院藏

器物示例：金兽，通高 10.2 厘米，身长 16 厘米，身宽 17.8 厘米，江苏省淮安市马湖店村出土。含金量达 99%，空腹厚壁，浇铸成形。金兽呈蜷伏状，头枕伏于前腿上，屈腰团身，首靠前膝，耳贴脑门两侧，头大尾长、身体短而粗壮，附耳瞪目，张口露齿，神态警觉，颈部戴三轮项圈，头顶有一环钮，通体斑纹。底座空凹，内壁刻有小篆"黄六"二字。字体浑厚古朴，疏密有度。

通常所见汉朝的金器大都是锤击而成，此金兽却是古代金属铸造工艺和金器锤击工艺这两种技法完美结合的产物，是汉朝金器制作工艺的代表作品。而关于此金兽究竟是什么动物、有什么样的用途至今仍没有一致的看法。

据分析，汉朝出土的大量金饼、马蹄金、麟趾金，除投入流通外，还用于皇帝赏赐诸侯王及诸侯王向皇帝进奉，或用于赎罪、买爵及较大数额的交易和军费支出等。这些金制品是集中多种工艺技术于一体的珍贵艺术品。

汉 "滇王之印"金印 中国国家博物馆藏

器物示例："滇王之印"金印，高 1.8 厘米，边长 2.3 厘米，重 89.5 克，云南晋宁石寨山出土。此印为金质，蛇钮，印钮与印身为分铸后焊接而成，印面凿刻篆书"滇王之印"四字。"滇王之印"的出土，证明此墓的墓主是一代滇王。

《史记·西南夷列传》记载，公元前 109 年，滇王降汉，汉武帝在滇国地区设置益州郡，赐滇王王印，使其继续统领滇民。金印的出土，证实了这一历史事实。有学者认为，汉朝诸侯王印及文职官印之印文均为铸成，只有部分官印因急于使用而凿文。此金印印文为凿制，是由于西汉政府为封赐降汉的滇王而仓促制成的缘故。也有学者认为，金印印文分为凿制和铸制，在制度上并没有任何抵触，在技术上也不会有什么困难。此金印用凿文，可能是原来铸文的金印不能用来随葬，滇王需要代代相传，所以只能用仿制品。

印章起源很早，在中国一般认为于商朝即已产生。考古发现的汉朝印章数量惊人，物件虽小，但却蕴含丰富的历史文化信息，既反映了这一时期的用印制度和印章文化，也是研究当时政治制度、经济制度以及很多相关历史问题的珍贵资料。

三、陶瓷器

汉朝陶瓷主要作为饮食器、贮藏器等生活用具和随葬明器。种类大体分为灰陶、硬陶、釉陶和青瓷四大类。

低温铅釉陶可以说是汉朝陶器的最高成就，这种陶器最早出现于西汉陕西关中地区，盛行于东汉。釉面光亮，呈现绿、黄深浅不同的色调。由于烧成温度低，胎体不结实，釉中铅含量高，所以大多作为明器。汉朝也是原始青瓷向成熟青瓷的过渡期，器胎体致密，透光性强，气孔及吸水率较原始瓷明显下降。器物表面广泛施釉，釉层明显加厚，更有光泽。

汉 灰陶院落 河南博物院藏　　　　汉 青釉原始瓷划花双系罐 故宫博物院藏

此外，汉朝瓦当也是不得不提的陶器种类。相较秦朝，汉瓦当的纹饰更为精进，以青龙、白虎、朱雀、玄武四神纹最具有汉朝特色，此外还有兔、鹿、牛、马等纹样。而文字瓦当的数量最大，特点是器物中心多为乳钉纹与联珠纹，并有明确的分区划界。汉瓦当因其优秀的品质，与秦朝陶砖合称为"秦砖汉瓦"。

汉 灰陶熊足樽 江西省博物馆藏

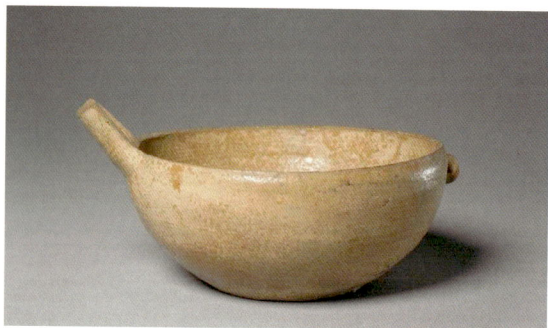

汉 青釉瓷匜 故宫博物院藏

汉 青龙纹瓦当 陕西历史博物馆藏

汉 "长乐未央"瓦当 河南博物院藏

　　器物示例："长乐未央"瓦当，直径15.5厘米。此瓦当采用古代传统模印工艺，内圈饰菱形花纹，中心有圆形圈内饰似龟形纹样，龟形围绕十一个个乳丁纹，在井字型的空间有"长乐未央"四个阳文。文字瓦当在汉朝最具特色，占有突出的地位。

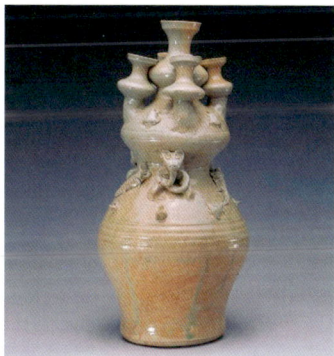

汉 青釉堆塑五联瓷罐 故宫博物院藏

　　器物示例：青釉堆塑五联瓷罐，高46.5厘米，口径6.4厘米，底径16.5厘米。堆塑亦称"塑贴"、"堆贴"。印出或塑出立体状的纹饰贴于器物坯体上的一种装饰技法。此五联罐主体为三节葫芦形。施青釉至腹部，其下流釉数道。上腹为两节葫芦形，周围堆塑四个小罐。束腰处塑贴熊、龟和蜥蜴等。下腹有四道弦纹。五联罐始烧于东汉，多出土于江南地区，是随葬用的冥器。早期器型简单，很少见有堆塑。后来，装饰日渐繁复，堆塑很多人物、动物。到了西晋演变成谷仓罐，具有很高的艺术价值。

四、漆器

汉朝是古代漆艺发展的一个巅峰时期，大件器物增多，如漆棺、漆案、屏风等，并出现了漆礼器，以代替铜器。西汉中期以后，流行在盘、樽、盒、奁等器物口沿上镶嵌镀金、镀银的铜箍，有时盒盖上还镶嵌水晶或玻璃珠。西汉前期漆器花纹富丽而繁复，东汉则比较简素。纹样以云纹、旋涡纹、变形蟠螭纹、菱格纹和神兽辟邪为主，颜色多红黑相间，或用朱、青、金彩绘，对比强烈，风格夸张奔放。汉宫廷和贵族多用漆器为饮食器皿，有些漆器上刻"大官"、"汤官"等字样，说明这些器物是皇家饮食机构所藏；写有"上林"字样的则是上林苑宫观所用之物。

汉 云龙纹漆耳杯 甘肃省博物馆藏

汉 云纹漆耳盒 湖南省博物馆藏

汉 漆屏风 湖南省博物馆藏

汉 博具 湖南省博物馆藏

汉 "轪侯家"黑地朱色云纹漆盘
湖南省博物馆藏

器物示例："轪（dài）侯家"黑地朱色云纹漆盘，高4厘米，口径57.8厘米，湖南省长沙市马王堆三号汉墓出土。漆盘为旋木胎，黑漆绘云龙纹，并以旋涡纹组成龙的须角和鳞爪。口沿上为波折纹、点线纹。内外壁为鸟头形图案，外底朱书"轪侯家"。遣策（随葬品清单）称其为"漆画平般（盘）"，应为宴请时盛放食品之用。

汉 朱地彩绘棺 湖南省博物馆藏

器物示例：朱地彩绘棺，长230厘米，宽92厘米，高89厘米，湖南省长沙市马王堆出土。丧葬用具是汉朝髹漆工艺的一个重要组成部分。后汉书中有记载："诸侯王、公主、贵人皆樟棺，洞朱，云气画。公，特进樟棺黑漆。中二千石以下坎侯漆。"可见汉朝棺上髹漆、纹饰根据身份等级不同分为三等，即洞朱云气画、黑漆、坎侯漆。

此件朱地彩绘棺为木棺中的第三层，就是洞朱云气画，通体内外髹朱漆。棺外表的朱漆地上，又用青绿、粉褐、藕褐、赤褐、黄白等明亮的颜色，彩绘龙、虎、朱雀、鹿和仙人等"祥瑞"的图案。盖板上绘有对称的二龙二虎相对图案，二龙首相向，居于画面中的上方。整体彩绘画面运用对比与平衡的构图原则，布局工整，摆设均匀。设色即鲜丽夺目，与汉朝的仙灵思想紧密相连。彩绘纹饰以线描为主，兼用平涂渲染，还通过汉朝新出现的堆漆工艺使纹饰显出浮雕感，简练飘逸的线条，是对事情本质的高度概括与夸张，充分彰显了汉朝的审美和当时绘画艺术风格，为我们研究西汉初期绘画艺术提供了重要参考依据。

五、绘画

目前已发掘的几个汉朝大墓出土了不少绘画作品，弥补了汉朝绘画艺术的空缺。汉绘画大致包括宫殿寺观壁画、墓室壁画、帛画、大型漆器画等四类。要求绘画在写实的同时，还形成了初步的绘画理论体系，不仅要求绘画描绘事物形态，更注重局部和整体的关系，强调对事物的写神、写意。

题材大体有社会生活、宣扬忠孝节义和神怪。生活类题材多描摹于墓室内，皇帝贵族欲将奢华生活带入死后世界，因此墓室中多表现宴饮、战争、乐舞、车骑、杂技、风俗、生产等场景。忠孝类伦理道德题材，是因汉朝罢黜百家，独尊儒术，统治阶级须借此类绘画宣扬和规范人们思想。同时汉人崇神仙、好方术，故神怪题材在绘画中也占有一定比重。

汉 柿园梁王墓壁画 河南永城柿园梁王墓出土

汉　商山四皓局部　江西省博物馆藏

　　器物示例：商山四皓，为东汉彩箧漆画局部。箧即箱子一类的容器，此箧为细竹编制。在箧盖、箧身四周及四隅边角部位，漆画若干历史人物和孝子故事，"商山四皓"为其中之一。商山四皓指秦末汉初的四位修道智者，东园公、绮里季、夏黄公和角里先生。此图人物生动传神，形态各异，面部、手部用线轻细，人物衣袍均以红、褐、橙黄、黄绿等各色宽线描绘褶纹，色泽明快而古朴。

汉　马王堆一号 T 型帛画　湖南省博物馆藏

　　器物示例：马王堆一号 T 型帛画，上宽 92 厘米，下宽 47.7 厘米，全长 205 厘米。画面完整，形象清晰，自上而下分段描绘了天上、人间和地下的景象。画面仅用基本造型手段，着色方法主要是勾线后平涂，部分使用了渲染，少量形象直接用色彩画成。画面以朱红、土红、暖褐为基调，石青、藤黄、白粉等丰富色彩的运用服从于统一的色调，产生诡异、华丽、热烈的效果。

六、织物与服饰

1. 织物

汉朝纺织技术高度发展，纺织业分官府手工业、独立手工业和家庭副业三种形式。从实物来看，出土的丝织品有平纹组织的纱、绢、缣，斜纹组织显花的绮、锦、绒圈锦。毛织品有缂毛、斜褐和斑等，主要生产于新疆境内的丝绸之路古道上。麻织品以马王堆汉墓出土的最为精良，有大麻布、苎麻布，精细程度接近现代的细布，其表面有乌亮的光。织物的印染以丝织品最为丰富，其次是毛织品。汉人已掌握了浸染、涂染、套染和媒染（通过某种媒介物达到染色目的，如白矾）的一整套染色技术方法，有的地区还掌握了蜡染技术。

汉 缂毛织物 蓝地云气鸟字纹锦 中国丝绸博物馆藏

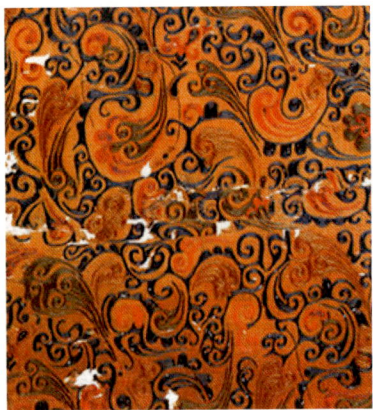

汉 绢地"长寿绣" 湖南省博物馆藏

器物示例：绢地"长寿绣"，长54厘米，宽41厘米，湖南省长沙市马王堆出土。绢地"长寿绣"在绢上用浅棕红、橄榄绿、紫灰、深绿等色丝线，以锁绣针法绣出变形云纹、花蕾、枝叶及其鸟头的图案。由于色彩的变化，似朵朵卷曲的祥云舒展在仙树的枝叶间，细看则是茱萸、凤鸟等吉祥生物显现在云中，神奇浪漫色彩十分浓厚，具有古拙的艺术风格。

2. 服饰

汉朝冠服制度，多承袭秦制。服饰职级主要通过冠帽和佩绶来体现，故此时冠制特别复杂，有十六种之多。对鞋履也有严格的要求，祭服穿舄、朝服穿率、出门穿屦。妇女出嫁穿木屐，并在屐上画上彩画，系五彩带子。

汉朝服饰主要的有袍、襜褕（chān yú，直身的单衣）、襦（短身上衣）和裙。平民一般穿短衣长裤，贫民穿粗布做的短衣，即短褐。女性常服为深衣和上衣下裙，深衣多为曲裾式，穿着时很少配裙和裤。上衣下裙有襦裙和袿衣两种，襦裙是上着短衣，长至腰间，下裙上窄下宽；袿衣是用斜裁法制成的长款襦衣，交领，衣长至脚踝。

汉 漆纚纱冠 湖南省博物馆藏

汉 丝履 湖南省博物馆藏

汉 印花敷彩纱丝绵袍 湖南省博物馆藏

器物示例：印花敷彩纱丝绵袍，衣长132厘米，袖长228厘米，湖南省长沙市马王堆出土。此绵袍即为襜褕，其面料为印花敷彩纱，里、袖、领、缘为绢，内絮丝绵。绵袍纹饰由印花与彩绘两种工艺结合而成。

汉朝器物丰富博大，虽较前朝风格更为写实，但更有夸张之意，也更为奔放自由。汉朝社会神仙思想弥漫，厚葬之风盛行，故而有金缕玉衣、博山炉等器物问世。

第二节

汉朝概况
——一统盛世

汉朝（公元前206年～公元220年），分为西汉和东汉两个时期。秦末，刘邦在楚汉之争中胜利，而后称帝建立西汉。公元8年，王莽篡汉，西汉灭亡。公元25年，刘秀称帝，建立东汉，定都洛阳。公元220年，曹丕篡汉，东汉灭亡，进入三国时期。

汉朝出现了中国封建王朝中第一个盛世局面，即文景之治。而后汉武帝又开创了汉武盛世，国力极为强盛，与几乎同时期的罗马并列为当时世界上最强大的帝国。

一、政治

1. 汉朝建立

秦末农民起义爆发，汉高祖刘邦也在家乡沛县起兵，后加入项氏反秦义军。公元前207年，刘邦率部攻入关中，秦王子婴死，秦亡。项羽封刘邦为汉王，后来两人展开了长达四年的楚汉之争。公元前202年，项羽逃至垓下（今安徽灵璧），汉军将其包围，项羽在乌江边自刎而死。

西汉疆域图 图片来源：《简明中国历史地图集》

东汉疆域图 图片来源：《简明中国历史地图集》

汉朝共有 29 帝，汉文帝、汉景帝开创"文景之治"，汉武帝开创"汉武盛世"。东汉光武帝统一天下后息兵养民，史称"光武中兴"。汉明帝、汉章帝开创"明章之治"，汉和帝开创"永元之隆"。

2. 走向灭亡

公元 184 年，黄巾起义爆发，腐朽的王朝无力平叛，只得令各郡自行募兵守卫，起义随被镇压，但地方州郡长官从此却拥兵自重。189 年，汉灵帝去世，外戚与宦官相互争斗，反而被董卓控制了中央政府。与此同时，各地方军阀纷纷互相攻伐，以增加自身实力。192 年，董卓被吕布谋杀，之后曹操逐渐掌握朝廷权力。220 年，曹丕篡汉，改国号为"魏"，东汉灭亡，从此进入三国时期。

二、官制

汉朝依旧实行三公九卿制，丞相、太尉、御史大夫称三公，职责与秦朝相似。御史大夫之下设御史中丞，掌管宫内事务。九卿则是太常、光禄勋、卫尉、太仆、廷尉、大鸿胪、宗正、大司农、少府，分别掌管祭祀鬼神、门房、卫兵、车马、法律、礼宾、皇帝族谱、全国经济、皇室财政。汉武帝时期，为巩固皇权，将身边重臣组成中朝（又称"内朝"），三公九卿则为外朝。

汉朝的选举制度是察举制，以地方推荐为主，考试为辅，东汉时开始注重考试，形成察举与考试相结合的选士制度。

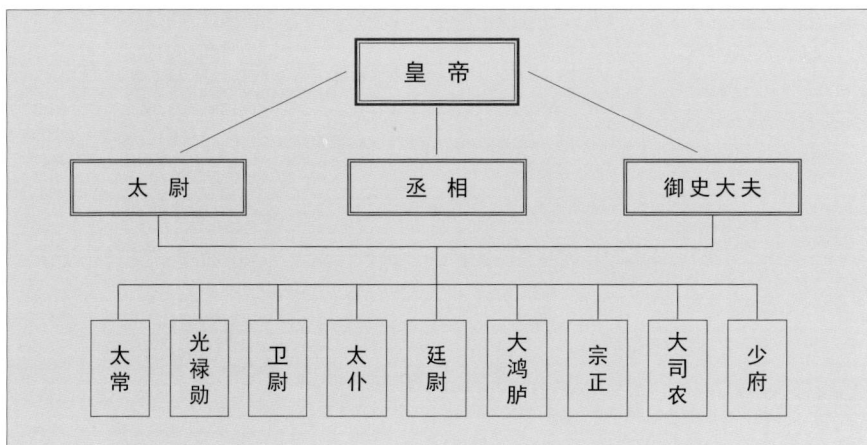

```
                          ┌─────────┐
                          │  皇 帝  │
                          └─────────┘
              ┌────────────────┼────────────────┐
        ┌─────────┐      ┌─────────┐      ┌───────────┐
        │  太 尉  │      │  丞 相  │      │ 御史大夫  │
        └─────────┘      └─────────┘      └───────────┘
      ┌───┬───┬───┬───┬───┬───┬───┬───┬───┐
    ┌───┐┌───┐┌───┐┌───┐┌───┐┌───┐┌───┐┌───┐┌───┐
    │太 ││光 ││卫 ││太 ││廷 ││大 ││宗 ││大 ││少 │
    │常 ││禄 ││尉 ││仆 ││尉 ││鸿 ││正 ││司 ││府 │
    │   ││勋 ││   ││   ││   ││胪 ││   ││农 ││   │
    └───┘└───┘└───┘└───┘└───┘└───┘└───┘└───┘└───┘
```

汉朝官制示意图

三、农业与商业

汉朝土地所有制与秦相同，土地为私有制并可自由买卖。汉元帝时期，土地的集中化日益严重，大量农民无田可种，只得沦为佃农。东汉后期，这一现象更为严重。汉朝牛耕是最重要生产方式，农具多为铁质。汉朝注重兴修水利，尤以关中地

汉画象砖"牛耕图"

区为最，有成国渠、六辅渠、白渠等。东汉时期，出现翻车和渴乌等水利工具，提高了农业生产效率。

西汉早期依旧奉行重农抑商政策，商人地位低下。文帝时期实行贵粟政策，商人竞买爵位，贸易领域得以扩大，经济飞速发展，其地位才稍有提高。到东汉时期，中原商道线路发达，各地货物往来频繁，商业发展顺利，但也造成贫富差距急剧扩大。西汉初年朝廷允许诸侯国自由铸钱，因此各种货币杂行，造成了严重的通货膨胀。汉武帝时开始禁止私自铸钱，所有货币由朝廷统一铸造，以五铢钱为通用货币，金饼为上币。

汉 金饼 陕西历史博物馆藏

汉 五铢钱 中国国家博物馆藏

器物示例：金饼，陕西省西安市北郊谭家乡出土。金饼又称"饼金"，为汉朝货币，习惯上称其为"麟趾金"或"马蹄金"，在世界范围内属于黄金铸币的原始形态之一，主要用于皇室贵族间的赏赐。《史记·平准书》记载，汉武帝一次赏予作战有功之臣卫青"黄金二十余万金"，可见西汉金币藏储量之大。黄金在春秋时期便有作为货币和馈赠品的记录，至战国时广为流通。

四、文学与音乐

1. 文学

汉朝文化进一步奠定了汉民族的民族文化，汉武帝废黜百家独尊儒术，使得儒学成为后朝几千年的统治思想。文学著作有《史记》《汉书》等。《史记》为司马迁所著，是中国第一部纪传体通史，为后面两千年的正史编纂提供了规范。全书共一百三十篇，五十万余字。《汉书》为班固所编，是中国历史上第一部内容完整的断代史，书中结构效仿《史记》。

汉朝设立乐府，以搜集民间诗歌，长篇叙事诗《孔雀东南飞》便写成于汉朝末年。赋是此时涌现的一种新的文学体裁，是有韵律的散文，特点为散韵结合，专事铺叙。司马相如的《子虚赋》《上林赋》，张衡的《二京赋》等均是千古传颂的名篇。汉朝隶书渐渐取代小篆成为主要书写字体，还出现了标点符号的雏形。

2. 音乐

汉朝的音乐整体上气势通达宏大，表演形式有歌舞百戏、相和歌、鼓吹乐、郊祀乐歌等。乐器分为打击乐器、管乐器和弦乐器。打击乐器有编钟、编磬、建鼓等，管乐器有括竽、笙、箛（gū）等，弦乐器有瑟、琴、筝等，琵琶在东汉时由西域传入我国。汉朝，不少达官贵族豢养倡优，甚至一般富豪吏民，也会收养歌者数十人，可见汉人对音乐的热爱。

汉 二十五弦瑟 湖南省博物馆藏

器物示例：二十五弦瑟，湖南省长沙市马王堆出土。此琴有 25 根丝弦，每根弦下均有可移动的调音柱，底部有共鸣窗。瑟的弹奏方法有两种，一为横瑟于膝前，双手并弹。二是将瑟一端置于膝上，另一端斜置于地上，右手弹膝上琴弦，左手按瑟面中部琴弦。此为我国现存最完整的古瑟。

五、科学技术

汉朝科技非常发达。西汉时已经开始运用丝絮和麻造纸，东汉时蔡伦将其改进，出现了现代意义上的纸。历法方面，落下闳编写的《太初历》第一次将二十四节气订入历法，为农业生产做出巨大贡献，还确立了正月为岁首，而后民间便有了"春节"的说法。此外，东汉张衡还设计制作

候风地动仪

了能够预报地震的候风地动仪。这是世界上第一台地震仪，比欧洲出现的地震仪要早一千五百年左右，可惜原件散佚无存了。

医学方面，有《黄帝内经》《神农本草经》《伤寒杂病论》等经典医学著作，说明中医理论体系已经建成。《伤寒杂病论》是我国第一部论述多种外感热性病的专著，由张仲景编写，详细介绍了察色、闻声、切脉、针灸、温熨、药摩、浸足、吹耳、人工呼吸等各种诊断方法和治疗手段。

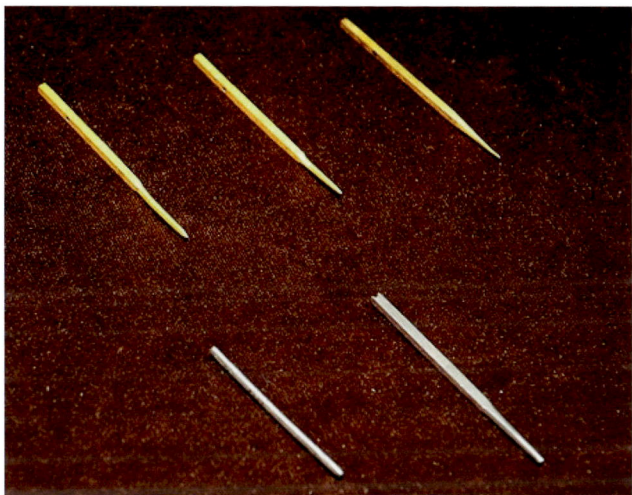

汉 金针 中国国家博物馆藏

器物示例：金针，长 6.5 厘米～7 厘米，直径 0.12 厘米～0.18 厘米，河北省满城县刘胜墓出土。此针细长，柄为方形，上端有小孔，针尖呈尖锐形。刘胜墓共出土四枚金医针、五枚银医针。其中金医针分为三种：三棱形的为锋针，用作放血；尖锐的为毫针，用作针灸；圆钝的为鍉（chí）针，用作点刺。

汉分为西汉和东汉两个时期，共有 29 帝，汉文帝、景帝开创"文景之治"，武帝开创"汉武盛世"，明帝、章帝开创"明章之治"，和帝又开创了"永元之隆"，经诸位帝王治理，汉朝国力达到极盛，跻身为当时的世界强国。而汉朝的文化、科技也随着国家的强大而蓬勃发展，武帝"废黜百家、独尊儒术"，使得儒学成为此后几千年的统治思想，并进一步奠定了汉民族的文化地位。在科学技术方面，造纸术、地动仪、二十四节气、中医理论体系等相继出现或完善，为人们的生产、生活提供了极大的便利。

第三节

汉朝器物总说

——灵动博大

汉朝国力强盛、文化统一、科技发达，民族自信度极高，反映在器物上即是灵动奔放、丰富博大，同一品种器物纹饰上既可奢华又可平朴，既可密满又可疏朗，造型上既可硕壮又可纤巧，林林总总，变化万千。但总的来说，汉朝器物多充满运动感和蓬勃向上之意，灵动而多彩。

汉朝厚葬之风非常盛行，丧葬用玉数量明显增加，礼玉减少。琢玉技术有所发展，高浮雕、圆雕和透雕玉器增多，纹饰风格由抽象转为写实。汉朝在青铜器方面形成了新的风格，相比之前更具艺术性和设计感，器壁也更轻薄。器物铭文中多简化字。汉朝金银器多为装饰品，银器有了较为广范的使用，制作工艺以掐丝和焊缀金珠为最，精美无比。

汉朝陶瓷总体可分为灰陶、硬陶、釉陶和青瓷四大类，低温铅釉陶和瓦当最具特色，而原始青瓷也开始向成熟青瓷过渡，器胎体致密、透光性强、吸水率明显下降。

漆器方面，大件器物增多，并出现了代替铜器的漆礼器。此时还流行在器物口沿镶嵌金属箍，汉初漆器花纹富丽而繁复，后期比较简素。汉绘画大致包括宫殿寺观壁画、墓室壁画、帛画、大型漆器画等四类。并初步形成了绘画理论体系，题材有社会生活、宣扬忠孝节义和神怪等。

汉朝纺织业分官府手工业、独立手工业和家庭副业三种形式。冠服制度多承袭秦制，主要的有袍、襜褕、襦和裙，平民一般穿短衣长裤，贫民穿粗布做的短衣，即短褐。

汉 弦纹洗 台北故宫博物院藏

兹事而不老妨此癃若
對而性直至牒但之如

第六章
魏晋南北朝时期器物文化

魏晋南北朝 公元 3 世纪 – 公元 6 世纪

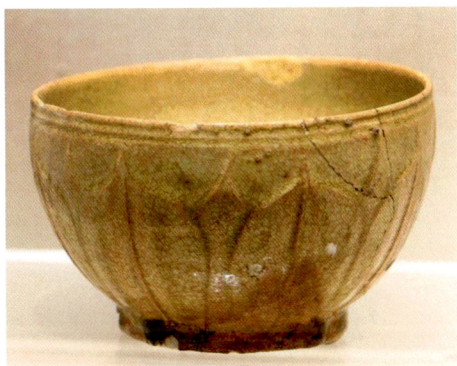

第一节

魏晋南北朝时期器物

——清秀舒雅

晋 兽头玉饰 江西省博物馆藏

南北朝 龙纹玉鲜卑头 上海博物馆藏

晋 青瓷贴花印文簋 台北故宫博物院藏

晋 青瓷虎子 湖北省博物馆藏

蒸為不老如此差言
東與此言重得粗平安
不具情言

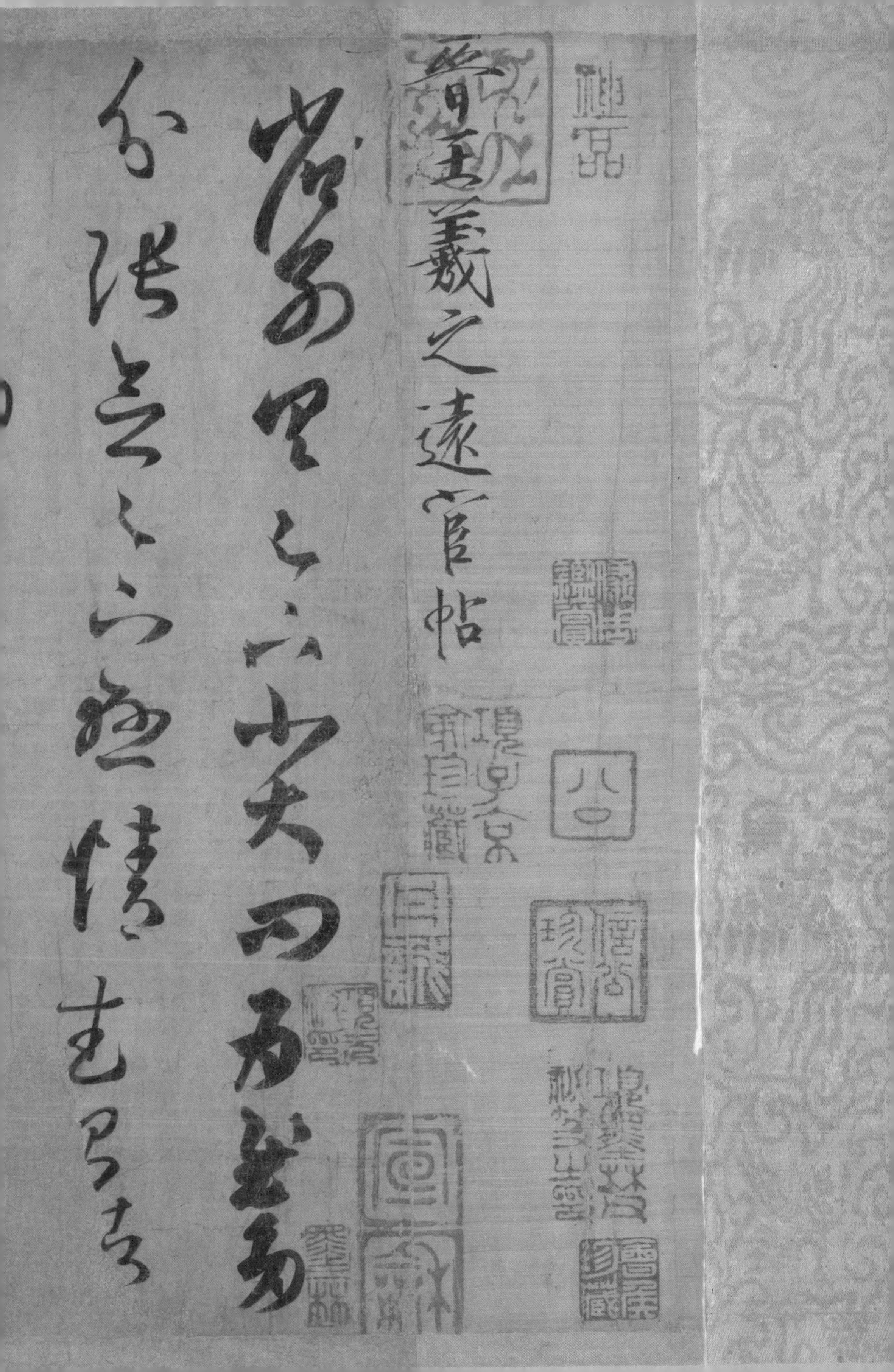

晉羲之遠宦帖

常多不

足下小大悉平安

復省

情至不一一

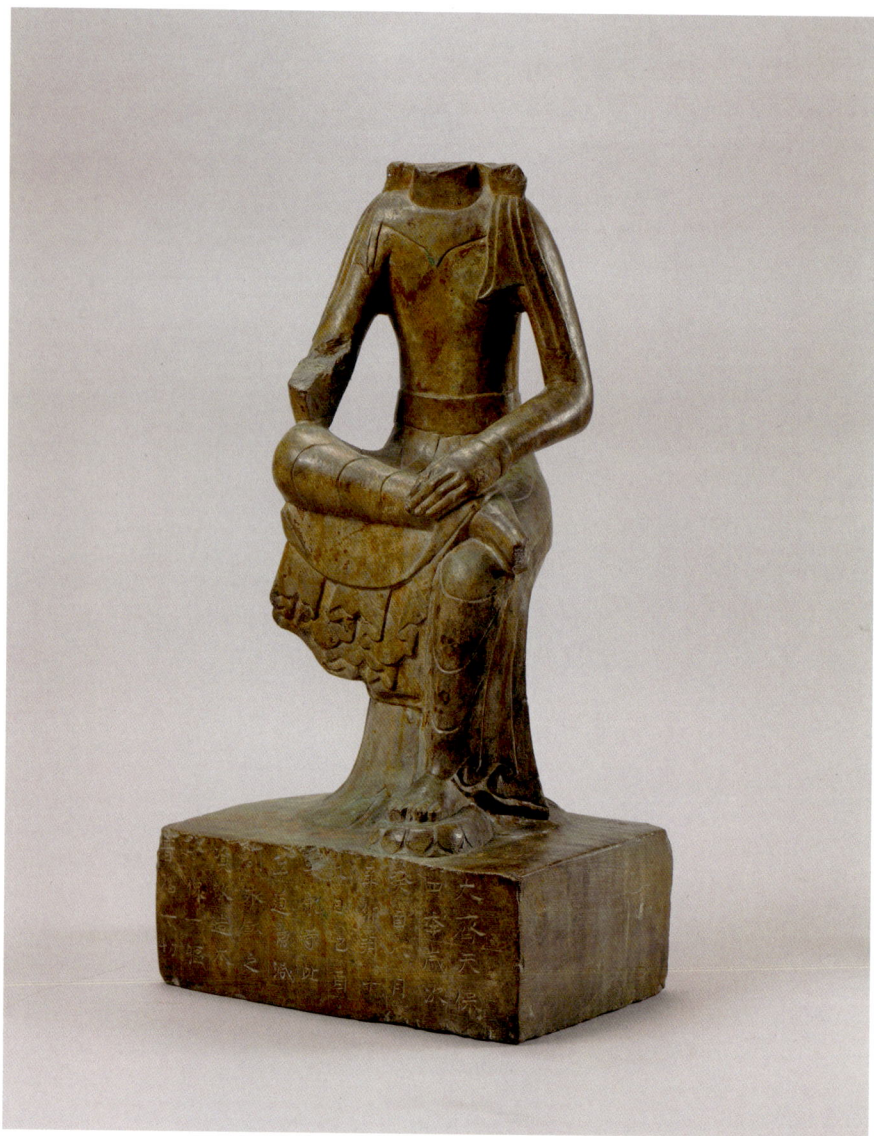

魏晋南北朝 道常造太子石像 上海博物馆藏
上页 晋 王羲之远宦帖 台北故宫博物院藏

魏晋南北朝又称三国两晋十六国南北朝，只有西晋时期为短暂的大一统。魏晋南北朝中"魏"指三国（魏、蜀、吴并存）的曹魏，"晋"指三国灭亡后的西晋和后来割据在南方的东晋。"南北朝"则指东晋灭亡后，形成南北对峙的几个朝代，南方有宋、齐、梁、陈，北方有北魏、东魏、西魏、北齐、北周。

西晋时期器物风格多延续汉风，但同时又透露出清新自然的气象。东晋与南朝时期，汉风被逐渐摒弃，演化出清秀舒雅的风格。而北朝和十六国的情形稍显不同，在清秀舒雅的基础上略有雄华之风，这与民族和地理位置有着密不可分的关系。但纵观魏晋南北朝时期器物，还是可以以清新舒雅来概括这一时期器物之特点。

一、玉器

魏晋南北朝时期，社会动荡，政权更替频繁，玉器发展受到抑制，进入低潮期。首先，从事玉器制作的工人大量减少，琢玉工艺基本只能维持汉朝水平，做工多简略朴素，精工者极少。其次，连绵不绝的战争使得交通不畅，玉材运输受阻，这一时期玉器选材以地方玉、玛瑙、琥珀、绿松石等一般玉石较为常见。

自曹魏时起，统治者禁止厚葬，故丧葬用玉数量骤减，不再制作玉衣，九窍玉也很少成套使用，玉琀、玉握的制作水平更是不如以往。魏晋南北朝时期，礼仪用玉数量较汉朝进一步减少，玉器"礼"用基本消失，逐步被装饰性取而代之。此时，装饰用玉主要有环、玦、玉佩、玉虎、玉剑饰、玉串饰、玉坠等。此外，还有玉钗、玉带钩、玉樽、玉卮等生活用具类玉器，这些玉器制作较为精致，既有实用价值，又有装饰意义。东汉末年佛教开始盛行，发展至此时便出现了一些用玉制成的佛像，以及玉辟邪、玉瑞兽等宗教玉器。

南北朝 玉猪 江西省博物馆藏

晋 玛瑙璧 江西省博物馆藏

魏晋南北朝 玉辟邪 陕西历史博物馆藏

晋 心形玉佩 江西省博物馆藏

器物示例：心形玉佩，青玉质，局部沁泽泛褐色，主体为心形状，顶部起尖，下部微弧突，中透圆形大孔，两侧镂雕云龙纹，并以阴线加深云龙图像，但线、图结合不够娴熟，反映晋代玉件的衰微。

南北朝 青玉朱雀纹玉佩 故宫博物院藏

　　器物示例：青玉朱雀纹玉佩，长 9.6 厘米，宽 3.9 厘米，厚 0.3 厘米。佩青玉制，片状，形似云头，边缘凸凹。其表面平滑光亮，琢细阴线花纹，一面为朱雀，长翎，口衔圆珠，三岐尾，展翅而立，身旁有带状及十字状云朵。另一面为三团火焰纹，火焰间以长带相连。玉佩上端正中有一半月形系孔。

　　该玉器表面有明显的虫咬纹，"虫咬纹"是玉器出现的单体、成片、成线像虫咬坑状（小土坑状）的特殊现象。这种小蚀坑往往外小内大，不均匀伴各种沁色，是古玉在长期恶劣的环境下受侵蚀的一种变质现象，是古玉鉴定的重要依据之一。

二、金属器

1. 青铜器

　　魏晋南北朝时期，青铜器逐渐被陶瓷器、铁器替代，数量骤减。存世的青铜器多以素面为主，外表较粗糙，精致器物不多。器物造型沿袭两汉风格，有些青铜器也融合了其他民族特色。这时期青铜器仍有少量鎏金器物，主要用途为生活用器、兵器和佛像造像。

南北朝 铜单"左"字虎符 僧成造铜弥勒像 中国国家博物馆藏

南北朝 唾壶 江西省博物馆藏

晋 四叶八凤佛兽纹青铜镜 中国国家博物馆藏

器物示例：四叶八凤佛兽纹青铜镜，直径 16.4 厘米，湖北省鄂州市鄂城出土。青铜镜为鉴照之器，是古人日常生活中不可缺少的常备用具，在距今四千多年前的齐家文化时期已有铜镜出土，但是直至春秋时期，铜镜的生产和使用仍不普遍。至到战国时期，才开始大量生产，至汉唐臻于辉煌，又延续至宋元明清，近代才逐步被玻璃镜所取代。

此件青铜镜的主纹为四组相对的双凤，柿蒂形钮座的四瓣内饰有佛像。其中，三瓣柿蒂纹中均置一尊坐佛，上有华盖，下有莲座。另一瓣内是一尊坐于莲花座上的佛像，后有一侍者持曲柄华盖，前有一跪拜供养人。镜缘内侧是十六个弧形，内分饰龙、虎和凤。此铜镜图案主次分明，对称规整，线条流畅。

魏晋南北朝 错金铜蟠龙 故宫博物院藏

器物示例：错金铜蟠龙，通高 11.4 厘米。此器通体造型为一只张牙舞爪的蟠龙。龙头规整，躯干起伏，腿部坚实粗大，棱角分明。韧劲的长尾，锐利的尖爪，将蟠龙的形象表现得极其生动传神。器物脱离了单视点的正面构图方法，具备了可供人围观欣赏的立体造型，从不同的角度观赏此器，形成了既衔接完整又各自独立的生动画面。

2. 金银器

与玉器、青铜器不同，这一时期金银器制作工艺较前代稍有进步，器物风格也有明显的时代特点。金银器在上层社会风行，使用数量大为增加，主要用途仍为装饰品，但生活器皿类器物明显增多。此时金银器似乎完全摆脱了青铜器的影响，大型器物图案开始使用模压工艺，而鎏金、掐丝、镶嵌、焊缀等手法非常盛行。这一时期还有大量从中亚、西亚输入的金银器饰物，对魏晋南北朝和隋唐的金银器风格均有较强的影响。

南北朝 释慧影造释迦牟尼佛漆金石像 上海博物馆藏

南北朝 马头鹿角形金步摇 中国国家博物馆藏

　　器物示例：马头鹿角形金步摇，高 16.2 厘米，内蒙古自治区包头市达尔罕茂明安联合旗出土。步摇的基座为马头形，马头上分出呈鹿角形的枝杈，每根枝杈梢头卷成小环，环上悬一片金叶。马头和鹿角形枝杈上镶嵌珠饰。精巧别致，摇曳多姿。

　　步摇是中国古代妇女的重要头饰之一，它多用金、玉等材料制作，呈树枝形状，制作考究的则在树枝上缀有花鸟禽兽等装饰物。佩戴者像簪、钗一样将它插在发际，行走时，饰物随着步履的移动而不停地摇曳，因此得名"步摇"。

步摇最早出现于战国时期的文献中，魏晋时期成为常见的头饰。其不仅流行于中原地区，北方少数民族也十分喜爱。他们多以草原上常见的羊、马、鹿等动物形象作为主题纹饰，这件马头鹿角形金步摇就是北方游牧民族典型的装饰品。

北魏 鎏金高足铜杯 大同市博物馆藏

器物示例：鎏金高足铜杯，高 11.5 厘米，足径 5.4 厘米，口径 9.6 厘米，山西省大同市城南轴承厂北魏建筑遗址出土。此器物杯口外侈，腹部束腰形，高足。腹部装饰五组缠枝葡萄纹，葡萄枝蔓缠绕成环，环内饰童子采摘葡萄纹样，藤蔓间饰有禽鸟。杯体底部饰"阿堪突斯"叶及联珠纹，足部饰忍冬纹，通体鎏金。做工精湛，整器品相完好，是印证北魏平城（今大同）时期中西文化交流的实物资料。

三、陶瓷器

魏晋南北朝时期瓷器与陶器已经有明显的分流，陶多用于制作明器、建材和炊具，此时明器趋向小型化，这与帝王倡导薄葬有关。南北朝时期西北各少数民族掌握政权，陶俑形象和服饰具有明显的民族特征。

瓷器方面魏晋南北朝还属于起步阶段，原始青瓷上盛行的印纹或刻纹此时逐渐减少，器物数量大增，主要分为生活用器和明器两类。南朝时，莲花纹随着佛教的兴盛而大量被运用在青瓷中，工艺繁复，代表性器物如青釉莲花碗、青釉莲花尊等。

南北朝 晋瓯窑青釉褐斑瓷小罐

瓯窑青釉莲瓣纹瓷碗 扬州博物馆藏

晋 青瓷虎子 湖北省博物馆藏

晋 青釉辟邪 故宫博物院藏

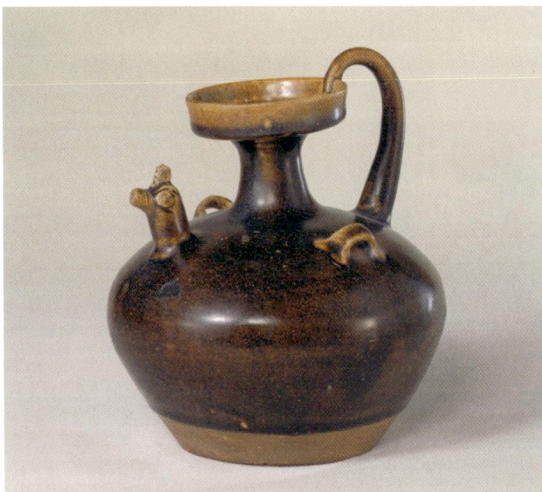

晋 德清窑黑釉鸡头壶 故宫博物院藏

北朝 青釉仰覆莲花尊 中国国家博物馆藏

　　器物示例：青釉仰覆莲花尊，高54.4厘米，口径15.1厘米，底径18厘米，河北省衡水市景县封氏墓出土。喇叭口，长束颈，椭圆形腹，圈足，莲花状盖。颈部饰三道凸弦纹和六个贴花团龙，颈、肩处有六个双环形系，肩部堆塑两周双瓣覆莲，腹部饰垂叶纹及仰覆莲各一周，足部为两周覆莲。莲瓣均丰满肥硕，向外微卷。造型端庄，装饰富丽，是北朝青瓷中典型的器物。

　　此青釉尊的胎灰白细密，釉色青中闪绿，施化妆土。化妆土是在瓷胎上施一层白色浆水，是为了遮盖颜色较深的胎色，同时填补胎体上的气孔和疵点，减少粗胎对釉色泽与质感的不良影响。这种技术一直沿用到宋、元时期。

南北朝 黄釉印花扁壶 山西博物院藏

　　器物示例：黄釉印花扁壶，高27.5厘米，口径5.7厘米，山西省太原市玉门沟出土。此扁壶椭圆口、短颈梨腹，腹部扁平。正背面模印相同纹饰，呈浅浮雕状。腹壁正中站立一胡人，左手持物似骨朵，身前两侧蹲坐两只狮子，狮子扭首向前。壶壁两侧模印象首，长鼻垂于底部。联珠纹边框。口部、足壁部分模印联珠纹莲瓣。该器明显受外来文化影响，是北朝时期中西文化交流的见证物。

四、漆器

魏晋南北朝这段时间遗存漆器较少，但漆器工艺仍有发展，尤其是在漆画方面。此时漆器除木质胎骨外，还有皮胎和篾（劈成条的竹片）胎。髹漆工艺有描漆、戗金锥刻等，色彩丰富有金、红、朱红、黑红、黑、深灰、褐和浅灰等，纹饰内容除纹样外还有大量现实生活场景。魏晋时斑纹漆出现，即是在器物表面用多重色漆交混涂抹产生斑纹，或用单色漆产生深浅不同的斑纹，斑纹漆是髹漆工艺史上的一大突破，充分表现了漆的融合性和流变性。

这一时期还出现了新的器型，如长方形双耳漆托盘和扇形漆攒盒，同时油彩彩绘的技术娴熟，并独立成为一个工种。

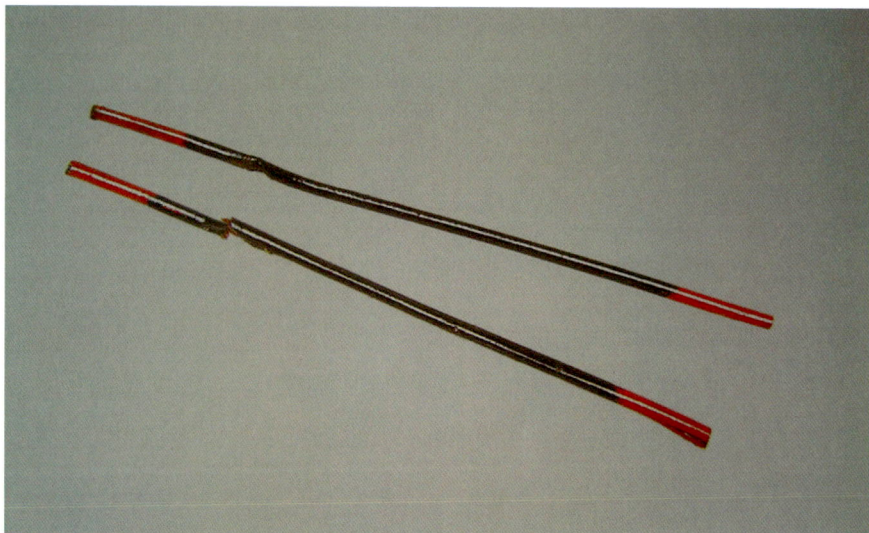

晋 漆箸 江西省南昌市晋墓出土

魏 黑漆凭几 马鞍市山博物馆藏

器物示例：黑漆凭几，长69.5厘米，宽12.9厘米，高26厘米，安徽省马鞍山市三国吴朱然墓出土。凭几之凭为依、靠的意思，故凭几又称为倚几。通常造型为几面呈扁圆弧形，下置三兽形或蹄形足，高约半米。此件凭几木胎，通体髹黑漆，色泽光亮，体现了魏晋南北朝时期人们的起居方式。

几，是我国古老的家具之一，初始几为一种重要的用具和祭祀的礼器。至春秋战国以后，逐渐成为人们的日常用具。凭几兴起于汉末三国时，在三国时期的墓葬中已发现随葬三足漆凭几的情况，到了东晋、南朝，墓葬中随葬陶质凭几的情况更为普遍。

五、绘画

魏晋南北朝时期，绘画处于继往开来的变革时代，画家成为有名望的职业，人物画和走兽画进入成熟阶段。绘画形式除壁画、漆画、画像石和画像砖外，出现纸绢卷轴画，这些卷轴画多出自士大夫画家之手，是时人竞相收藏之物。这一时期的君主和收藏家们不仅收藏名作，还开展鉴别、评级、著录等一系列活动，拉开了我国早期鉴藏史的帷幕。

这时绘画题材范围有所扩大，有服务政教、宣扬佛教、配合文章的故事画和描绘现实生活的世俗风格画等。同时，画面表现能力大为提高，人物造型精美，传神生动。绘画风格也趋于多样，名家各具特色，绘画大家有曹不兴、顾恺之、陆探微、张僧繇、杨子华等，但只有少数名家有传世作品。

晋 顾恺之女史箴图卷局部（宋摹） 故宫博物院藏

晋 顾恺之女史箴图（唐摹） 英国大英博物馆藏

南北朝　木板漆画　山西博物院藏

　　器物示例：木板漆画，通长 82 厘米，宽 40 厘米，厚约 2.5 厘米，山西省大同市石家寨司马金龙墓出土。此画为漆画屏风中的两块，之间由榫卯连接。板面髹朱漆，分上下四层彩绘《列女传》故事，线条用黑色，人物面部和手部涂铅白，服饰器具用黄、白、青绿、橙红、灰蓝等色。题记和榜书处再涂黄漆，其上墨书文字。画风近顾恺之。题记和榜书文字介于隶、楷之间，有疏朗气，是少见的北魏墨迹。木板漆画是南北朝时期文化融合的产物，具有极高的历史和艺术价值。

六、书法

　　魏晋南北朝书法艺术取得空前发展，是我国书法史上的第一个高峰期。由于社会动荡，政治腐败，文人们开始游山戏水，逃避现实，在精神上追求自由和解放，将情怀寄托于文化艺术之上。魏晋南北朝的书法尚神韵，其中，魏晋尚韵，南北朝尚神，同时由隶书衍生出来的楷书、行书、草书逐渐走向成熟。

　　三国时期，以魏国的书法成就最高，这与曹操对书法的积极提倡有着密不可分的关系。同时隶书字体渐变长，圆向方折转变，笔画简便而渐趋妍美，楷书由此而生。两晋时期书法作品大体上可以分世家大族作品和非世家大族作品两类，世家大族以王氏家族为代表，其中心人物为王羲之、王献之父子，他们将行书、草书定型为一种字体，并在艺术上树立最高典范。南北朝时期书法上表现出不同的两种风格，南朝主承东晋书法，北朝则大兴碑刻承袭汉制。南朝的宋、齐、梁、陈四朝，书法家不少，但总体不及东晋。北朝书法多直接从汉隶中取法变化，盛行楷书，与东晋王氏书法相去甚远，所谓的"南北朝尚神"，就主要以魏碑为代表。

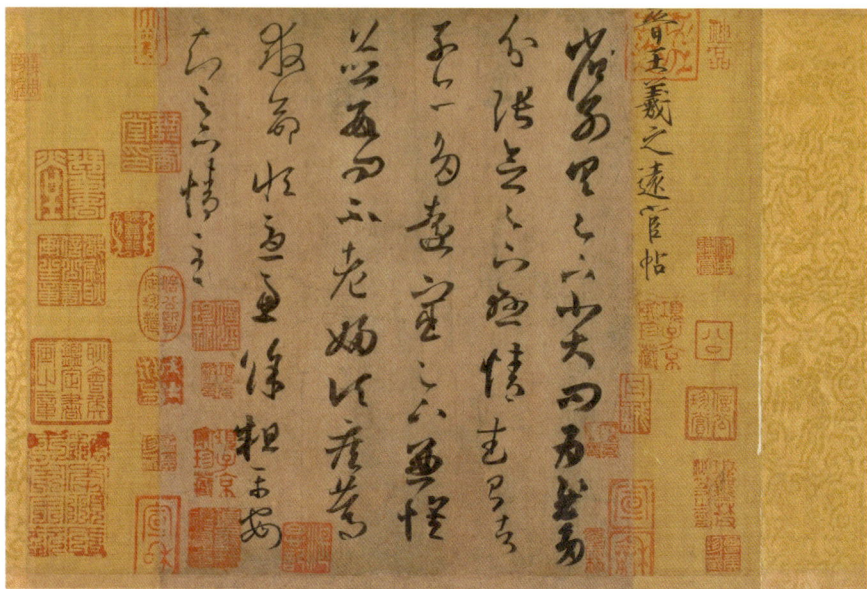

晋 远宦帖 王羲之 台北故宫博物院藏

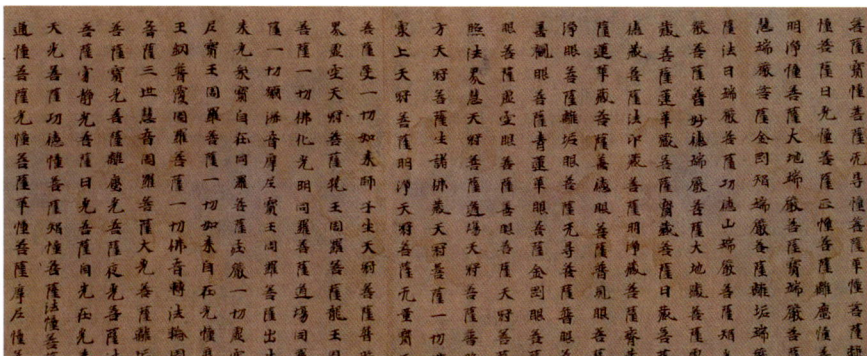

北魏 楷书华严经卷局部 曹法寿 故宫博物院藏

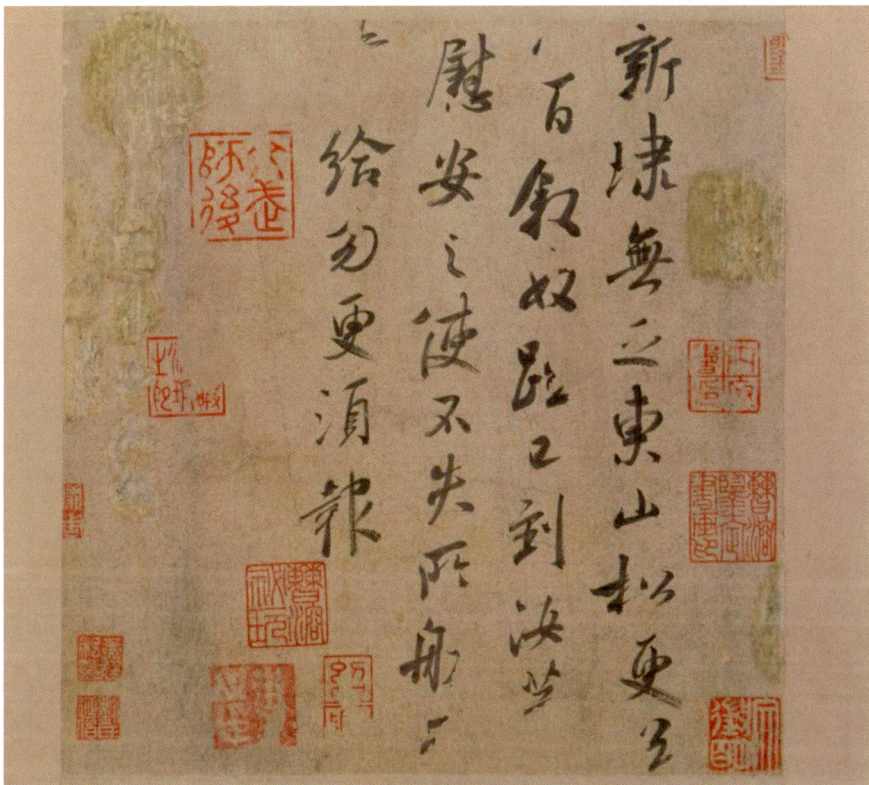

晋 行书东山松帖页 王献之 故宫博物院藏

器物示例：行书东山松帖页，纵 22.8 厘米，横 22.3 厘米。此帖无款署和题跋。鉴藏印钤南宋"绍兴"连珠印、"内府书印"，明朝文徵明、刘承禧、吴廷及清朝曹溶等印。另有两方古印。《东山松帖》是王献之写的一通信札，为断札，有四字磨灭。此帖下笔婆娑，百态横生，洒脱秀逸。

七、织物与服饰

1. 织物

汉朝末期蜀地丝织业已经很发达，蜀锦以精丽著称，享有盛名。魏晋南北朝丝织品仍有一定发展，种类繁多，纹样受到少数民族影响，颇为丰富。南朝各国都设置有少府掌管织染，并大力生产各类丝织品。织物的色彩也极为丰富，有大红、绛红、粉红、黄、淡黄、浅栗、紫、宝蓝、叶绿、白等。魏晋时南京以染黑著称，其黑色丝绸质量较高，多为有钱人享用。

北朝 团窠动物乐舞锦 绢地卷云纹镶边衣袖 中国丝绸博物馆藏

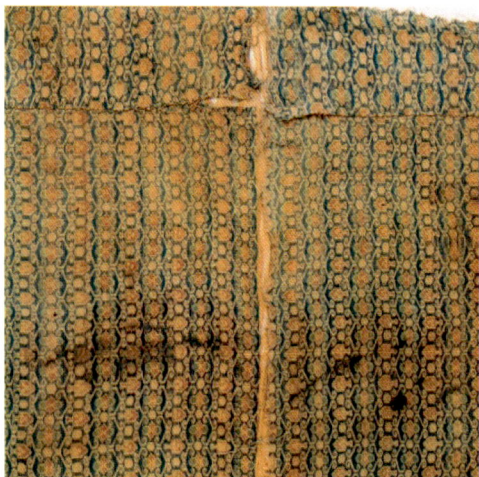

北朝 小花纹锦 中国丝绸博物馆藏

器物示例：小花纹锦，长 40 厘米，宽 34 厘米。小花纹锦共有两块，基本相同。纹样以"S"形为六边形骨架，并在其中填入四瓣小花和鱼形图案。纹样小巧，在当时织锦中较为清新、简洁。此锦采以蓝色为地，白、绿、褐三色显花，其中绿色和褐色两组经线分区交替起花。

2. 服饰

魏晋南北朝时期服饰变化很大，因战争促使大量胡人迁至中原，中原服饰受到胡服影响，紧身、圆领、开叉等均呈现胡服特点。魏晋时期玄学风靡一时，文人衣着多不拘礼教，衣多宽博，且坦胸露脯。男子服饰主要为衫，女子多着襦裙，襦、衫有宽有窄，没有定式。此时女子仍有着深衣者，但与汉制差别较大，在衣服下部常加缀一些丝织物装饰，这些装饰多呈三角形，层层叠加。两晋时期，女子开始着帔（pèi），即形似围巾，披于双臂之上。

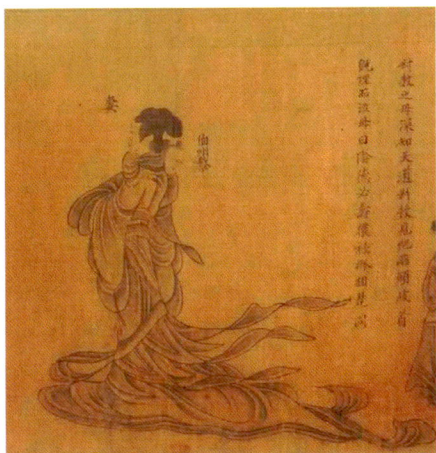

晋 顾恺之列女仁智图局部 （宋摹）
故宫博物院藏

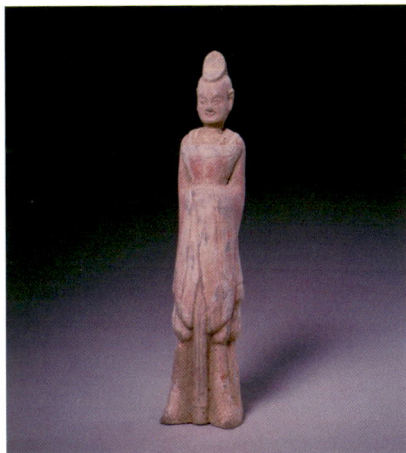

南北朝 陶彩绘男俑
中国国家博物馆藏

魏晋南北朝时期，青铜器逐渐被陶瓷器、铁器所替代，数量骤减。瓷器与陶器开始有了明显的分流，瓷器多为生活用器，陶器多为陪葬用的明器。同时，由于佛教传入，大量莲花纹或莲花造型被用在器物之上，为此时期的一大特色。此外，绘画与书法艺术也得到了空前发展，有数位名垂千古的大家问世。

第二节

魏晋南北朝时期概况

——变革转折

魏晋南北朝（公元 3 世纪～公元 6 世纪）是中国历史上政权更迭最频繁的时期，从曹魏至隋朝建立，共有三十余个大小王朝交替兴灭。魏晋南北朝也是一个变革转折的时期，各民族在此时开始大迁徙、大融合，鲜卑、匈奴、羯、氐、羌等少数民族不断内迁（史称"五胡乱华"），与中原地区文化相互渗透，人们对世界、对自身的认识愈加深刻，再次展开自上而下的变革。

一、政治

三国时期疆域图　图片来源：《简明中国历史地图集》

三国包括魏、蜀、吴，分别由曹丕、刘备、孙权建立。魏于公元 265 年被晋朝开国君主司马炎灭国，魏国亡。蜀于 263 年被曹魏灭，吴于 280 年被晋所灭。

晋分为西晋和东晋，265 年，司马炎代魏称帝，史称"西晋"。280 年，灭吴，统一全国。290 年，晋武帝死，宗室爆发"八王之乱"，入徙塞内的游牧民族乘机起兵称帝。317 年，晋朝宗室司马睿在南方重建晋王朝，史称"东晋"。420 年，刘裕代晋，改国号为宋，东晋亡。

南朝分为宋、齐、梁、陈四代。420 年，刘裕夺东晋，改国号为宋。479 年，萧道成篡权，改国号为齐。为与北朝的北齐有所区别，史称"南齐"。502 年，萧衍建梁，557 年，陈霸代梁称帝，国号陈。589 年，被隋所灭。

北朝主要为北魏、东魏、西魏、北齐、北周及隋朝。北魏由鲜卑族拓跋部所建，439 年，统一北方，疆域北至蒙古高原，东北至辽西地区，南大致以淮河、秦岭为界，西至新疆维吾尔自治区东部，与南朝的宋形成对峙局面。534 年，北魏分裂为东魏与西魏，后东魏被北齐取代、西魏被北周取代，556 年，西魏亡。577 年，北周灭北齐，统一北方。581 年，被隋杨坚所代，589 年，隋灭陈，南北朝时期结束，全国再度统一。

二、军事

魏晋南北朝时期战火不断，对兵器的改进也更为积极。这一时期最为重要的是甲骑具装的出现，重装骑兵即士兵和战马都披着重甲。西周时为了保护战马，已有着用皮革制成的马甲。此时冶炼技术进一步发展，可锻打出质

南朝 武士战马画像砖 河南博物院藏

地优良的钢，为制作铠甲提供了基础。此外，马镫的出现完善了马具，使骑兵可以稳稳地坐于马背之上。

器物示例：骑马武士陶俑，高 38 厘米，陕西省西安市草场坡出土。此为南北朝时期北魏骑兵俑，北魏骑兵至孝文帝改革后，迅速汉化。此陶俑，为孝文帝改革以前烧制。陶俑头戴战盔，身穿铠甲，战马全身披马铠（也称"具装铠"）。

南北朝 骑马武士陶俑 中国国家博物馆藏

三、农业

魏晋 耕种画像砖 甘肃省博物馆藏

　　魏晋南北朝时期，农具种类有所增多，除犁、锹锄、耧（用以灌溉和施肥）、镰等原有农具外，还新增了耢（用以平整土地）、挞（用以压种盖土）、铁齿耙等。在种植时开始广泛采用轮作法，多是禾谷类和豆科轮种，有些还采用混种，如在桑树下种豆子、谷子等。此时，人们还会有意识地种植杂草或带有肥性的农作物，待其长至一定程度后翻入土地之中，用来滋养土壤，虽然汉朝已有用杂草养地的做法，但并未有意识地种植植物肥料。此外，铁质农具和畜力耕种进一步发展，生产力随之提高，农作物的品种在原有基础上增加不少，仅粟类就有百余种。

四、宗教

　　动乱年代，世人将生存的希望寄托于宗教之中，期待在精神上可以得到庇护，故而魏晋南北朝时期宗教受到前所未有的重视。这一时期主要有道教和佛教，道教是中国本土宗教，出现于东汉中后期，东晋时开始盛行，并有大量经书问世。南北朝时，统治者开始扶持道教，这一改变促使大批道士创造道经，自由造经达到高潮。

　　汉朝佛教传入中国，但是传播范围有限。三国时北方大量僧人南迁，将佛教传播至南方。同时，一些统治者发现佛教可以系人心、聚思想，便大举扶植佛教，据记载在北魏末年全国已有三万余座庙宇，两百余万僧侣。佛教的盛行，深深地影响着魏晋南北朝时期的文学与艺术，不仅有大量的佛造像、石窟壁画存世，还有大量与佛教相关的器物、纹样和文学思想传世。

器物示例：铜观音立像，高17.5厘米。此像铜质含铅量高，比重大。在铜质、雕刻手法上与中国造像有明显差别，属于犍陀罗艺术风格。铜像相貌接近欧洲人种，鼻梁高而直，眼角细而长，并留有胡须。此外来品，是当时工匠们学习、摹仿的范本。

晋 铜观音立像 故宫博物院藏

五、文学与音乐

魏晋南北朝的文学充满创新与活力。战火导致民不聊生，儒学衰败，玄学应运而生。玄学以老庄哲学中的"有无"问题当作讨论中心，是对老庄文学的再发展，代表人物有何晏、王弼、阮籍、嵇康等。

此时文学以表达自我情怀为主要目的，不再是统治者们的权利工具。著名的大诗人陶渊明，便生活在东晋，他在日常生活中发掘诗意，创造了田园诗，对后世文学发展产生了巨大影响，晋后文学开始更多地追求艺术形式上的华美。南北朝时期，南北文风迥异，南方清绮，北方质朴，这一点在南北朝的民歌中显现的较为清晰。

南北朝 弹琵琶陶俑 中国国家博物馆藏

南北方和少数民族的大融合，也促使音乐繁荣发展。这一时期，少数民族的歌舞伎乐在中原地区迅速流行，高昌乐、龟兹乐、西凉乐、天竺乐、高丽乐等纷纷融入中原音乐。同时，一些少数民族的弦乐器和打击乐器也被带入中原，如曲项琵琶、五弦琵琶、羯鼓等。其次，随着佛教的传播，佛教音乐与中原音乐相融合，逐步建立起中国佛教音乐体系。王朝的频繁更迭，使得音乐的教化作用进一步减弱，娱乐性增强，南朝乐府民歌中爱情题材成为主流，斗争性作品反而明显减少。

魏晋南北朝时期，战火导致民不聊生，百姓便将希望寄托于宗教上，希望可以得到神的庇护，故而宗教受到了前所未有的重视。玄学也在这样的背景下应运而生，以"有无"问题展开讨论。加之，各民族文化不断的相互融合、碰撞，最终使魏晋南北朝时期成为中国历史上的一大变革转折期。

南北朝 佛鎏金铜立像 上海博物馆藏

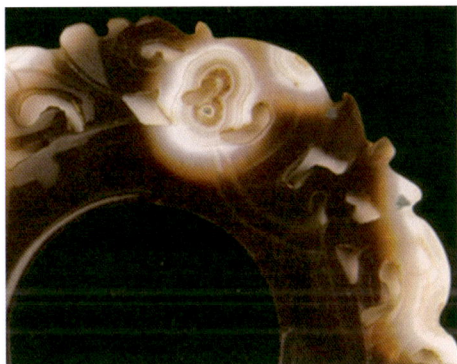

第三节

—— 自觉自醒

魏晋南北朝时期器物总说

魏晋南北朝是一个多国混战时期，政权频频易手，使得器物的发展颇为艰难。但在精神上人们开始自觉自醒，对世界的认识也更为深刻，故而在绘画、书法和文学等方面有了不俗的成就。

魏晋南北朝时期，玉器发展受到限制，琢玉工艺基本维持在汉朝水平。受薄葬风气影响丧葬用玉大量减少，由于战争原因玉材运输受阻，所以此时玉料多为地方玉、玛瑙、琥珀、绿松石等一般宝玉石。这一时期青铜器数量骤减，存世器物主要用途仍为生活用器、兵器，此外还有大量用于佛像制造。金银器与玉器、青铜器不同，制作工艺较前代稍有进步，器物多有少数民族或中亚、西亚风格特点。此时金银器完全摆脱了青铜器的影响，在上层社会风行，使用数量大为增加。

魏晋南北朝时期，陶与瓷有了明显的分流，陶器多被用于制作明器、建筑材料和少量炊具。瓷器多被用作生活用器，部分也被用于明器。青瓷数量大增，器物上的印纹或刻纹逐渐减少，工艺可达到较为繁复的程度。此时存世漆器较少，但漆器工艺仍有发展，胎骨有木胎、皮胎和篾胎，髹漆工艺有描漆、戗金锥刻等，所用色彩也非常丰富，纹饰内容有大量现实生活场景。

在绘画方面，人物画和走兽画进入成熟阶段，绘画题材的范围扩大，名家辈出，各具特色，但作品少有传世者。此时，在书法方面取得空前发展，是我国书法史上的第一个高峰时期。魏晋书法尚韵，南北朝书法尚神，同时由隶书衍生出来的楷书、行书、草书逐渐走向成熟。在织物与服饰方面，均有一定的发展，丝织物种类繁多，同时都受到了少数民族或外族影响，较前朝有不小的变化。

北齐 北齐校书图 杨子华 美国波士顿博物馆藏

第七章
隋朝器物文化

隋朝 公元 581 年 – 公元 618 年

第一节

隋朝器物

——贵气饱满

隋 嵌珍珠宝石金项链 中国国家博物馆藏

隋 白瓷龙柄传瓶 中国国家博物馆藏

隋 金银珠花头饰 中国国家博物馆藏

隋　阿弥陀佛三尊铜像　上海博物馆藏

隋 金铜造像 纽约大都会博物馆藏

美人董氏墓誌銘

美人董氏墓誌銘
美人姓董汴州恇宜縣人
也祖佛子齊涼州刺史敢
仁博洽標譽鄉閭父後進
俛僮英雄聲馳河渶美人

隋 董美人墓志铭拓本局部 清嘉庆年间陕西兴平县出土

隋 授经图 展子虔 台北故宫博物院藏

经过三百余年的分裂割据与民族融合，6 世纪末，中国历史再次进入兴盛的统一时代。隋朝虽然仅有 37 年，但在历史上仍有重要地位。隋朝器物一改魏晋南北朝时期的清秀舒雅风貌，转向饱满贵气，为盛唐风韵写下序曲。

一、玉器

隋朝立国时间较短，存世玉器不多，但仍发展出自己的风格。隋朝玉器依旧可分为礼仪用玉、丧葬用玉、生活用玉和装饰用玉四种，但经过汉朝和魏晋南北朝的演变，礼仪用玉及组玉佩等大量减少，有的甚至消失。魏晋的薄葬之风，也使得丧葬用玉在隋朝成为强弩之末。生活用玉和装饰性玉器反而登堂入室，在魏晋南北朝基础上进一步发展，生活化气息更为浓郁。玉器生产基本完成了从礼器向日用器皿的过渡，一改前代仿古清丽的风韵，向着写实艺术与饱满贵气方向发展。在纹饰方面也有较大变化，此前的谷纹、云纹、螭纹、蒲纹等基本不见，被光素无纹、卷云纹、花卉纹、连珠纹和人物纹等取而代之。

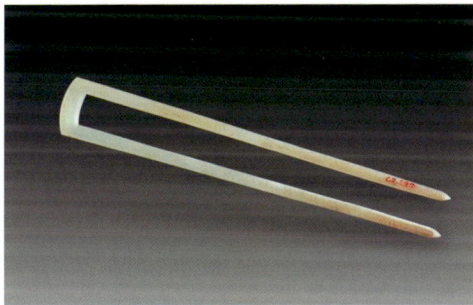

隋 玉钗 中国国家博物馆藏　　隋 白玉雕乐技胡人带板 美国波士顿博物馆藏

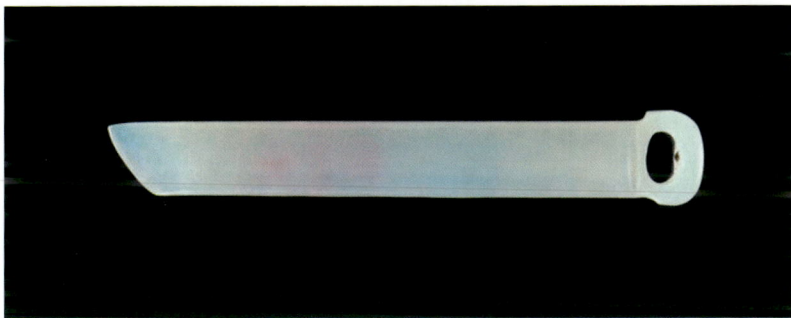

隋 玉刻刀 中国国家博物馆藏

隋 金扣玉杯 中国国家博物馆藏

器物示例：金扣玉杯，高 4.1 厘米，口径 5.6 厘米，底径 2.9 厘米，陕西省西安市李静训墓出土。此玉杯由上等和田玉雕琢而成，口沿镶金带，通体光洁无纹饰。玉质柔和、造型凝练，玉器虽小却显得高贵典雅。

隋朝这种镶金口的器物并不多见，最初金属口多用来装饰瓷器，由于采用"覆烧"的瓷器口部无法施釉，均为"芒口"，为了美观用贵重金属进行镶边，后来渐渐发展到其他器物上也镶嵌金属边。这件白玉杯镶上金边，不仅显得更加精致、富贵，也包含了"金玉满堂"的寓意。

1957 年陕西省西安市考古队对隋朝李静训墓展开发掘，从中发现了数件精美绝伦的国之重器。令人更加惊奇的是，这位名叫李静训的墓主人是位年仅九岁的小女孩。据考证，她是隋朝开国皇帝杨坚长女杨丽华的外孙女，深受杨丽华宠爱，所以她的随葬品异常奢华，其中最为引人注意的便是这件金扣玉杯。

二、金银器

隋朝的金银器目前所见不多，最具代表性的器物多出自李静训墓中。此墓共出土金银器二十余件，可分为装饰品和容器，这些器物精美绝伦，可以成为隋朝高水平金银器的代表。其中金项链和金手镯风格独特，类似的物品曾发现于巴基斯坦、阿富汗和北印度地区，可以推测此时中外文化交流已经较为频繁。

隋 金银珠花头饰 中国国家博物馆藏 陕西省西安市李静训墓出土

隋 金手镯 中国国家博物馆藏 陕西省西安市李静训墓出土

隋 嵌珍珠宝石金项链 中国国家博物馆藏

　　器物示例：嵌珍珠宝石金项链，长 43 厘米，重 91.25 克，陕西省西安市李静训墓出土。项链由二十八颗镶嵌有珠宝的金珠构成，每个球形链珠均由十二个小金环焊接而成，其上又各嵌珍珠十颗。项链上端有扣钮，镶刻有鹿纹的蓝色宝石，下端有宝石、金、玉组成的坠饰，这是隋朝考古中发现的结构最复杂、工艺最精湛、装饰最华美珍贵的项链，整件项链雍容华贵，玉石、珍珠流光溢彩，堪称是举世无双的艺术精品。

　　由李静训墓出土的金、玉首饰，大致可以看出当时贵族阶层女子的衣服配饰及梳妆用具。

三、瓷器

隋朝瓷器品种增多，器型多样。除日常生活用具外，还有各种雕塑和明器等。青瓷为隋朝瓷器的主要产品，胎质细腻，瓷化程度良好。在承袭南北朝器型的基础上又有所变化，创造了一些新的器型，常见器物有盘口壶、鸡头壶、瓶、高足盘、带系罐、碗、尊、灯和烛台等日常生活用具。装饰方法有印花、刻划花、贴花等，贴花中有一种模印贴花法，即先用模子印好浮雕状的纹样，再用胎浆水粘于未上釉的瓷坯上，然后施釉入窑，纹饰有很强的立体感，犹如浅浮雕一般。此方法隋朝已经出现，但并不多见。

隋 淮南窑青釉划花莲瓣纹四系盘口瓶 故宫博物院藏

隋 青釉兔纽莲瓣纹权 青釉盘口瓶 故宫博物院藏

器物示例：青釉盘口瓶，高 32.5 厘米，口径 6.6 厘米，足径 9.2 厘米。此盘口瓶短颈溜肩，长圆腹，圈足。瓶身上半部分施青绿釉，釉层透明，釉面有细碎开片,向下垂流的釉层形成一种特殊的装饰效果,清新自然。盘口瓶是由北朝洗口瓶演变而来,盘口,短颈平底,颈部较北朝洗口瓶细长,腹径更阔大,略呈椭圆形,且有单体双体之分。此瓶从造型、胎质与釉色上看,均具有隋朝青瓷的典型风格。

隋 青釉模印塑贴四系罐 四系罐底部(右上) 故宫博物院藏

器物示例:青釉模印塑贴四系罐,高17.7厘米,口径9.6厘米,底径9厘米。此罐直口圆唇,短颈鼓腹。肩部对称分置四个双股泥条系,四系间塑贴团花纹,腹上部塑贴团花、草叶、团龙、兽面纹。胎体厚重结实,为灰白色。釉色淡青泛黄,积釉处呈青褐色。釉有较强的玻璃感,釉面有细小开片。器内满釉,器外施釉不到底,罐下部有泪痕状釉垂至器足。

此器物的装饰方法称为模印塑贴。模印贴塑亦称"贴花"或"印贴化"。

是采用模印或捏塑等方法，以胎泥制成各种花纹图案，贴于坯面后施釉烧成的一种装饰技法，流行于西晋至隋唐时期。

白瓷的成功烧制是隋朝另一大成就，隋白瓷的胎、釉已完全不见白中泛青现象。由于高岭土中含铁量较高，温度在 1200℃ 左右仅能烧制出青瓷，只有降低瓷土中的含铁量，克服铁的呈色干扰（加重含铁量，便可烧出黑瓷），才能烧出白瓷。中国在北齐时已开始烧制白瓷，但当时白瓷普遍泛青，含铁量偏高，温度偏低，工艺还不够成熟。

隋 白瓷鸡首壶 白瓷双腹龙柄传瓶 中国国家博物馆藏

器物示例：白瓷鸡首壶，高 27.4 厘米，口径 7.1 厘米，底径 7 厘米，陕西省西安市李静训墓出土。盘口外侈，圆唇长颈，丰肩鼓腹。肩部一侧塑一鸡首，昂首张口作啼鸣状。瓷胎呈白色，通体施白釉，近底部无釉，表面有细冰裂纹。

鸡首壶始烧于三国末年，由两晋一直沿用到唐初。早期鸡首壶，以小件为主，肩部仅贴塑鸡首，与之相对的一面贴鸡尾，壶流有的可通，有的是实心。东晋时壶身变大，鸡头引颈高冠，鸡尾演变成弧形柄，上端与盘口粘接，下端装在肩部。南北朝至隋鸡首由小到大，壶身由矮小到瘦长，壶口更高，颈变细。隋朝鸡首趋向写实，足部微向外撇，柄仍有南北朝时期的双龙形柄。

鸡首壶随着时代的发展而演变，具有鲜明的时代性。随着社会的发展及人们审美观的变化，鸡首壶逐渐淡出历史舞台。

四、绘画

隋朝绘画技巧趋向成熟，人物面貌和色调逐渐开朗，比例更加合理。自然山川成为绘画的一大题材，此时隋朝山水画特点是画面中常穿插神仙及贵族游乐场景，多以青绿赋色，纤丽而富有装饰性。

隋 敦煌壁画 菩萨与迦叶 敦煌石窟 276 窟壁画

国家统一和稳定的政局，为南北地区的名家巨匠自由交流提供了基础，使得他们在艺术创作上可以相互借鉴，杨子华、展子虔、董伯仁等人都曾长时间云集在京洛。隋朝佛教复兴，佛教艺术也随之活跃起来，在长安、洛阳、江都等地的庙宇之中都曾有名家手迹。如今，在敦煌莫高窟还可看到七十余座隋窟，隋朝佛教绘画在题材和风格上都有新的探索，还出现了大幅的经变画（用画来解释佛经内容）。隋朝帝王较为重视收藏古代书画，隋文帝灭陈时就将陈宫廷收藏的绘画皆归为己有，同时还鼓励发展本朝的绘画艺术，这些举动均为唐朝绘画艺术的高度繁荣奠定了基础。

隋 授经图 展子虔 台北故宫博物院藏

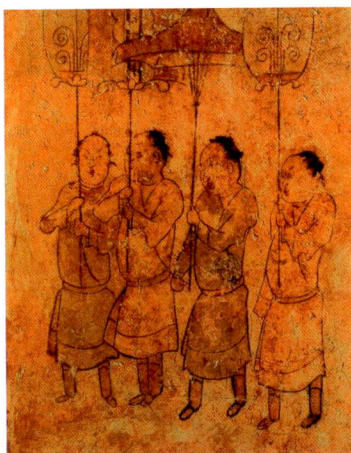

隋 备骑出行图 山东徐敏行墓壁画

隋 游春图 展子虔 故宫博物院藏

　　器物示例：游春图，展子虔画，绢本设色，纵43厘米，横80.5厘米。此图描绘的是江南二月桃杏争艳时人们春游的情景。画家笔法细劲流利，人物虽然小，却一丝不苟、形态毕现。从线条中可以出行笔的轻重、粗细、顿挫和转折变化，但尚未见到唐朝以后常见的皴擦技法。画面色彩浓丽厚重，以青绿色彩为主调，山石树木均以矿物颜料石青、石绿赋色，这标志着山水画进入青绿重彩、工整纤巧的崭新阶段。

五、书法

魏晋南北朝时期，书法分为南北两大风格体系。隋朝书法继承南方风格，追求华美。碑刻和墓志书法流传较多，结体（汉字的间架结构）或斜画竖结，或平画宽结；气韵或浑厚圆劲，或秀朗细挺，变化多样，自成面貌。隋朝楷书从粗犷浑朴向严谨闲雅转变，为唐朝楷书打下了基础。

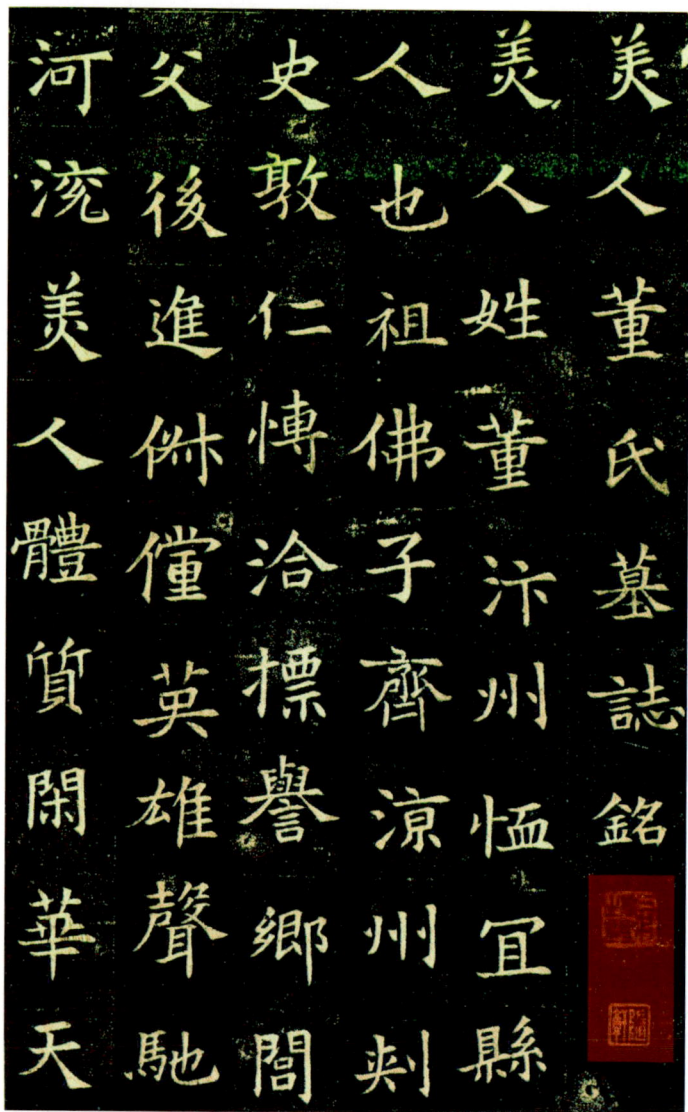

隋 董美人墓志铭拓本 清朝嘉庆年间陕西兴平县出土 1863年毁于兵燹现仅存拓本

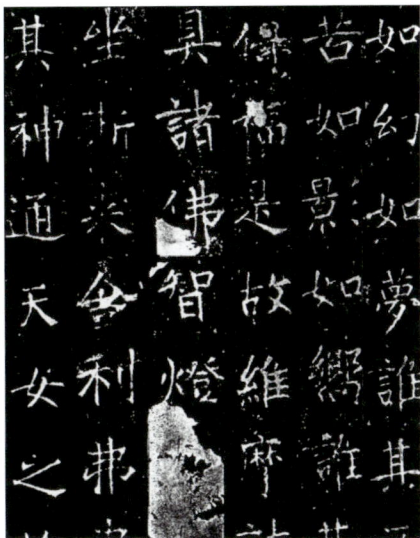

隋 龙藏寺碑局部及拓印 河北正定隆兴寺藏

六、织物与服饰

1. 织物

隋朝的锦、绫、绢等织物已可以织造得非常精良，同时还可以织出纬锦。纬锦与现代锦在织造工艺上基本相同，经线为单色，纬线为多色。用两组或两组以上的纬线与同一组经线交织，其花纹更繁复，幅宽更大。而隋朝在织锦的纹样方面，仍流行北朝后期出现的连珠纹，连珠纹内又往往套有对兽对禽的纹样。

器物示例：盘绦"胡王"锦，长 19.5 厘米，宽 15 厘米，新疆自治区吐鲁番市阿斯塔那出土。此锦为覆面面心。覆面是死者入殓时盖在脸部的物品，材质有织物、玉、金属等，织物类覆面多有面心，正盖于脸部之上，面心四周缝一圈白布，盖于脸部四周。

隋 盘绦"胡王"锦 新疆维吾尔自治区博物馆藏

此面心黄色地，显红、绿等色花纹。主花为宽带联珠纹圈，内填正、倒相对的两组执鞭牵驼纹，"胡王"两字织于人驼之间。牵驼者穿紧袖束腰长衣，驼的双峰间铺以花毯，织出了往来于丝绸之路上的胡商驮队情景。织锦质地厚重，色泽浓艳。

2. 服饰

隋朝服饰基本保持南北朝时期特点，隋初文帝杨坚力行节俭，服饰较为简朴，不太重视服制等级。炀帝时期，崇尚奢华，并恢复了秦汉章服之制，将日月分列于两肩，星辰列于背后，成为后代帝王冕服既定款式。

隋朝男装以衫为主，女装则以襦裙为主。隋朝女性的典型装束是小袖衫，高腰裙，裙子腰线提至胸部。贵族女性出行多着大袖，炀帝时社会风气奢侈，衣服层数加多。受齐梁风气影响，女性小袖外加披帛盛行一时。披帛是古代妇女披搭在肩背、缠绕于双臂的长条帛巾。其制出现于秦汉，多用于嫔妃、歌姬及舞女之中。

隋 彩绘女俑 笼冠陶俑 中国国家博物馆藏

器物示例：笼冠陶俑，湖北省武汉市周家大湾隋墓出土。此俑褒衣博带，头戴笼冠，足穿舄（鞋），双手抬至胸前。笼冠本为武官之冠，隋时已非武官专用，皇帝的近臣等皆配戴。隋朝笼冠，外廓上下平齐，左右为略带外展的弧线，接近一个长方形。唐贞观到景云间的笼冠，外罩呈梯形，唐笼冠造型吸收汉朝进贤冠的特点趋于华丽，渐与通天冠、梁冠中的某些装饰靠拢，最后演变为宋朝笼巾。

　　隋朝虽然短暂，但器物却尽显饱满贵气之风。器型多圆润硕壮，纹饰与魏晋南北朝时的清秀舒雅有很大差别。这一时期与中亚等国的交流较为紧密，器物造型、纹饰有受中亚国家影响的痕迹。

第二节

隋朝概况

——繁盛一时

　　隋朝（公元581年～公元618年）是一个和秦朝同样短暂的统一王朝，仅有两世皇帝，在隋文帝统治时繁盛一时。公元581年，北周外戚大丞相杨坚夺取北周政权，建立隋朝。589年，隋灭南方的陈朝，统一全国。至此，中国进入大一统时期。

一、政治

隋朝疆域图　图片来源：《简明中国历史地图集》

　　隋朝自灭陈后，疆域东起辽河、南据交趾、西至敦煌、北抵大漠，后逐渐吞并林邑、吐谷浑、伊吾。疆域极盛时，隋朝只有两世皇帝，开国皇帝文帝杨坚是位杰出的政治家，他统一全国，实行改革，减轻民众赋役，促进了经济发展。并以身作则，使隋初形成崇尚节俭的社会风气，在位二十多年，开创了"开皇之治"。

　　隋炀帝为隋朝第二位皇帝，其性情外向，常与关中官僚、将士发生矛盾。同时喜爱出巡，曾三游扬州，两巡塞北，一游河右，三至涿郡，在位十四年，居京师不足一年，最后被弑于江都。

　　炀帝在位期间曾征伐高丽。598年，高丽侵犯辽西，炀帝令其王高元入朝，不从，遂伐之。前两次均以失败而返，最后一次高丽求和，方停止讨伐。

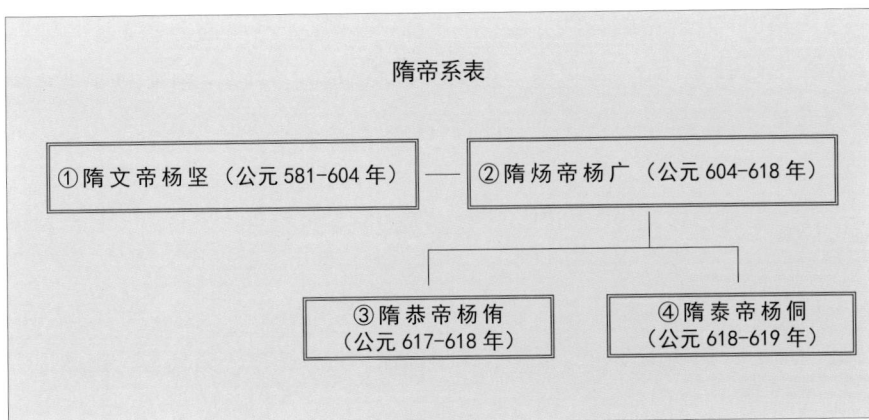

隋朝帝系表示意图

与之同时，隋炀帝大规模营建东都洛阳、修筑长城，致使徭役大增，甚至役及妇人。炀帝性喜夸耀、奢侈，曾以丝帛缠树向西域夸富。大臣高颖等人谏止被杀，遂众人不敢言。

隋炀帝的好大喜功导致民不聊生，田园荒芜，最终引发动乱，兵变与农民起义交织并发。三路义军不约而同将矛头指向江都炀帝，并将他缢死在江都宫中。

二、各项制度

1. 官制

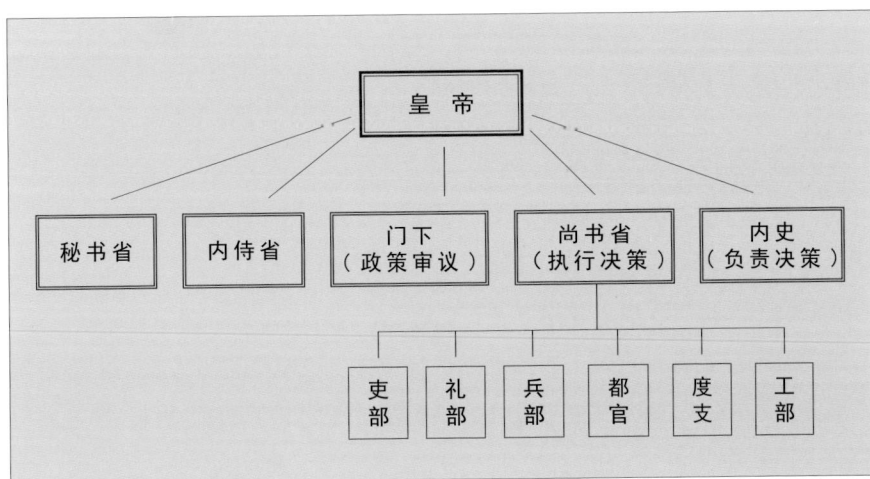

隋朝官制示意图

隋朝官制在北周的基础上建立了三省六部制，三省有尚书、门下和内史，六部设于尚书省之下，有吏部、礼部、兵部、都官（开皇三年改刑部）、度支（开皇三年改民部）和工部。内史省负责决策；门下省负责政策审议；尚书省负责政策执行及管理六部。

除三省外，还有秘书省和内侍省，秘书省事务较少，内侍省主管宫廷事务和宦官。

隋朝还设有中央三师（大司徒、大司马、大司宝）和三公（丞相、太尉、御史大夫），但均为功臣、世家的名誉虚衔，位高俸多不掌实权。隋朝地方行政为两级制，初为州县，炀帝时改郡县。

2. 法律

隋文帝即位后，命人参考北齐北周旧律，制定法律，583年，制定完成了《开皇律》。隋朝律法较前代更为简化，博取南北法律优点，史称"刑网简要，疏而不失"。

刑罚分为死刑、流刑、徒刑、杖刑、笞刑五种二十等，并废除了鞭刑、枭首、裂刑等一系列酷刑，为唐朝及其后代法典的落成奠定了基础。

3. 均田制

均田制最早出现于北魏，当时仅在中原北部地区实施，隋统一后实施于全国。均田制按人口分配土地，部分土地在耕种一定年限后归其所有，在其死后一部分土地将归还于国家。

均田制的实施，减少了田产纠纷，有利于荒田开垦，肯定了土地的所有权和占有权，因而对农业生产的恢复和发展起到积极作用。

4. 科举制

中国科举制度创立于隋朝，科举是通过文化考试进行选官的一项制度，选仕要求由重视出身转向个人才华。

隋文帝在位时，规定各州以"文章华美"为标准，每年向中央选送三人，后来由于不放心各州推荐上来的人而进行考核，引发了科举考试。继而很快发展为不再推荐，完全凭考试选官。隋炀帝时，创立了进士等科，标志着科举制度的开始。

三、农业与商业

1. 农业

隋 含嘉仓内发掘的仓窖　　　　　　　　　隋 回洛仓遗址

隋朝农业生产力已经较为强大，各地都修有粮仓，存储量皆在百万石以上。据记载，隋灭亡20年后，还有粮食、布帛未用完。1969年，在洛阳发现一座隋朝粮仓，即含嘉仓遗址，面积达四十五万多平方米，内有259个粮窖，其中一个粮窖还留有50万斤已炭化的谷子，可见隋朝的富裕与强盛。

2. 商业

隋初钱币紊乱，严重影响到商业交易，隋朝建立后推行五铢钱。583年，隋文帝下诏，命四面诸关以新钱为样审查钱币，外形、重量相似者，允许入关，其余杂钱皆毁销为铜。经此整顿，全国货币再次趋于统一，促进了商业的发展。

隋 五铢钱 中国国家博物馆藏

器物示例：五铢钱，直径2.5厘米，重3.2克，青铜质。隋朝五铢钱始铸于开皇元年（581年），面文"五铢"，篆书。

文帝时期五铢钱铸造精美，"五"字左侧有一竖划。"五"字两条斜划有直笔，也有曲笔。文帝开皇五年（585年）铸的五铢钱加入锡铅，钱色发白。炀帝时期（605年～618年），有较多私铸，钱质轻劣，直径都在2厘米以下，重多不到1克。

隋朝城市规模进一步扩大，商业往来频繁。在长安有都会、利人两市；洛阳有丰都、大同和通远三市。通远市临通济渠，周围六里，可从二十门分路入市，商旅云集，停泊在渠内的舟船，数以万计。丰都市周围八里，通十二门，其中有一百二十行，三千余店铺。

同时，隋朝又重新打通了陆上丝绸之路和海上丝绸之路，与多个国家均有频繁的贸易交流，这一点从隋朝器物上可得到证明。

隋　陶骆驼　西安东郊出土（左）　山西博物院藏（右）

器物示例：陶骆驼，骆驼是陆上丝绸之路的主要运输工具，隋墓中的骆驼很有时代新意。陕西省西安市东郊出土的隋朝骆驼（上左图），还继承了北朝骆驼总体上质朴的风格，但山西省太原市隋斛（hú）律彻墓的骆驼（上右图）却高大健壮，突出昂首嘶鸣的状态。身上驮有丝绸、皮囊，囊端有虎头装饰，上面还坐了一个胡人。人与骆驼比例不协调也是隋朝器物过渡性特征的体现。

四、宗教

隋朝佛教复兴势广，道教也得到统治者关注及扶持。此时佛像的造像比例还不太协调，呈现出头大、肩宽、下身偏短的特点。造像题材由释迦牟尼和弥勒过渡到阿弥陀佛和菩萨。

隋 石雕佛头像 白石立像 中国国家博物馆藏

器物示例：石雕佛头像，高28厘米，宽17厘米。佛头为螺发，发髻低而平，眉呈半弧状，眼纤长似月，鼻翼丰满，嘴角上翘，作微笑状，为典型的隋朝佛教造像。

器物示例：白石立像。此像身披袈裟，左肩部用钩系绳固定。腹部向前隆起，塑造躯体形态的变化，既是隋朝造像的特色，也是圆雕造像逐渐成为主流的表现。

五、音乐舞蹈

隋初，受北方少数民族音乐影响，宫廷乐歌多杂有"胡声"，还有不少从北方少数民族和西域流传过来的乐器，如竖头箜篌、答腊鼓和羯鼓等。隋文帝对音乐较为重视，设置了清商署来管理音乐，并制定了七部乐，有国伎、清商伎、高丽伎、天竺伎、安国伎、龟兹伎、文康伎，在炀帝时又增加了康国和疏勒乐，形成了为九部乐。

隋朝立国时间很短，只有两位皇帝。开国皇帝隋文帝统一全国、实行改革，仅用二十多年就开创了"开皇之治"，而隋二世皇帝好大喜功、奢靡无度，致使隋朝迅速灭亡。但隋初所建立的三省六部制、科举制以及对宗教的开放态度等均被后世所承袭，为唐朝的盛世繁荣打下基础。

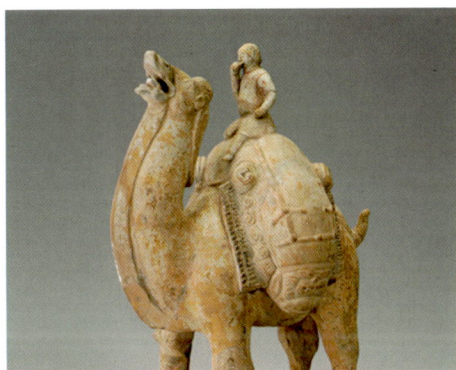

第三节

隋朝器物总说

——盛世前奏

隋朝结束了多年的分裂割据，重新进入大一统时期。虽立国时间较短，但器物仍发展出自己的风格，呈现出饱满贵气的时代特点，被而后掌权的唐朝所承袭。在政治制度、宗教科技等方面也是如此，几乎被唐朝全盘接受，成为唐朝盛世的前奏。

玉器方面，隋朝礼玉和丧葬用玉大量减少，生活用玉、佩玉开始登堂入室，更为写实和生活化。器物表面多光素无纹或装饰卷云纹、花卉纹、连珠纹和人物纹。隋朝的金银器目前所见不多，但从存世器物来看其制作工艺在前代基础上有不小进步，同时器物造型深受外族影响。

隋朝瓷器以青瓷为主，除日常生活用具外，还有各种雕塑和明器。装饰方法有印花、刻划花和贴花等。此外，隋朝白瓷的胎、釉已完全不见白中泛青的现象，工艺已比较成熟，是隋朝的另一大成就。

隋朝绘画中的景物比例更加合理，人物面貌和色调也逐渐开朗、鲜活起来，此时山水画发展成为一门独立画种。隋朝是山水画中时常穿插神仙及贵族游乐场景，多以青绿赋色，纤丽而富有装饰性。隋朝书法继承南朝风格，追求华美，碑刻和墓志铭书法流传较多，楷书从粗犷浑朴向严谨闲雅转变。

隋朝的锦、绫、绢等织物非常精美，比较流行北朝后期出现的连珠纹。服饰方面，隋朝初期较为简朴，不太重视服制等级。男装以衫为主，女装以襦裙为主。女性的典型装束是小袖长裙，裙子腰线提至胸部。受齐梁风气影响，小袖外加披帛盛行一时，已非常接近唐初流行的"胡装"。

隋 大势至菩萨石像 上海博物馆藏

附录一

图 录

附录二

参考书目

1. 田自秉 . 中国工艺美术史 . 北京 : 商务印书出版社 .2014.

2. 尚刚 . 中国工艺美术史新编 . 北京 : 高等教育出版社 .2007.

3. 杨伯达 . 中国美术全集 . 北京 : 文物出版社 .1987.

4. 李泽厚 . 美的历程 . 天津 : 天津社会科学院出版社 .2001.

5. 蒋勋 . 美的沉思 . 湖南 : 湖南美术出版社 .2014.

6. 张传玺 . 简明中国古代史 . 北京 : 北京大学出版社 .2013.

7. 吕思勉 . 中国通史 . 浙江 : 浙江古籍出版社 .2017.

8. 孙机 . 中国古代物质文化 . 北京 : 中华书局出版社 .2014.

9. 阎步克 . 中国古代官阶制度引论 . 北京 : 北京大学出版社 .2010.

10. 湖北省博物馆 . 湖北出土文物精粹 . 北京 : 文物出版社 .2007.

11. 吕文郁 . 春秋战国文化史 . 上海 : 东方出版中心 .2007.

12. 张传玺 . 秦汉问题研究 . 北京 : 北京大学出版社 .1985.

13. 李剑农 . 先秦两汉经济史稿 . 上海 : 三联书店 .1957.

14. 韩国磐 . 隋唐五代史纲 . 北京 : 人民出版社 .1979.

15. 吴山 . 中国纹样全集 . 山东 : 山东美术出版社 .2010.

16. 徐斌 许静 郭威 . 清宫收藏与鉴赏典 . 北京 : 故宫出版社 .2012.

17. 杨伯达 . 中国玉器全集 . 河北 : 河北美术出版社 .2005.

18. 张明华 . 古代玉器 . 北京 : 文物出版社 .2006.

19. 韩金秋 . 夏商西周中原的北方系青铜器研究 . 上海 : 上海古籍出版社 .2015.

20. 贾文忠 . 中国青铜器鉴定实例 . 北京 : 紫禁城出版社 .2009.

21. 申秦雁 . 金银器——陕西历史博物馆珍藏 . 陕西 : 陕西人民美术出版社 .2003.

22. 扬之水 . 金银器——奢华之色——宋元明金银器研究 . 北京 : 中华书局出版社 .2016.

23. 张景明 . 辽代金银器研究 . 北京 : 文物出版社 .2011.

24. 陈丽华 . 故宫藏金属胎珐琅器 . 北京 : 紫禁城出版社 .2002.

25. 王世襄 . 中国古代漆器 . 上海 : 三联书店 .2013.

26. 张荣 . 古代漆器 . 北京 : 文物出版社 .2005.

27. 中国硅酸盐学会编 . 中国陶瓷史 . 北京 : 文物出版社 .1982.

28. 彭适凡 . 中国南方古代印文陶 . 北京 : 文物出版社 .1987.

29. 李辉炳 . 宋代官窑瓷器 . 北京 : 紫禁城出版社 .1992.

30. 耿宝昌 . 明清瓷器鉴定 . 香港 : 紫禁城出版社 雨木出版社 .2014.

31. 徐邦达 . 古书画鉴定概论 . 北京 : 故宫出版社 .2015.

32. 谢稚柳 . 中国书画鉴定 . 上海 : 东方出版中心 .2007.

33. 胡德生 . 故宫经典 : 故宫名式家具图典 . 北京 : 紫禁城出版社 .2011.

34. 彭浩 . 楚人的纺织与服饰 . 湖北 : 湖北教育出版社 .1996.

35. 华梅 . 古代服饰 . 北京 : 文物出版社 .2004.

36. 王本兴 . 甲骨趣闻 . 北京 : 北京工艺美术出版社 .2014.

37. 杨荫浏 . 中国古代音乐史稿 . 北京 : 人民出版社 .1981.

38. 郑祖襄 . 中国古代音乐史 . 北京 : 人民高等教育出版社 .2008.

39. 金秋鹏 . 中国科学技术史 . 北京 : 科学出版社 .2008.

40. 高英民 . 中国古代钱币 . 北京 : 学苑出版社 .2007.

41. 李经纬 . 中医史 . 海南 : 海南出版社 .2015.

42. 沈从文 . 花花朵朵 坛坛罐罐——文物与艺术研究文集 . 北京 : 外文出版社 .1994.

出品人： 赵卜慧

总策划： 胡孝文

责任编辑： 胡孝文 王世勇

图书在版编目（CIP）数据

中国器物简史：全2册/吕少民主编.--北京：研究出版社：人民出版社,2017.10
ISBN 978-7-5199-0227-8

Ⅰ.①中… Ⅱ.①吕… Ⅲ.①古器物－历史－中国
Ⅳ.① K875

中国版本图书馆 CIP 数据核字（2017）第 241704 号

中国器物简史

人民出版社 研究出版社 出版发行

（100706 北京市东城区隆福寺街 99 号）

广州市快美印务有限公司 新华书店经销

2017 年 11 月第 1 版 2017 年 11 月第 1 次印刷

开本：787 毫米 ×1092 毫米 1/16 印张：38.875

字数：590 千字 印数：00,001—5,000 册

ISBN 978-7-5199-0227-8 定价：198.00 元（上、下册）

邮购地址 100706 北京市东城区隆福寺街 99 号

人民东方图书销售中心 电话（010）65250042 65289539

中国器物简史

吕少民 主编

下册

人民出版社
研究出版社

中国民间艺术品收藏评估委员会
中国民间艺术品收藏评估行业协会
中国艺术品鉴定网

目　录（下册）

第八章
唐朝器物文化

唐朝 公元618年 – 公元907年

第一节

唐朝器物
——宏硕壮健

唐 越窑四系壶 上海博物馆藏

唐 三彩骆驼 洛阳博物馆藏

唐 四仙菱花镜 台北故宫博物院藏

唐 鎏金鱼化龙纹银盆 镇江博物馆藏

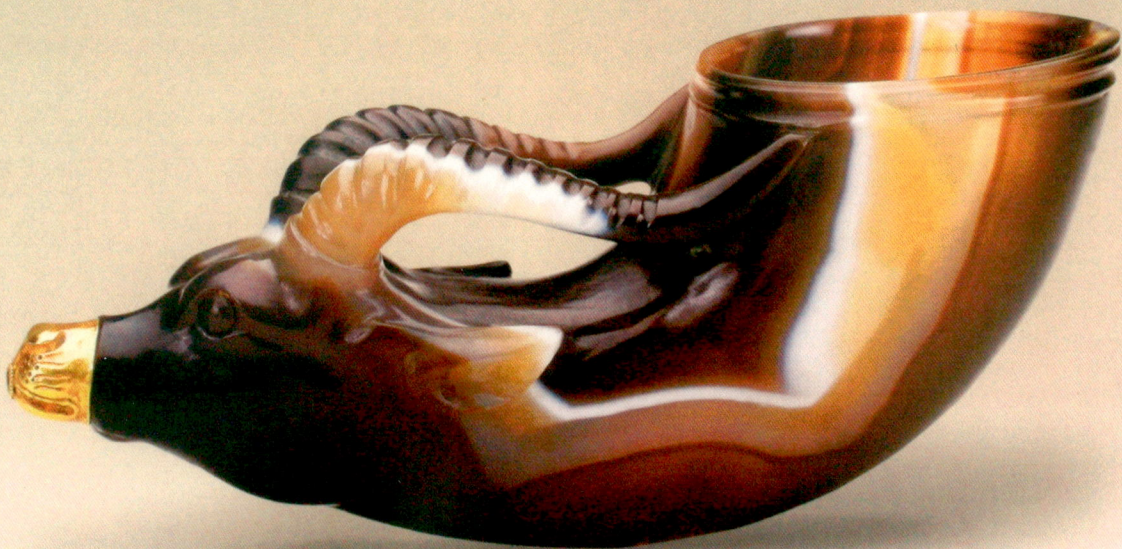

唐 兽首玛瑙杯 陕西历史博物馆藏

唐 牧马图 韩幹 台北故宫博物院藏

唐 宝花纹锦 中国丝绸博物馆藏

唐朝是中国最强盛的朝代之一，在政治、经济、文化、外交等方面都有很高成就，与当时阿拉伯帝国并列为世界强国，声誉远播海外，与亚欧国家均有往来。唐朝器物风格较有辨识度，多宏硕壮健，以圆、大、满为美。

一、玉器

唐朝琢玉工艺精湛，再次呈现出新的高峰。玉器材料以和田玉为主，还有部分玛瑙和水晶等其他宝玉石材料。唐朝丧葬用玉基本消失，玉册（亦作"玉策"，帝王祭祀所用的玉质册书）是目前所知的唐朝礼仪用玉。此时，除大量装饰用玉、生活用玉外，宗教用玉也较为常见，主要形式有玉佛和玉飞天。

唐朝玉器纹样中多采用花卉纹，同时也比较流行如意云纹，常饰于人物、花鸟旁。在装饰手法上，多采用细密阴线与网状细阴线来表现图案。花叶、衣纹、发丝、羽翎多用平行细阴线，花蕾、动物鳞片，多运用网状细阴线。线纹走向比较明显，中间粗直，收笔细尖。

唐 凤纹海棠形玛瑙盘 上海博物馆藏

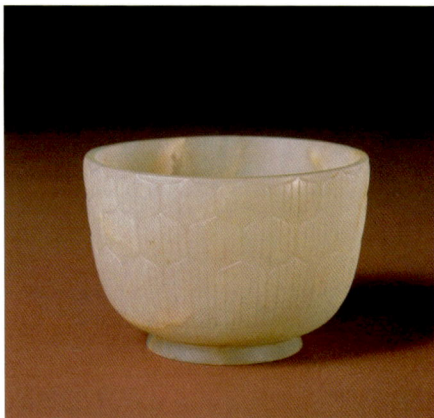

唐 白玉莲瓣纹碗 青玉童子骑象 故宫博物院藏

唐 玛瑙花瓣盏托 中国国家博物馆藏

器物示例：玛瑙花瓣盏托，长 15.5 厘米，宽 12.3 厘米，高 5 厘米。此盏托为四花瓣形，中间椭圆，抛光精致。唐朝很流行盏托，多为瓷器，也有金、银、玉等其它材质。

此花瓣盏托的材质为玛瑙。玛瑙属玉髓（一种石英，产量较大）类矿物，莫氏硬度（矿物硬度的一种标准，数字越大，硬度越高）在 6.5～7，化学成分与水晶相同，因未形成晶型，也被称为"隐晶质石英"。其质地细腻，常见同心圆构造，是鉴定玛瑙的重要依据之一。

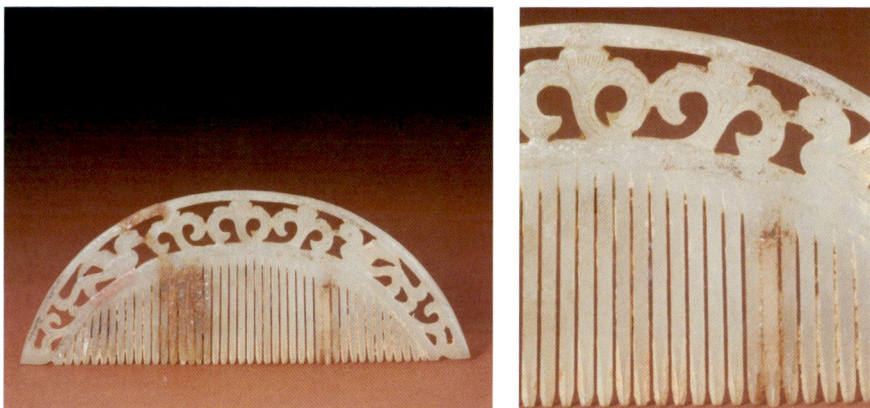

唐 玉花鸟纹梳 故宫博物院藏

器物示例：玉花鸟纹梳，长 10.5 厘米，宽 3.5 厘米，厚 0.4 厘米。梳玉色白中泛青，薄片状。外弧饰镂空花鸟纹，中部有三朵花，两侧各有一鸟。唐至五代时，用于头部的玉质装饰品一般都较薄，且玉质精良，表面少有起伏变化，多用阴线刻画图案，线条直密。此器梳齿细密，底端平齐，器薄齿短，应是唐朝妇女用于装饰的器物，非梳理头发的实用器。

二、金属器

1. 铜镜

唐朝铜矿石主要用于铸造铜镜、钱币和佛像。铜镜在唐朝有很大发展，突破了汉式镜造型，新增葵花镜、菱花镜、方亚形镜等。纹样方面除传统瑞兽、画像、铭文外，还增加了西方题材，如海兽葡萄纹、打马球纹等。装饰手法有浮雕、彩绘、镶嵌、鎏金、金银平脱、螺钿镶嵌、涂釉、涂漆等。

初唐，铜镜多为四神镜、

唐 海兽葡萄纹镜 故宫博物院藏

13

十二生肖镜、瑞兽镜，还出现了海兽葡萄镜。盛唐时，多为花鸟镜、瑞花镜、人物故事镜、盘龙镜、对凤镜等。构图采用绘画风格，但求均衡，不求对称。晚唐则多为八卦镜、万字镜。

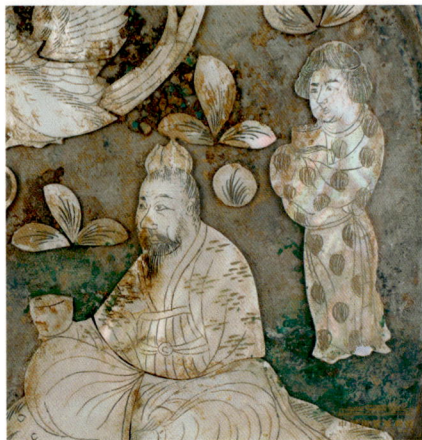

唐 花鸟人物螺钿青铜镜 中国国家博物馆藏

　　器物示例：花鸟人物螺钿青铜镜，直径23.9厘米，河南省洛阳市涧西唐墓出土。铜镜以螺钿（指用螺壳与海贝壳磨制成纹饰的薄片）镶嵌而成，螺片光泽莹润。镜钮上方正置一棵花树，钮两侧各有一男子坐于树下，一人弹阮，一人把酒欣赏。此镜人物的衣饰、禽鸟的羽翼都刻画得极为清晰，加之螺片本身光泽莹润，艺术效果十分别致，是唐镜中难得的精品。

清华大学美术学院尚刚教授认为："从东汉末年起，中国铜镜在程式化的道路上蹒跚前行，因循守旧，甚少新意。沉闷延续了四百年。经过隋和唐初几十年的准备，到高宗时代，气象日新，唐朝特点逐渐形成。玄宗时，铸镜业鼎盛，成为中国铜镜史上最辉煌的时期。"

从目前出土的唐镜看来，确是百花齐放，不仅出现了许许多多像飞鹊镜、双鸾镜等这样前所未有的新镜造型，铸制手法也有许多创新，出现了被称为"特种工艺镜"的金银平脱镜、螺钿镜、贴金贴银镜等。此件铜镜便是螺钿镜，先在青铜镜的背面用漆粘贴螺蚌贝壳薄片，再打磨刻画出各种纹样，将螺钿应用于铜镜上始于唐人，流行于盛唐。

唐 鎏金铜走龙 西安博物院藏

唐 鎏金鱼化龙纹银盆 镇江博物馆藏

唐 鎏金壶门座茶碾 法门寺博物馆藏

唐 摩羯纹金花银盘 赤峰博物馆藏

唐 狮纹金花银盘 中国国家博物馆藏

器物示例：狮纹金花银盘，高6.7厘米，口径40厘米，陕西省西安市八府庄东北出土。银盘作葵瓣形，盘中饰一狮子正回头嘶吼，下有卷叶形三足。盘缘有宽边，饰牡丹花纹，是盛唐时金花银盘的特征。画面结构疏密相宜，纹饰生动和谐。唐朝银盘带足者多数三足，四足的很少。

此外，中国本土不产狮子，唐朝之前西域虽进贡过狮子，但路途遥远，不易豢养，一般很难见到。隋唐时期由于丝绸之路的安宁，进贡的狮子便多了起来。

唐 鎏金银香囊 中国国家博物馆藏

器物示例：鎏金银香囊，直径 4.8 厘米，陕西省西安市东南郊沙坡村窖藏出土。此香囊外部形态为球形，有子母口可以扣合。下半球内装有一个盛放香料的香盂和两个同心圆机环，大机环与球壁连，小机环分别与大机环和香盂相连，设计巧妙。由于重力作用和两个同心圆机环的机械平衡，无论香囊如何滚动，香盂都可以保持水平状态，香料不会倾撒。香囊外壳通体透雕花纹，美观且易于香气散发。

金银香囊作为唐朝一种用于盛放香料的器物，其质料主要以金、银为主。唐朝香囊的制作大多运用了捶揲、錾刻、镂空、鎏金等多种方式，体现了唐朝高超的工艺水平。纹样大多采用动物纹和植物纹为主体纹样。金银香囊具有华丽、富丽堂皇的时代审美特点，更是开放的唐朝社会精神面貌、思想观念、宗教信仰等文化社会现象的反映。

三、陶瓷器

1. 陶器

唐朝陶器以唐三彩最负盛名，虽称三彩，但并不只有三种釉色，常见釉色有黄、绿、蓝、黑、白等色。唐三彩多用作明器，为低温铅釉陶器，分两次烧制。先将陶坯入窑烧制成型，然后再施彩釉复烧。复色铅釉陶虽在汉朝就已出现，但唐朝这种工艺更进一步，有了质的飞跃。这一时期的工匠应用金属氧化物呈色原理，在釉料中掺入适量的氧化铜便成绿色，掺入氧化铁则成黄褐色，掺入氧化钴可呈蓝色等。

唐 三彩杯盘 三彩花瓣式三足盘 故宫博物院藏

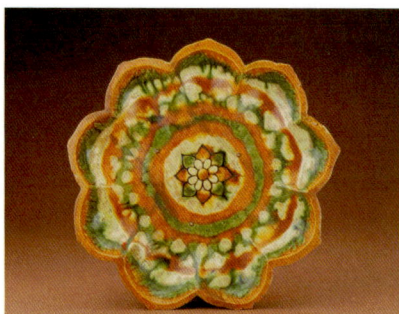

唐 三彩方柜 中国国家博物馆藏

器物示例：三彩方柜，高13.5厘米，宽12.1厘米，长16厘米，陕西省西安市唐墓出土。该器造型仿自日常生活中的方柜，用于随葬，在三彩制品中较为少见。

唐 彩绘釉陶贴金仪卫俑 彩绘釉陶武官俑
中国国家博物馆藏

器物示例：彩绘釉陶贴金仪卫俑，高69厘米，唐彩绘釉陶武官俑高71.5厘米，皆出土于陕西省咸阳市礼泉郑仁泰墓。两俑均彩绘贴金，立于黑色台座之上。彩绘釉陶以绘画方式装饰，当时在釉陶上彩绘工艺难度极大。多选用矿物质颜料，这些颜料在使用时须细心研磨，再调入粘性剂才能附着于器物之上。

在绘制衣褶、花纹等部位时工匠还需调用多种颜料，在用色、绘画技巧等方面要求很高。由于其彩绘工艺的复杂繁难，当三彩器物出现后，此种彩绘釉陶就很少再见到。

2. 瓷器

经过隋朝的发展，陶瓷业在唐达到崭新的高度，其中以越窑为代表的南方青瓷名盛一时。以邢窑和巩县窑为代表的北方白瓷与之平分秋色，形成"南青北白"的局面。

南方青瓷以越窑为代表，胎骨较薄，釉色为青黄或青绿，多作茶具。越窑瓷器釉质温润如玉，釉色苍翠可人，造型丰富多样。装饰方法有刻花、划花、印花和堆贴等。初唐器物多素面无纹，晚唐纹饰增多，题材广泛。由于初唐时普遍使用垫烧法，因此瓷器底部往往有四至五处支钉痕迹。

唐 越窑青釉四系瓶 越窑青釉执壶 故宫博物院藏

器物示例：越窑青釉四系瓶，高35厘米，口径18.9厘米，底径11厘米。瓶盘口，细颈溜肩，肩部立有圆形四系。釉呈青绿色，里外开片，底部素胎无釉。此瓶器型较大，造型规范端庄，是初唐时越窑瓷中精品。越窑这一名称最早见于唐人陆龟蒙的《秘色越器》诗，"九秋风露越窑开，夺得千峰翠色来"。目前，人们所说的越窑，是对浙江东北部宁、绍一带北宋以前瓷窑的统称。

越窑制瓷渊源可以上溯至商周时期的原始瓷生产，自东汉创烧成熟青瓷后，其制瓷业不断发展，先后经历了三国、两晋、南北朝的大发展时期和唐、五代的全盛期，至北宋中期衰落，曾一度为宫廷烧造过贡瓷。所产瓷器始终以青瓷为主，汉至南朝还烧造过少量黑瓷。唐至北宋时期的秘色瓷代表了越窑瓷器的最高水平。越窑瓷器除了行销全国各地以外，从唐朝开始还大量外销亚、非各国。

器物示例：越窑青釉执壶，高13.4厘米，口径5.9厘米，足径7.3厘米。壶撇口短颈，圈足上留有五个支烧痕。壶内外施釉，釉色青中闪黄，釉面开细小的纹片。

据唐人记载，执壶应名为"注子"。唐朝晚期，注子器身变高，多做瓜棱形，流和柄也逐渐加长。在宁波出土的唐朝越窑瓷器中，注子有多种造型，分为短流、长流、曲柄、直柄等，腹部多为瓜棱形。

唐朝北方白瓷以河北邢窑为代表，粗细瓷器兼有。白瓷胎土白而细洁，胎骨坚实、致密、厚重，瓷化程度较高，扣击有金石之声。因其造型实用、釉面洁白，颇受欢迎。唐朝，邢窑白瓷与越窑青瓷都被作为地方名瓷向宫廷进贡，并成为贸易用瓷远销海外。

唐 邢窑白釉玉璧形底碗 故宫博物院藏

器物示例：邢窑白釉玉璧形底碗，口径15.6厘米，高4.7厘米。此碗为玉璧形底，釉色洁白，釉质莹润，不用化妆土，光素无纹饰。

玉璧形底是唐朝邢窑白釉碗的典型特征，始见于唐朝，在当时的南北方瓷窑中普遍烧制，邢窑、定窑、巩义窑、浑源窑、耀州窑、越窑、长沙窑等都有实物或标本传世。这种碗的品种主要为白瓷和青瓷，碗壁有直壁斜出和微带弧度两种，中心凹处有的施釉，有的无釉。

四、绘画

唐朝是画家辈出的时期，人物画开始以世俗生活为内容，山水画也日益兴盛起来，还有不少擅长画花鸟禽兽的画家。此外，寺院、石窟和陵墓壁画，也是唐朝绘画艺术的重要方面。

唐朝人物画包括佛像故事、贵族人物和仕女等题材。唐朝仕女画摆脱了前面历朝说教题材的限制，多描绘女性的现实生活和思想情趣，绘画时着重表现人物的不同性格与神情，要求"备得人情"，重视世俗情趣。

唐 宫乐图局部 台北故宫博物院藏

唐 步辇图卷 阎立本 故宫博物院藏

器物示例：步辇图，阎立本作，绢本设色，纵38.5厘米，横129厘米。此画描绘的是唐太宗李世民在宫内接见吐蕃使臣禄东赞的情景。画中人物真实生动，线条纯熟，设色浓重鲜艳，图中的李世民、禄东赞等人多带有肖像画特征。

唐 敦煌第103窟壁画 维摩诘图

唐 虢国夫人游春图局部 辽宁省博物馆藏

唐朝的山水画走向成熟，唐初受前朝遗韵影响，山水画中表现神仙题材的画面仍然存在。但随着社会的富庶，反映琼楼玉宇的工细山水画随之兴起。唐中后期，国势衰微，画风逐渐以隐逸为主，由青绿山水向水墨山水转变，用墨气势潇洒、笔迹爽利，审美趣味多清简疏远、恬淡放逸。

唐 明皇幸蜀图局部 台北故宫博物院藏

唐 五牛图及局部 韩滉 故宫博物院藏

　　器物示例：五牛图，韩滉作，纸本设色，纵 20.8 厘米，横 139.8 厘米。图卷及尾纸上有赵孟頫、孙弘、项元汴、弘历、金农等十四家题记。《五牛图》是目前所见最早作于纸上的绘画，纸质为麻料。图画五牛，姿态各异，其中一牛完全成正视角，显示出画者高超的造型能力。

五、书法

　　唐朝帝王对书法艺术非常重视，选拔官员时讲究"身、言、书、判"，其中"书"便是要求"楷法遒美"，并将之与人品相结合。唐太宗推崇二王书体，唐高宗写碑文清劲有力，而武则天的字则被宋人称为"有丈夫气"，这些都为书法艺术发展创造了有利条件。

　　唐朝书法艺术可分作三个阶段。唐初影响最大的是欧阳询的"欧体"，法度严谨、刚正劲险。唐朝中期书法艺术成就最高，最有影响的是颜真卿的"颜体"，大度端庄、从容不迫，既不像欧体那样严厉，又不流于媚气。这一时期，草书也有所发展，张旭和怀素并称为草书"二圣"，二人都喜酒后动笔大起大落，有谓是张旭为颠、怀素为狂。唐朝后期最有影响的则是柳公权的"柳体"。柳公权学迹诸家，受颜体影响较大，又被称为"颜柳"。柳体的特点是骨架刚劲，清秀丰满。

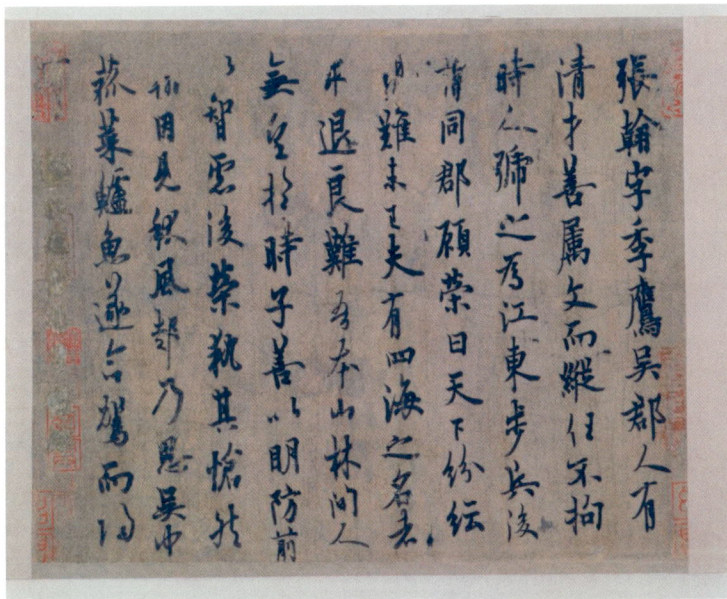

唐 张翰帖 欧阳询书 故宫博物院藏

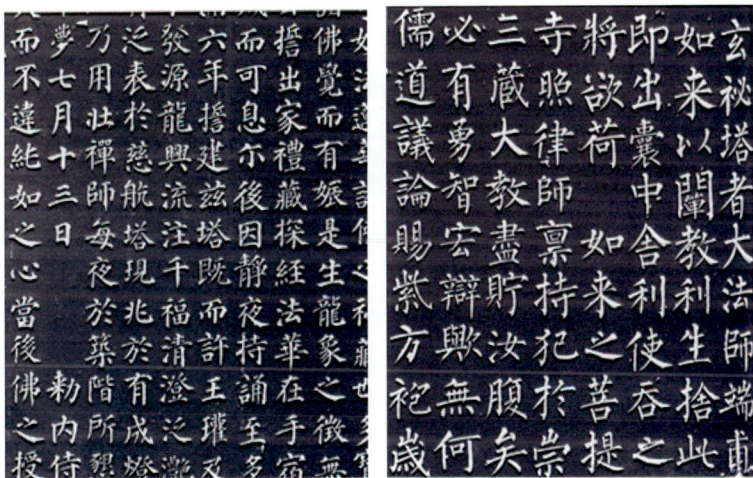

唐 多宝塔感应碑 颜真卿书 玄秘塔碑 柳公权书 西安碑林博物馆藏

六、织物与服饰

1. 织物

唐朝织物品种繁多，纹样设计奇巧，其中绫、锦最为突出。唐朝绫织物开始追求大花纹的艺术形式，出现了整幅的大花纹。而锦的质地较厚重，视觉上呈现出富丽华贵之感，唐锦有经锦和纬锦之别。纬锦更为繁复华丽，面幅也较宽，故唐人格外重视。

唐朝织物较为常见的纹样有联珠纹、团花连环纹、几何纹、雁衔绶带、鹊衔瑞草、鹤衔方胜、盘龙、对凤、麒麟、狮子、孔雀、仙鹤、葡萄等。

唐朝印染技术有绞缬、夹缬、拓印、碱印和蜡染等。染可分为两种工艺，染丝即先染后织，染帛即先织后染。染后刺绣或织锦的织物是制作高贵服饰的材料，官职较低者不能使用。

唐 紫红罗地蹙金绣袈裟 法门寺博物馆藏

唐 联珠鹿纹锦 小团花锦 中国国家博物馆藏

器物示例：小团花锦，残长 26.3 厘米，宽 14.2 厘米，新疆维吾尔自治区吐鲁番市唐墓出土。此锦为经线显花工艺，团花较简单、交错排列，纹样之间无直接交点。类似这样布局均衡的图案在唐朝丝织品中常可见到。

唐 捣练图 美国波士顿博物馆藏

器物示例：捣练图，张萱作，纵 37 厘米，横 145.3 厘米。原藏于圆明园，1860 年"火烧圆明园"后被掠夺并流失海外，现藏美国波士顿博物馆，部分学者认为此图为宋人摹本。这幅长卷共画十二人，按劳动工序分成捣练、织线、熨烫三组场面。第一组描绘四人以木杵捣练；第二组画两人，一人理线，一人缝纫，为织线的情景；第三组为熨烫场景。

2. 服饰

唐朝男子的日常服饰吸收了胡服褊窄紧身和圆领、开衩等特点，多着圆领袍、脑戴幞头、腰系长带、脚蹬长靿靴。女性仍多着裙、衫和帔，面部妆容繁复，发式也有多种花样，同时妇女还以着男装、胡装为风尚。

唐朝女俑的时代特征比较明显，唐高祖到唐高宗前期，女俑身材修长，人体比例比较适当。面部清秀，头部发髻挽起。长裙上常饰条纹，较多见胡服。唐高宗后期至睿宗时期，女俑服饰开始渐宽，显得身材较为丰腴，发式

27

多高髻。唐玄宗以后，人物面目生动，体型变胖，以丰满为美，天宝时则略显臃肿。

器物示例：陶男俑，高 52.5 厘米，陕西省西安市杨思勖墓出土。此俑服饰即是唐朝男子的日常着装。穿着者身份等级主要依袍服颜色、纹饰、佩饰、质料来分别。中唐以后，服装形制逐渐宽松，多见大袖宽身的袍服。

唐 三彩男装女俑 陶男俑 中国国家博物馆藏

唐 宫女图 陕西历史博物馆藏

　　器物示例：宫女图，高 177 厘米，宽 198 厘米，绘制于永泰公主墓前室东壁南侧。图中描绘了九位风姿绰约的宫女，头梳高髻，肩披纱巾，长裙曳地，婀娜多姿。她们手捧方盒、酒杯、拂尘、如意、团扇、蜡烛等，描绘得细致入微，生动传神。

　　唐朝器物基本呈现出宏硕壮健、色彩斑斓的局面，如螺钿铜镜、金花银盘、唐三彩、青瓷和白瓷等，多是器型壮硕、色彩多样。同时唐朝绘画，成就也较为突出，画者开始注重描绘人们的日常生活，为今人了解唐人生活留下了宝贵资料。

第二节

唐朝概况
——兼容并蓄

隋末民变，李渊以尊隋为名在晋阳起兵，后占领长安，拥代杨侑为帝，自任大丞相，进封唐王。隋炀帝死后，李渊称帝，定国号为唐，建立唐朝，隋朝灭亡。

唐朝（公元 618 年～公元 907 年），是继隋朝之后的大一统王朝。因皇室为李姓，故又称为"李唐"。又因其在政治、文化、制度等方面多继承于隋朝，并将之发扬光大，故后世史学家常将两朝合称为"隋唐"。唐朝是一个兼容并蓄的朝代，在宗教、民族和文化方面多采取包容姿态，颇有大国之势。

一、政治

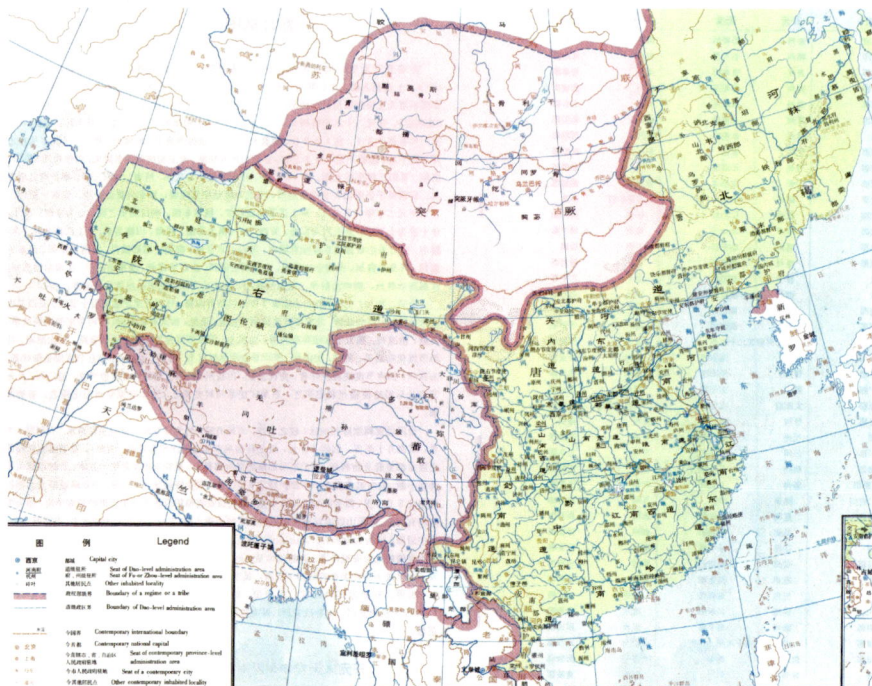

唐朝疆域图 图片来源：《简明中国历史地图集》

唐朝自开国后，唐太宗和唐高宗在执政期间不断对突厥、薛延陀（今内蒙北部、蒙古国南部）、吐谷浑（今甘肃、青海一带）、高昌（今新疆高昌区一带）、龟兹（今新疆库车县一带）等国进行收复，逐渐控制了漠南、漠北、西域等地。唐高宗龙朔年间，疆域面积达到最大，约有一千万余平方公里。

唐朝共有 21 帝，683 年高宗崩，李显继位为中宗，武则天后以太后身份听政。第二年废中宗，立睿宗李旦为帝，仍以母后身份听政，后自己登基为帝，以周代唐，死后又恢复大唐国号。

1. 玄武门之变与贞观之治

（1）玄武门之变

唐初李渊册长子李建成为太子，次子李世民为秦王，但在建唐过程中次子李世民功劳最大，太子又并无出色才干，故两兄弟为皇位争执不下。李渊共有 22 子，皇后所生有：建成、世民、元霸（早卒）、元吉，建成与元吉一派，欲害世民。武德九年六月二十四（626 年 7 月 2 日），世民收买玄武门（宫廷北门）守将常何，埋伏于门内，等建成、元吉入宫时将之射杀。而后世民入宫，令高祖立自己为太子，后继承帝位。

（2）贞观之治

唐太宗李世民在位 23 年，登基次年改年号为"贞观"。唐太宗对内以文治天下，知人善任，从谏如流；对外开疆拓土，能征善战。贞观年间社会安定，经济发展，复兴文教，令隋末动荡之局得以稳定下来。

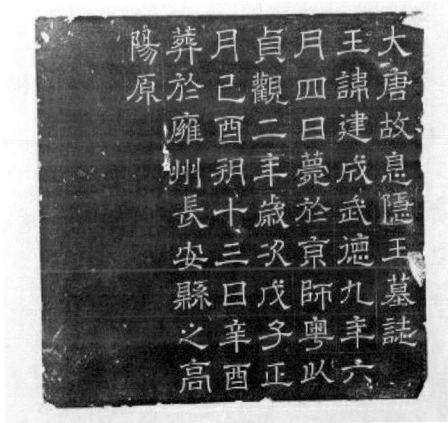

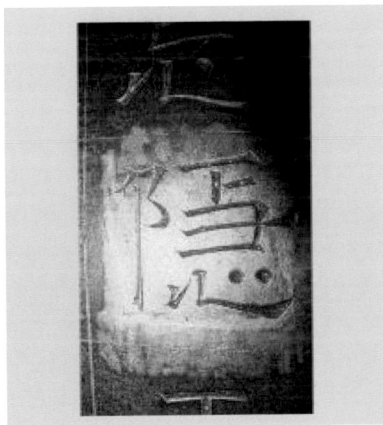

唐 李建成墓志拓片 西安博物院藏　李建成墓志中"隐"字的特写

器物示例：李建成墓志，边长 52 厘米，高 11 厘米。唐朝高官的墓志一般多在七十厘米左右，大的有一米多。而李建成墓志明显较小，其志文仅 55 字，内容仅记载死者名字、谥号、死亡时间、下葬时间和地点，没有一般墓志应记载的生平、功绩、评价等，作为太子墓志更显寒酸。有志无铭，涂改痕迹明显，在鉴定时要注意器物的修改情况，并认真分辨修改时间。

2. 开元盛世

唐玄宗李隆基在位 44 年，用过开元和天宝两个年号。贞观、武周以来唐朝社会经济发展较快，在承袭二者的基础上，玄宗又进行了整顿和改革，促使开元期间吏治清明、政局稳定、人口增加、物资丰富、文化繁荣，社会经济发展达到顶峰，因而被史家称之为"开元盛世"。

3. 走向衰亡

安史之乱发生在玄宗末年至代宗初年，安禄山与史思明起兵同唐王室争夺统治权，是唐由盛而衰的转折点，由于发起者以安禄山与史思明二人为主，故名"安史之乱"。又由于其爆发于唐玄宗天宝年间，也称"天宝之乱"。

在平定安史之乱的过程中，内地大量增设节度使，一些节度使乘机扩充势力，在叛乱平定后仍长期保持半独立状态，这些节度使的管辖区即称为"藩镇"。唐王室以为可以通过藩镇来平定叛乱，但不料藩镇成为导致唐王朝混乱乃至灭亡的根源。

唐朝后期宦官专权现象严重，宪宗、敬宗皆死于宦官之手。穆宗以后，官僚集团的内部夺权争利也以朋党之争的形式表现出来。官僚士大夫们因为出身、政见及个人恩怨的关系，围绕着一些具体的政策、措施竞相争斗，置国家兴衰于不顾。

唐末民心不稳，变动频发，以黄巢起义（878 年～ 884 年）为最，该起义由黄巢领导，历时久，遍及广，影响也最为深远。黄巢之乱祸延大唐半壁江山，导致唐国力大衰。

903 年，宣武节度使朱全忠奉昭宗命入长安，尽诛朝中宦官。904 年，朱全忠杀昭帝，立哀帝。907 年，废哀帝，改国号梁，史称"后梁"，唐灭亡。

二、各项制度

1. 官制

唐朝官制基本承袭于隋朝，为三省六部制。政事堂会议是唐初协助皇帝统治全国的最高决策机构，原仅三省长官参会，后他官也可参会。唐中宗移政事堂于中书省，唐玄宗改政事堂名为中书门下。

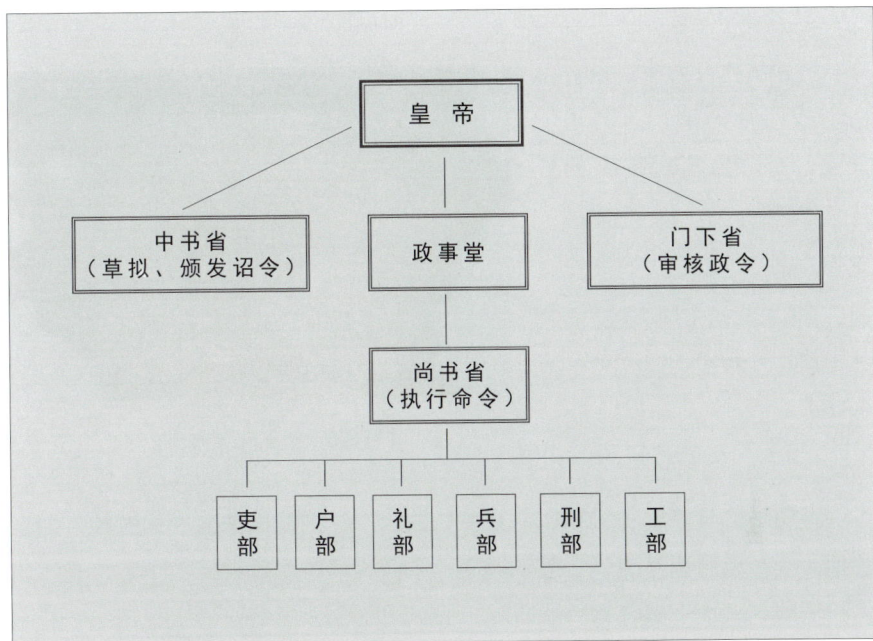

唐朝官制示意图

唐 铜高鼻钮"中书省之印" 故宫博物院藏

　　器物示例：铜高鼻钮"中书省之印"，印面 5.7 厘米 ×5.6 厘米，通高 3.9 厘米。印为铜制，印文部分出现笔画重叠，右上起顺读"中书省之印"。印背有楷书体刻款"中书省之印"。

　　隋唐时期印章出现了新的制造方法，即以铜片盘曲成印文后再焊接于印面上，其印字口较深，此法在部分宋朝印章的制造上仍有保留。此件"中书省之印"即以此种方法制成，其印文以薄铜片折成，故钤盖后有铁线阳文之感，是较为少见的唐朝官印遗物。

2. 法律

唐朝法律分为律、令、格、式四种。律，为刑法条文；令，为各项制度的具体规定；格，是对律、令做出补充修改和对禁令的汇编；式，则是行政法规。《唐律》是其中之一，令、式存留一部分。

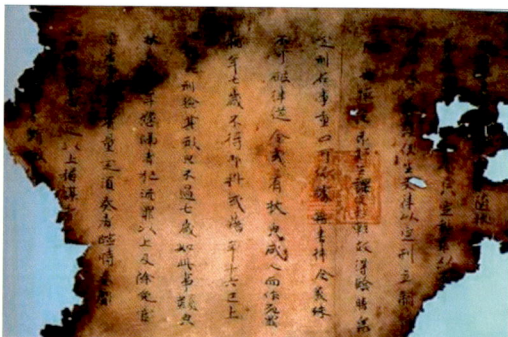

唐律残片 新疆吐鲁番出土

唐朝法律与前后各代相似，具有礼法合一、刑法民法合一的特征。高宗时期，长孙无忌撰"疏议"解释律文，今合为《唐律疏议》三十卷，是我国古代流传下来第一部完整的法典。

3. 从均田制、租庸调制到两税法

唐初以均田制为基础实行租庸调制，此制为赋税制度，以征收谷物、布匹和为政府服役为主。凡均田人户，不论其授田多少，均按丁缴纳定额的赋税并服一定的徭役。武周后由于人口增加、土地又不断被兼并，导致公家无土地可均，男丁所得土地不足，又要缴纳定额租税，使得农民无力负担，大多逃亡。

唐德宗年间，改行两税法，税钱依据财产多少计算，分夏、秋两季征收，形式以银钱为主。

4. 科举制

唐朝科举制在隋的基础上进一步完善，唐太宗提高了进士的地位；武则天首创殿试，开创武举；唐玄宗则令

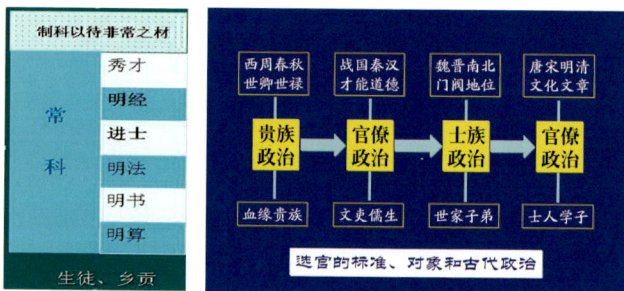

唐朝科举制示意图

诗赋成为科举考试的主要内容。

此时，国子监的学生为"生徒"，州、县和私学出身者为"乡贡"，二者均可参加科考。科举分为制举和常举，制举是皇帝亲自主持考试，科目时间随需而定，不占主导地位。常举分六科，有秀才、明经、进士、明法、明书、明算。后废秀才科，法、书、算科人数较少，主要是明经科和进士科。

三、军事

唐初军事制度为府兵制，采用兵农合一的征兵制度。府兵需要自备武器、甲胄和衣粮。唐玄宗在开元年间停止了征发府兵，自此府兵制宣告结束，募兵制取而代之。因为唐朝边疆形势一度非常紧张，唐玄宗在边远地区设置节度使，并命为地区的最高军事长官，手下士兵由节度使自行招募。

唐高祖为避其祖李虎的名讳，废虎符改为鱼形兵符，称为"鱼符"。后武则天改为龟形，称"龟符"，中宗年间又恢复鱼符。鱼符也分为两半，中缝处刻"合同"二字，分开后每半符上有半字，合在一起可见完整的"合同"二字，所以又称此符为"合同"。如今的"合同"一式两份，中缝盖章，双方各持一份凭据，此种形式与"合同"二字很可能来源于此。

唐朝的鱼符、龟符除了是征调军队的凭证外，也是官员出入宫门时的身份标志。据《新唐书·车服志》记载，唐初内外官五品以上，皆佩鱼符、鱼袋（用于装盛鱼符），材质随官员等级而定。

四、农业与商业

1. 农业

唐 雨中耕作 敦煌第 23 窟壁画 　　　　曲辕犁示意图

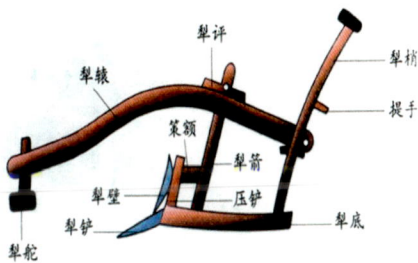

唐朝农业生产工具又有新进步，以曲辕犁最为突出。曲辕犁比唐以前的

直辕犁要小，操作起来更为灵活，只用一牛即可挽拉，改变了以往二牛抬杠的牵引方式。这是汉朝以后我国农业生产工具史上的一次重大突破，自此后我国的耕犁基本定型。此外，唐朝帝王还非常重视农田的水利灌溉，在唐前期一百三十多年中，兴修的水利工程达一百六十多项，地点分布于全国各地。

2. 商业

唐朝繁荣强盛，经济有着长足的发展。其商业仍多体现在大城市之中，管理制度主要分为坊市制和行会两方面。坊市制，坊为居民区，市为交易区，二者严格分开，不得混杂。行会是手工业者和商人的行业组织，既有保护同行利益的职能，也有承担官差的义务。唐朝长安约有二百二十行，都要组织行会。店铺称为"肆"，一行包括若干肆。

唐朝的主要流通货币为铜钱，金银多作为贮藏手段。唐朝的开元通宝钱在中国货币史上意义重大，将货币提升为纯粹的货币符号，以纯粹的交换价值为主，开创了以通宝、元宝等作为铸币的货币系统。唐朝虽还有其它铸钱，但开元通宝是唐朝流行时间最长、最重要的货币。

在唐朝大城市中还出现了柜坊和飞钱。柜坊经营存放和借贷钱财业务，是我国最早的银行雏形，但与之不同的是在柜坊存钱者需要向柜坊缴纳一定的租金。飞钱出现于唐朝中期，有官办和私办两种。由于商人外出不便携带大量铜钱，便可先到相关机构开具一张凭证，上面记载着地方和钱币的数目，之后持凭证异地提款购货。柜坊和飞钱的出现无疑都证明了唐朝商贸的繁盛。

器物示例：开元通宝，钱径 2.4 厘米，重 4 克。圆形方孔，钱文端庄匀称，铸造精良规范。唐初的开元通宝"元"字首划短，第二划左挑。"通"字走部不相连，为三撇。"宝"字的贝部内二横短而居中。唐中期，"元"字首划稍长，"通"字走部三撇相连。

唐 开元通宝 中国国家博物馆藏

五、宗教

1. 佛教

唐朝佛教逐渐形成了许多宗派，各派虽有差异，但基本精神相同。它们都倡导灵魂不灭、因果报应、六道轮回等教义，引导人们安心现状。所以，这些宗派都受到了统治者们的支持。在诸派别中，智颛（yǐ）代表的天台宗、玄奘代表的法相宗、法藏代表的华严宗和慧能代表的禅宗影响较大。净土宗有一套以念佛为基本的修行方法，即日念佛万声至十万声，死后可得佛接引，前往西方净土。由于此修行方法简单易行，净土宗又没有繁琐的教义和高深的理论，所以净土宗信仰得到广泛流行。

器物示例：观音菩萨头造像，高 41 厘米，四川省成都市双流区万佛寺遗址出土。造像材质为红砂石，其面部丰满，高鼻梁，细弯眉，眼微睁，嘴微翘，微笑之感似有若无，容貌慈祥端庄，被誉为"东方美神"，是万佛寺遗址中唐朝造像的精品。唐朝观音信仰流传极广，逐渐由男神向女神发展，世俗化倾向明显。

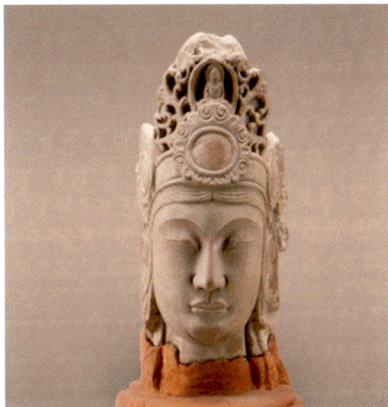

唐 观音菩萨头造像 四川博物院藏

2. 道教

因为唐王朝的皇帝姓李，所以自李渊起唐朝皇帝就以教主后裔自居，积极扶植道教，企图借助神权来巩固皇权。公元 666 年，高宗下令尊老子为太上玄元皇帝。后玄宗又将老子尊为大圣祖，令人画老子像颁于天下，要求生徒皆习《老子》《庄子》等，并封庄子为南华真人，壮大道教势力。当时两京和各州府都建有太上玄元皇帝庙，道观也很多，据说仅长安就有三十余所。

唐 骊山老君石雕像 西安碑林博物馆藏

3. 其他宗教

唐朝随着对外关系的发展，许多异国宗教在中国传播开来。祆教、摩尼教和景教即是从波斯传入的外族宗教。祆教又名拜火教，曾是波斯萨珊王朝的国教。唐朝在长安、洛阳、武威、敦煌等地都设有祆祠，唐管理机制中设有萨宝府，专职管理祆教。7世纪，摩尼教传入中国，后传入回纥地区，并成为回纥国教。

景教是基督教的一个支派。638年，唐太宗下诏准许波斯景教本土流传。景教寺原称波斯寺，天宝年间玄宗改名为大秦寺。现藏于陕西省博物馆著名的《大秦景教流行中国碑》，即是在唐朝大秦寺遗址上出土的珍贵文物。碑文记叙了景教在唐朝传播的情况，还用叙利亚文和汉文对照刻了72个景教僧徒的名字。

六、文学与音乐舞蹈

1. 文学

唐朝文学在中国文学史上占有重要地位，在诗歌创作、古文运动、民间文学等方面均有辉煌成就。

唐朝是诗的时代，在清人编辑的《全唐诗》中诗人多达两千三百多位，唐诗有四万余首。纵观整个唐朝，大诗人数不胜数，如今耳熟能详的有王勃、王维、李白、杜甫、白居易、元稹、李商隐和杜牧等。

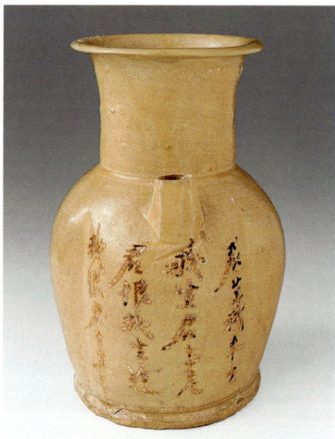

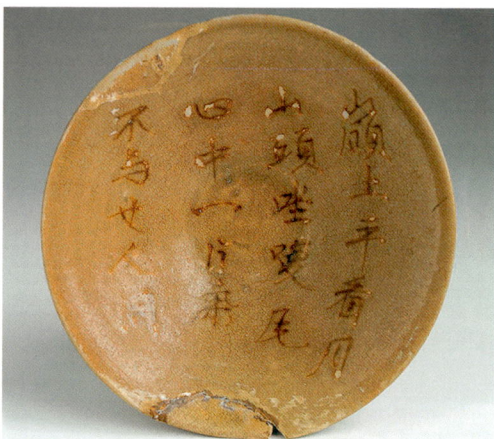

唐 青釉褐彩诗文壶 青釉褐彩诗文碗 湖南省博物馆藏

在一些唐朝瓷器中，发现了不少用诗句来装饰的器物。长沙窑瓷壶中的文字装饰内容就特别丰富，创造出一道独特的风景线。这些褐彩文字多是在青釉下书写，以五言诗为主，也有少量的六言诗和七言诗，从文字的笔锋来看，可能是用毛笔书写，字体多为行书，有少量草书。诗文题材多样，有世态炎凉、伦理道德、处世哲学、边塞征战、山水风景、男女情爱、离愁别绪、商贾活动、来往应酬等。

词在中唐时普遍流行起来，成为一种新的创作形式，因其句子有长有短，亦称"长短句"。开元时，除少数词出于文人之手外，多是民间作品。中唐前后文人填词者逐渐增多，李白、张志和、刘长卿、韦应物、白居易、刘禹锡和温庭筠等人均填过词。

唐中期以后，韩愈推崇秦汉散文体，主张用古散文取代骈体文，故称"古文运动"。其名义上复古，实际是在古散文基础上创新，返求自由、质朴的新散文体，重视内容，反对空洞的形式美。柳宗元是韩愈古文运动中的得力参与者，创作了大量优美散文。

传奇小说在唐中后期达于极盛。传奇小说的篇幅不长，但题材不少，大致可分为五类，有爱情、传说别传、武侠、寓言道理和鬼怪神志，其中爱情题材最多，鬼怪神志最少。这些小说多情节跌宕起伏，人物刻画生动，语言幽默通俗，标志着小说创作走向成熟。

2. 音乐舞蹈

唐 三彩载乐骆驼俑 陕西历史博物馆藏

唐朝乐舞融合了国内各民族乐舞特点和部分外来乐舞风韵，舞分为健舞和软舞两种，舞时配以相应的音乐。健舞姿势雄健，软舞姿势柔软。音乐乐部增加至十部乐，在乐器制造方面，工艺技术也达到相当高的水平。

唐 跪坐奏乐陶俑 中国国家博物馆藏

器物示例：跪坐奏乐陶俑，高11厘米～11.5厘米，陕西省西安市唐墓出土。此套陶俑共六件，均为男性，着圆领袍、裹幞头、系腰带、盘坐或跪坐演奏。所执乐器有竖箜篌、拍板、横笛、排箫、琵琶、笙。排箫、笙、横笛是传统乐器。排箫每管一音，直接用嘴唇吹奏。笙则是将多根竹管编排在匏斗中，竹管下端装簧片，利用簧片与管中气柱的共振作用发音。竖箜篌和琵琶为外来乐器，拍板是这一时期出现的节奏乐器。

七、科学技术

1. 天文历法

开元年间，梁令瓒设计、绘制出天文测绘仪器——黄道游仪，后皇帝命僧一行和梁令瓒铸造此器，并修订历法，利用黄道游仪重新测定150颗恒星位置，发现了恒星移动的观象。在一系列实际观测的基础上，僧一行用三年时间编成《大衍历》，于开元十七年颁行全国，为当时最先进的历法，后传入日本，行用近百年。

2. 医药学

唐王朝设有尚药局主管宫廷医药事务，太医署主管全国的医学教育。当时，分为医学和药学两部，医学分体疗（内科）、疮肿（外科）、少儿（儿科）、耳目口齿（五官科）、角法（针灸科）五科。

孙思邈是隋末唐初医学家，著有《备急千金要方》三十卷、《千金翼方》三十卷，后人将二书合称为《千金方》，书中收录了五千三百多个药方、八百多种药物。后人尊之为"药王"，他采过药的五台山被称作"药王山"，山上建有"药王庙"。

我国古代相传的权威药典是《神农本草》，初载三百余种药物，南朝时陶弘景增补至七百种，唐高宗时二十多位医学专家再次修补，称《新修本草》，成书文图五十四卷，收载药物八百四十四种，并且以当时采集的药材实物为标本，给以图形，详细介绍其产地、形状、性味、功效和用途。官府颁行后在全国广泛流行，是当时最权威的药典。

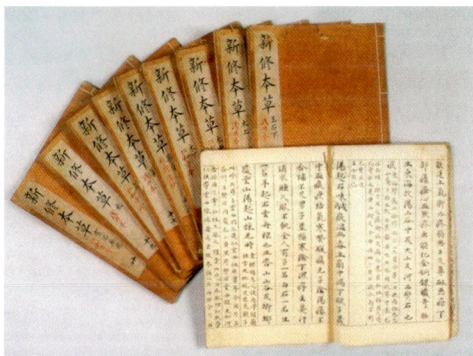

唐 《新修本草》 中国国家博物馆藏

器物示例：《新修本草》，日本森氏旧藏抄本。本草是中国传统医学中对药物的统称。《新修本草》又名《唐本草》，659 年（唐显庆四年）颁行，是中国第一部由政府编修的药典。此书是在梁朝陶弘景的《本草经集注》基础上补充而成，新增加了一百余种药物，共记载八百余种药物。书中还绘有药物标本，是最早的药物图谱。原书共五十四卷，包括目录二卷、本草二十卷、药图二十五卷、图经七卷，现仅存本草十一卷。

唐朝社会最主要的特点就是兼容并蓄，在政治法度上基本延续隋朝，在对外关系上空前开放，以至于有许多宗教的教徒来此传教，如袄教、摩尼教和景教等。此外，在文学上也有辉煌成就，尤以诗歌为代表，李白、杜甫等大诗人举世闻名。

第三节

唐朝器物总说

——博大端庄 繁荣自信

　　唐朝是当时的世界强国，处于上升阶段，经济繁荣，文化自信度极高。所以创造出的器物多色彩斑斓、明亮热烈，纹样多博大端庄，饱满华贵。这一时期，中西交流频繁，唐人对外族文化基本持开放态度，不少器物颇具外族风情。

　　唐朝玉器，用料以和田玉为主，多用于日常装饰、实用器皿和宗教法事等。多用阴线刻画纹饰，常见网状线纹。线纹细密，且走向明显，中间粗直，尾端细尖。

　　铜镜发展至唐朝有较大突破，新增多种造型，如葵花镜、菱花镜、方亚形镜等。此外，还发展出螺钿铜镜，唐朝中期后盛极一时。唐人喜丰满华丽之器物，故此时金银器数量剧增，种类繁多。制作工艺也有进一步发展，可运用简易车床制作器物，为古代中国金银器发展的鼎盛阶段。

　　三彩陶器是唐朝的代表性器物，多用作明器，是低温烧制的铅釉陶器，虽称三彩，但有多种釉色。瓷器是唐人日常生活的主要用器，此时已有"南青北白"之分。浙江越窑为南方青瓷的代表，胎骨较薄，釉色为青黄或青绿；河北邢窑为北方白瓷的代表，瓷化程度高，胎骨坚实，敲击有金石之声。

　　绘画方面，唐朝人物画包括佛像故事、贵族人物和仕女等内容，逐渐以描绘贵族生活为主，摆脱了说教题材的限制。同时，山水画日益兴盛，并分为北宗和南宗两派，"北宗"热烈，"南宗"恬静。唐初山水画仍受前朝遗韵影响，存在神仙思想。中期转为多反映琼楼玉宇的工细山水，后期画风逐渐以隐逸为主，由青绿山水向水墨山水转变。

　　唐朝书法艺术得到帝王推举，有长足发展。唐朝初期的欧阳询，字体刚正劲险，唐朝中期的颜真卿，字体大度端庄、从容不迫，唐朝后期的柳公权，字体骨架刚劲，清秀丰满。

　　在织物方面，以绫、锦最为突出，面幅较宽。受他国文化影响，织物纹样种类繁多，常见联珠纹、团花连环纹、几何纹等。印染技术有绞缬、夹缬、拓印、碱印和蜡染等。

　　唐朝服饰，男子多头戴幞头，身着圆领袍，腰系长带，脚蹬长靿靴。而女性仍多着裙、衫和帔，妆容、发式花样繁多。此外，妇女还一度以着男装、胡装为风尚。从现存人俑来看，唐朝初期人物身材较为修长，唐玄宗以后才逐渐以丰满为美，甚至略显臃肿。

　　唐朝灭亡后的几十余年内，中原地区又同时由多个政权掌控，中国再次进入大分裂时期，史称"五代十国"。五代十国包括五代（907 年～ 960 年）与十国（891 年～ 979 年）等众多割据政权。其中，五代始于 907 年朱温篡唐建立后梁，其先后历经后唐（923 年～ 935 年）、后晋（936 年～ 946 年）、后汉（974 年～ 950 年）和后周（951 年～ 960 年）等朝代，至 960 年后周殿前都点检赵匡胤黄袍加身，建立北宋，标志五代结束。十国是指唐末、五代及宋初在中原地区之外存在的十个割据政权（前蜀、后蜀、吴、南唐、吴越、闽、楚、南汉、荆南、北汉），对于其政局的演变，史学界将其概括为"乱而后治，治中有乱"。

目前可确切判定为五代十国的器物并不多见，其风格与唐朝晚期较为相似。五代十国历时短，加之各政权为争夺疆域，战火纷飞，所以未能形成独具时代特点的器物风格。此外，唐朝经济高度发达，器物数量非常庞大，较难分辨何器为唐朝，何器为五代十国。

第九章
宋辽夏金器物文化

宋 公元 960 年 – 公元 1279 年

辽 公元 916 年 – 公元 1125 年

夏 公元 1038 年 – 公元 1127 年

金 公元 1125 年 – 公元 1234 年

第一节

宋辽夏金器物
——含蓄典雅 质朴豪放

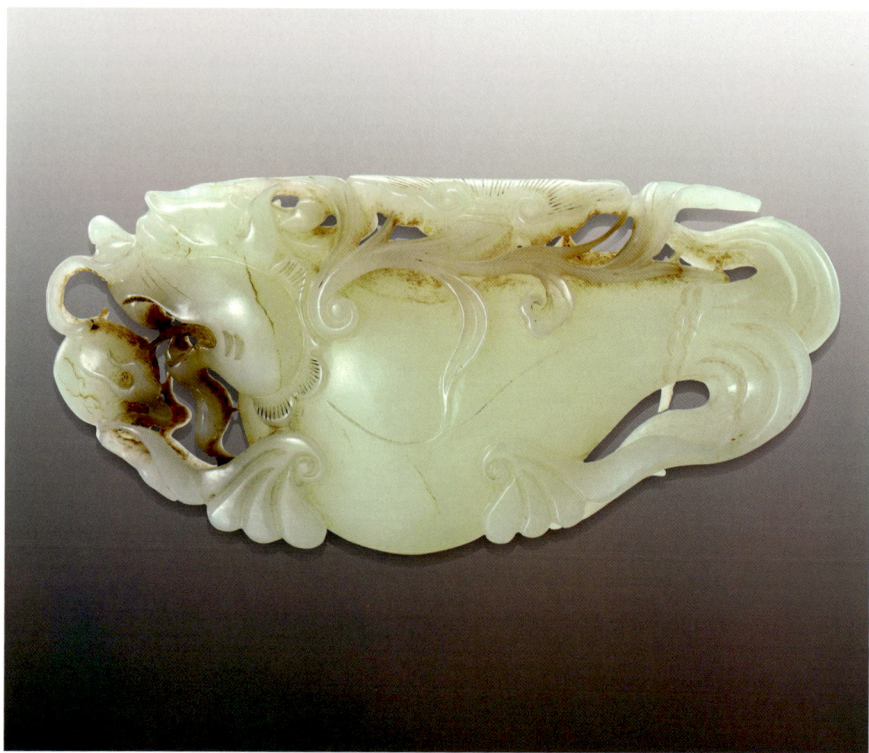

辽金 摩羯（鱼龙吐珠） 中国民间艺术品收藏评估委员会藏

宋 玉瓜纹珮 台北故宫博物院藏

宋 定窑白瓷婴儿枕 台北故宫博物院藏

宋 汝窑青瓷莲花式温碗 台北故宫博物院藏

宋　大傩图　故宫博物院藏

宋 缂丝山茶图 朱克柔 辽宁省博物馆藏

宋 佛说观无量寿佛经活字印本 温州博物馆藏

宋辽夏金，指中国历史上的宋朝（含北宋、南宋时期）、辽朝、西夏和金朝。四个王朝分别由不同民族建立。宋为汉族，辽为契丹族（发源于东北地区的游牧民族），西夏为党项族（古代北方少数民族，属西羌族一支），金为女真族。这一时期先是宋、辽并立，宋占据南方，辽占据北方。后西夏在西北建立政权。不久金崛起，并灭辽，又灭北宋。赵构（宋徽宗赵佶第九子）随后在南方建立南宋，与金再次形成峙态势。最终逐一被蒙古族所灭，元朝建立。

宋辽夏金这四朝以宋朝器物成就最高、数量最多，其风格可用含蓄典雅四字来概括，与唐朝的宏硕壮健之风形成较大的反差。辽、西夏、金三朝为北方少数民族王朝，风格以质朴豪放为主，总体上制器技术不如宋朝发达。

一、玉器

早在春秋时期，玉器就与君子品德建立了种种联系，宋人尚文，自然钟爱玉器。上至帝王、下至士子，都将赏玉、玩玉定义为一种"时尚活动"。同时，宋朝金石学昌盛，仿古做旧蔚然成风。汴京（今开封）、临安（江西省西北部）都曾是买卖真假古玉的中心。

出于多种原因，宋朝玉器常常翻新旧玉，体型普遍较小，但琢玉工艺十分精湛，隐起和镂空技艺比唐朝大有进步。少量玉器刻有铭文，字迹能小于芝麻，细于发丝，且字体遒劲有力。

辽金的玉器制作工艺也相当发达，水平并不逊色于宋，风格也与宋相似，"春水"（海东青啄大雁、天鹅的场景）和"秋山"（贵族秋天在山林围猎的场景）是这一时期的特有题材。辽朝装饰用玉的玉质、工艺明显高于实用玉器，而金朝有完整的用玉制度，统治者对实用玉的重视程度明显高于辽。

金 春水玉饰 上海博物馆藏

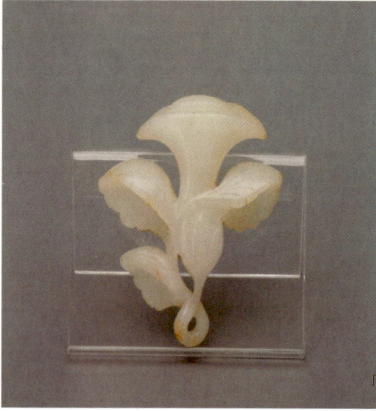

宋 白玉雕折枝灵霄花 广东省博物馆藏　　宋 玉云龙纹炉 故宫博物院藏

辽 白玉龙柄魁 故宫博物院藏

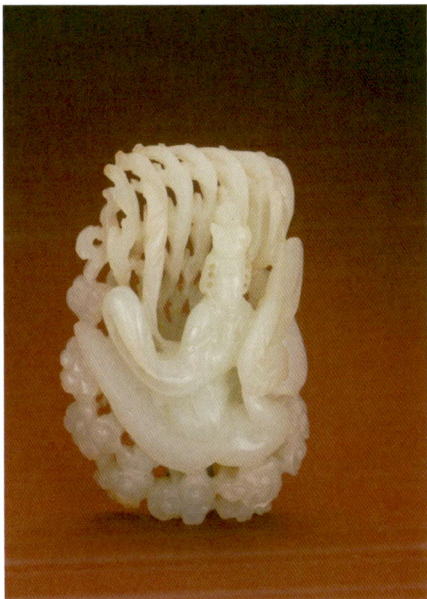

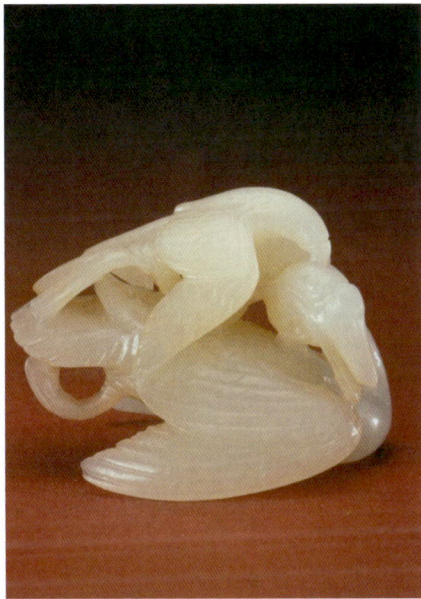

宋 白玉骑凤仙人 故宫博物院藏　　　　金 玉海东青啄雁饰 故宫博物院藏

器物示例：白玉骑凤仙人，高7.8厘米，宽5.4厘米，厚2.2厘米。此玉雕表现的是"弄玉乘鸾"的故事。据记载，秦穆公时有个叫萧史的人，他善于吹箫。穆公的女儿弄玉因此十分仰慕他，并下嫁于他。婚后萧史教弄玉吹箫引凤，秦穆公因此为二人修筑凤台。此二人在凤台居住数年，最终双双乘凤而去。

宋朝的这件"白玉骑凤仙人"玉器，仙人采用立体圆雕手法，高髻簪花骑坐于凤鸟之上。凤尾及祥云均为双层透雕，凤翅饰满阴刻线，并以一条横阴刻线分割，这些都是宋朝玉雕的典型特征。

器物示例：玉海东青啄雁饰，直径7厘米，厚2.1厘米。海东青是一种雄鹰，体型较小但凶猛无比，善于捕杀大雁、天鹅等禽鸟，金、元时期贵族养之用于狩猎。此玉饰雕刻的便是海东青啄雁及荷叶纹，海东青腾空回首，雁于其身下，回首对视，大雁身旁的荷叶表明二者正位于荷塘之内。

据金史记载，女真贵族每年都要进行放鹘（hú，即"鹰"）、捉雁、捕鹅的活动，并称为"如春水"，海东青啄雁纹表现的正是这一活动。这类题材的玉器被人们称为"春水玉"。用纹饰题材来表达人们的主观思想和情感，突破了以玉材特性比喻君子之德的传统观念，富有鲜明的游牧民族特色。

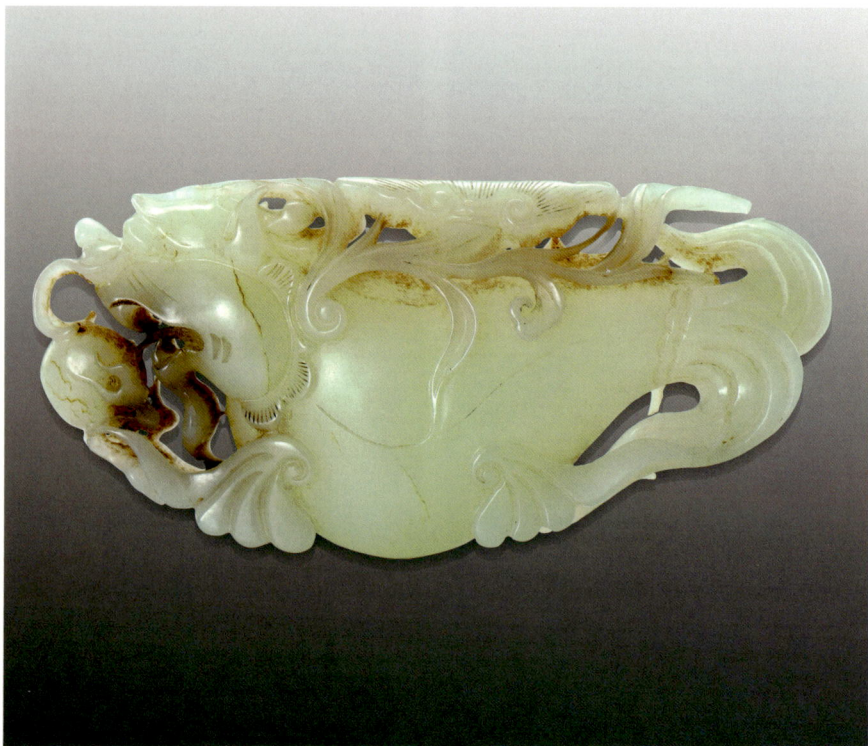

辽金 摩羯（鱼龙吐珠）和田玉 中国民间艺术品收藏评估委员会藏

器物示例：摩羯（鱼龙吐珠），宽12厘米，高7厘米，厚1.1厘米。此器选用和田白玉中上等籽料制作而成，造型大方，体态饱满，尾部上翘，荷叶俯身，龙头微仰，口吐宝珠，恰似荷塘戏水般活灵活现。整件器型完好无缺，绺裂很小，沁色很少。从原材料到琢工极其考究，是迄今为止发现较为上乘的辽金玉雕精品。

二、金属器

1. 铜镜

（1）宋朝

宋朝铜镜追求实用，不尚奢华，纹饰素雅。素面镜较多，纹饰有缠枝花草、花鸟、人物故事、八卦纹等。多数素面镜背上铸有长方形框，用以标明生产者或产地，与今天的商标作用类似，这反映了宋朝商品经济的高度发展。宋朝湖州镜知名度较高，流通量很大。同时其在承袭唐镜的基础上也发展出了自己的特点，如创新出六出葵花、菱花镜，还有少见的七出菱花镜。与唐相比宋镜葵花、菱花瓣边棱弧度更加平缓，有的较直，近乎于八边形、六边形。宋镜中含锡量较汉唐铜镜低，含铅量增高，故质地不如汉唐镜坚实，色泽呈褐黄色，不如汉镜光泽晶莹，不如唐镜洁白明亮。

宋 湖州仪凤桥石家真正一色青铜镜 中国国家博物馆藏

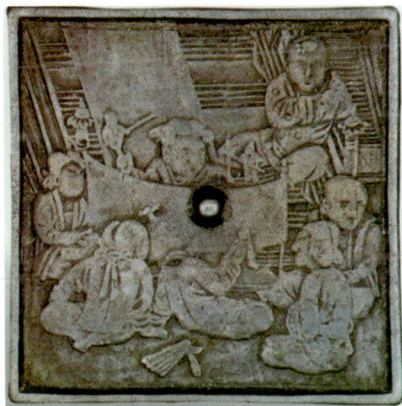

宋 蹴鞠纹铜镜 傀儡戏铜镜 中国国家博物馆藏

器物示例：蹴鞠纹铜镜，直径 10.6 厘米，厚 0.6 厘米。圆形钮座，镜背用高浮雕做出男女四人蹴鞠场景，左侧有高髻者为女性。整体风格简洁，人物造型清秀，做工细致。随着时代工艺及审美的演变，铜镜成为体现各时代艺术精神的重要载体，因此备受重视。北宋时期，朝野上下都很重视古文物，因而带动了编修古器物图谱的风潮。宋徽宗在位期间整理了宫廷所藏的古铜器，将 112 面汉唐铜镜收入《宣和博古图》，开铜镜入古器图谱之先河。

蹴鞠在我国起源很早，战国时期的齐国就十分流行蹴鞠。铜镜上出现足球纹饰，与宋代社会喜爱这种活动紧密相连。《东京梦华录》中记载：宋徽宗每年祝寿时要进行足球表演。比赛时，乐队吹奏优美的笙乐，笛鼓齐鸣，球门架上绸带飘扬。宋徽宗看完比赛乘酒兴大肆赏罚，把价值千金的银碗、锦缎奖给获胜的球队；输球队则要被麻鞭抽打，再以黄白粉涂脸。

（2）辽金

辽金铜镜形状、纹饰与宋类似，同时也具有民族特色，如金的龙、鱼纹铜镜较多。铸镜为官方垄断，民间禁止私铸，故其铭文多为纪年、地名或官衙的简称。金朝铜镜含锡量少，铜量增多和锌的比例增大，因此金镜铜质发黄。与宋镜相比，金镜厚重，形制较大，镜缘多为宽素缘，镜钮多为尖平顶圆钮。

辽 迦陵频伽纹镜 辽宁省博物馆藏　　　金 双鱼纹大铜镜 中国国家博物馆藏

器物示例：双鱼纹大铜镜，直径 36.7 厘米，黑龙江省哈尔滨市阿城出土。镜圆形、圆钮，无钮座，宽素平缘。镜背布满波浪起伏的水波纹。双鲤长须，

张口，摆尾，环钮回游嬉戏，间有荷花、荷叶点缀，生动活泼。金朝鱼纹镜因其数量多、器型大，成为金朝青铜镜的重要组成部分。鱼纹镜多见双鱼，偶见单尾或多尾。

辽 契丹文铜镜 吉林省博物院藏

2. 金银器

（1）宋朝

宋朝普通平民也可把金银器皿作为生活用具，多为酒器、食器。与铜镜相似，宋金银器趋于精巧简朴，不少器物都铭刻有店铺名称、产地和工匠姓氏。宋朝金银器一般较为小巧，胎体轻薄，常见仿古器

宋 乳钉狮纹鎏金银盏 南京博物院藏

物。器物成型多依靠钣金，有时也采用夹层法。采用夹层法的器物仅用两片金属片打造，金属片之间留有空隙，这样就能以较少的材料打造出厚重的效果。宋朝金银器在纹饰上以花卉纹居多，动物纹逐渐减少，也有象征吉祥的鱼藻、牡丹、童子戏球等图案。

宋 舍利金棺 长治市博物馆藏

宋 梅月纹银盘 南京博物院藏

宋 树叶形银托盘 花形银盘 彭州市博物馆藏

宋 鎏金乳钉纹银簋 镇江市博物馆藏

器物示例：鎏金乳钉纹银簋，高 7.1 厘米，口径 8.7 厘米。此器采用夹层法，内外皆鎏金，现已部分脱落。银簋直颈鼓腹，有对称兽耳，颈部饰雷纹，腹部饰方格乳钉纹，并以雷纹为地。此器为宋朝仿古器，宋人不仅模仿器型纹样，还对前人器物有较为透彻的理解，因此具有较高的艺术价值，宋仿古器稳重大方，与明清时期仿古器有本质的区别。

（2）辽朝

辽为契丹人建立的政权，建国后金银工匠以汉人为主，在技术和艺术上受五代和北宋影响很深，整体风格与宋相似，辽银器以饰品和容器居多。契丹人的民族性多体现在特殊用途的器物上，如马具、丧葬用器等。马在契丹人生活中地位很高，所以辽早期银制马具兴盛一时，有马鞍、带饰、铃铛等，鎏金技术也常应用到马具上。辽中期以后，契丹人的生活向定居转变，马具数量随之减少，金银葬器增多，有冠、帽、面具、靴子、枕头和厂网等。葬具基本为银制，但常常鎏金。

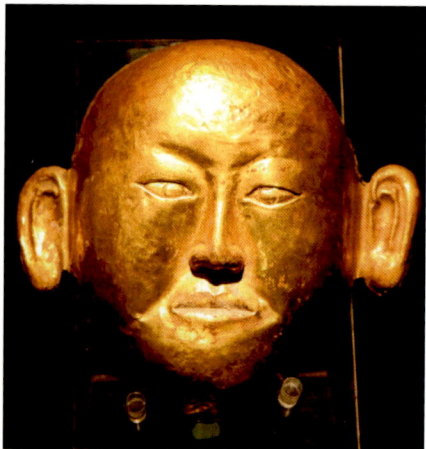

辽　金面具　陈国公主墓出土

辽　鎏金银鸡冠壶　中国国家博物馆藏

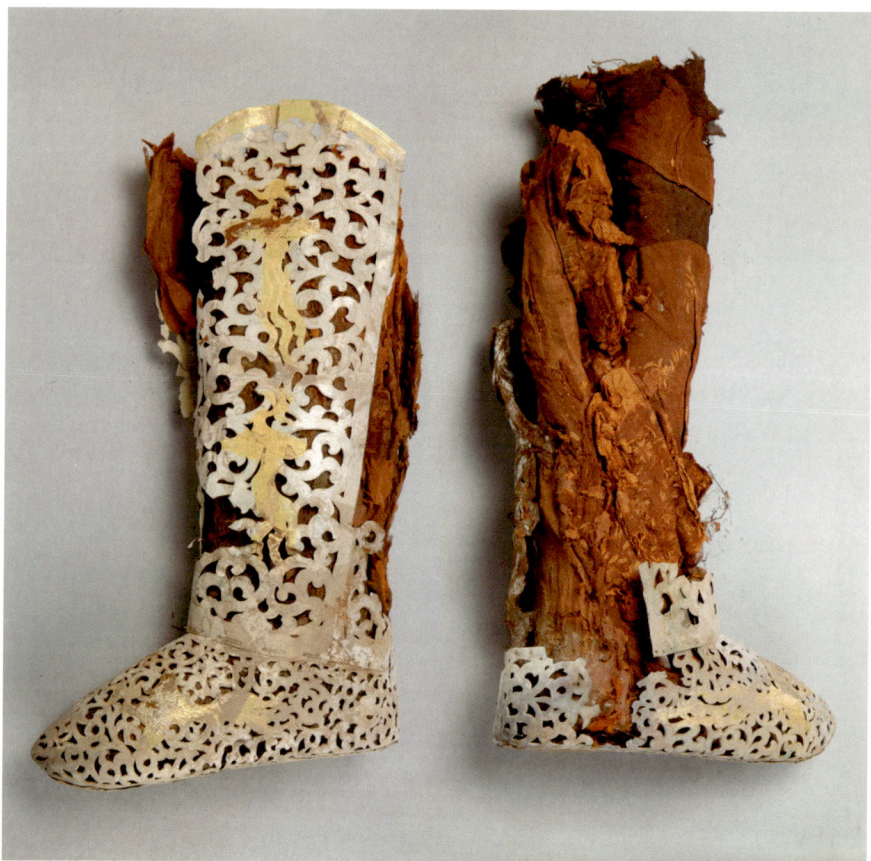

辽　金花银镂空凤纹高靿（yào）　萧氏贵妃墓出土

辽 银鎏金镂空凤纹高翅冠 萧氏贵妃墓出土　　辽 镂花金香囊 陈国公主墓出土

器物示例：镂花金香囊，长 13.4 厘米，宽 7.8 厘米，链长 9.2 厘米。此香囊呈扁桃形，由镂刻缠枝忍冬纹的金片制成，纹样有明显的唐朝风韵。

镂花金香囊出土自内蒙古自治区通辽市陈国公主墓，此墓是陈国公主与驸马的合葬墓。据考，陈国公主的祖母是人所共知的萧太后，父亲是辽景宗第二子。而萧太后也是驸马的姑妈，按辈分来说，这位契丹公主是嫁给了自己的舅舅。公主死时年仅 18 岁，驸马也在 36 岁时病死，他们的婚姻只持续了两年。

陈国公主墓是目前已知的出土辽朝金银器最多的墓葬，出土金器三十余件，银器一百四十余件，共用金约一千七百克，且含金量高达 95%，用银一万余克。此墓向后人完整地展现了契丹贵族的厚葬习俗。公主与驸马均头枕金花银枕，身着银丝网络殓衣，脚穿金花银靴，胸佩琥珀璎珞。公主手腕戴两对金镯，双手手指套十一枚金戒指，身佩金荷包、金针筒和各种玉佩等，奢华至极。值得一提的是公主和驸马入殓时都戴着金质面具，现在却天各一方，一个留在内蒙古博物馆，另一个则在国家博物馆展出。

三、宋朝瓷器

瓷器烧造是宋朝的重要产业，窑场遍布全国南北。瓷器的生产规模进一步扩大，工艺水平迅猛提高，产品造型更多元，釉色更丰富。一些瓷窑逐渐形成自己的独特风格，并对其他瓷窑产生影响，从而形成窑系。宋朝瓷器还远销海外，成为海外贸易中的重要商品。

宋朝除有定、汝、官、哥、钧五大名窑外，还有河北磁州窑、陕西耀州窑、浙江龙泉窑、江西景德镇窑和吉州窑、福建建阳窑和德化窑等重要窑口。此外，辽三彩、西夏褐釉瓷和金黑白瓷也各具特色。

1. 定窑

定窑遗址位于河北省保定市曲阳县，定窑在唐朝晚期就开始烧制瓷器，釉色以白釉为主，也有部分黑、绿、紫红釉。器物多为碗、盘、枕等日常生活用品。定窑白釉瓷即称为"白瓷"，其胎质洁白细腻，釉色白中泛黄，多采用划花、刻花、印花工艺，纹饰以缠枝牡丹、莲花、菊花居多。

北宋早期官窑为定瓷，多底部刻有"官"字。北宋中期后，才多用覆烧工艺，将器皿反扣着焙烧，因此口沿无釉，露胎现象明显，谓之"芒口"，有时为遮盖芒口会在器口镶嵌金属物。这种覆烧法可以提高产量，降低成本，即便有明显的缺陷，也得到了较为广泛的应用。

宋 定窑填白梅花盘 台北故宫博物院藏

宋 定窑白釉印牡丹花纹盘 天津博物馆藏　宋 定窑白釉刻花直颈瓶 故宫博物院藏

宋 定窑白釉孩儿枕 故宫博物院藏

　　器物示例：定窑白釉孩儿枕，高 18.3 厘米，长 30 厘米，宽 18.3 厘米。瓷枕作小孩卧榻状，以小孩背部作枕面，腰部形成一个自然弯弧，便于枕卧。定窑匠师独具匠心，枕身釉色呈牙白，底为素胎。孩童眉清目秀，神情悠闲，生动传神。

瓷枕最初多为明器，后逐渐成为卧室的寝具和治病号脉的脉枕，有清凉沁肤、爽身怡神、"明目益睛，至老可读细书"的作用。瓷枕最早创烧于隋朝，唐以后开始大量生产。到了宋、元时期，进入发展的繁荣期，产地遍及南北，造型丰富多变。直至明清以后，瓷枕才开始慢慢退出历史舞台。

宋 定窑紫金釉葵瓣口盘 故宫博物院藏

器物示例：定窑紫金釉葵瓣口盘，高 3.5 厘米，口径 17.9 厘米。盘口外撇呈六瓣葵花状，腹部内敛，底部呈折角状，故称"折腰盘"，是宋朝北方地区常见的器型。器内外施紫色釉，外部釉不到底，足露胎。

宋定窑酱釉器和黑釉器的数量较少，又称"紫定"、"黑定"。此盘釉色较浅，釉面泛黄，又称"紫金釉"。除定窑外，河北磁州窑，河南修武窑、鲁山窑、宝丰窑，陕西耀州窑，山西介修窑，甘肃安口窑等也曾烧制酱釉器。

泪痕是鉴识北宋定窑瓷器的依据之一，指器表的流釉现象，定窑瓷流釉往往呈条状，宛如垂泪，故称"泪痕"。泪痕很难仿造，但值得注意的是，古人一直致力于克服定窑瓷器中的泪痕现象，所以没有"泪痕"未必是赝品，也有可能是精品中的精品。

2. 汝窑

北宋末年汝窑成宫廷御用窑口，为彰显帝王尊贵，据传汝窑以玛瑙入釉作为原料。在金灭北宋后，汝窑也随之消亡。其开窑时间不过二十年，传世器物极少，在南宋时，汝窑瓷器就已经非常稀有。自宋以后，汝瓷被视为珍宝，有"纵有万贯不如汝瓷一片"之说。据一些统计表明，流传到今天的真品不足百件，全世界藏有汝窑瓷器的博物馆不到十家。汝窑遗址多在河南省汝州市和平顶山市宝丰县。

鉴定汝瓷真伪有三点重要依据，即"冰裂纹"、"香灰胎"、"芝麻支钉"。冰裂纹，指汝瓷的釉面开裂纹片多为错落有致的极细纹片。香灰色胎，即汝瓷器胎为灰白色，与燃烧后的香灰相似。芝麻支钉，汝窑器物一般采用满釉支烧，为了防止被炉内杂质污染，需将瓷器装入匣钵，而为了防止与匣钵粘连，器物需用垫圈和支钉垫起，烧制后底部有如芝麻状的支钉痕迹。支钉个数多为三、五、七，六个支钉的汝瓷很少见。张公巷的器物支钉呈圆形，蟒川严和店、大峪东沟一带汝瓷多无支钉痕，偶有碗、套盒、洗、器盖等采用垫饼支烧工艺。

宋　汝窑天青釉弦纹樽　故宫博物院藏

宋　汝窑青瓷无痕水仙盆　台北故宫博物院藏

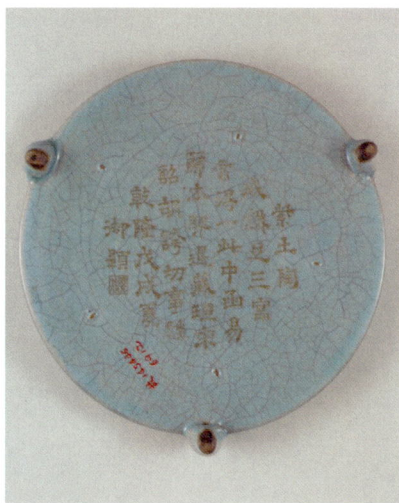

宋 汝窑天青釉三足樽承盘 故宫博物院藏

器物示例：汝窑天青釉三足樽承盘，高4厘米，口径18.5厘米，足距16.9厘米。瓷盘里外施天青色釉，釉面开细片，外底有五个细小支钉痕迹。支钉痕是鉴别汝窑瓷器的一个重要依据，后世仿汝窑的支钉痕不是过大就是过小，钉痕颜色往往过白。

此三足樽承盘应与三足樽配套使用，用来承放三足樽。后有乾隆皇帝为其题诗一首，并由宫廷匠师以楷书镌刻于外底。诗曰："紫土陶成铁足三，寓言得一此中函。易辞本契退藏理，宋诏胡夸切事谈。"诗后署"乾隆戊戌夏御题"。

宋 汝窑天青釉圆洗 故宫博物院藏

器物示例：汝窑天青釉圆洗，高3.3厘米，口径13厘米，足径8.9厘米。圆洗胎呈香灰色，外底有三个细小支钉痕迹，通体施淡天青色釉，釉面开细碎片纹。天青釉的釉质也是鉴别汝窑瓷器的一个重要因素，仿品很难达到与真品完全一致，往往带有乳浊感。釉色也多偏蓝，开片不是没有就是过犹不及。

该圆洗底部镌刻"乙"字。"乙"字一般认为是此洗入清宫后所刻，乾隆曾将自己喜爱的古董划分等级，并在一些器物上留下"甲"、"乙"、"丙"、"丁"等标志。在故宫博物院所藏的宋朝汝瓷上，还有刻"蔡"、"寿成殿皇后阁"等铭文者，多认为是宋朝所刻。"蔡"字可能与宋徽宗的宠臣蔡京有关，而"寿成殿皇后阁"则是宋朝宫殿名称。

3. 官窑

官窑遗址至今尚未发现，北宋末年成为御用窑口，传世器物釉色、造型与汝窑相仿。宋朝官窑、哥窑和龙泉窑瓷器，足部无釉处多为黑褐色，即所谓"铁足"。官窑瓷器有薄胎薄釉和薄胎厚釉两种，胎质较松，呈紫灰色。釉多开片不透明，釉色以粉青为主，也有淡黄和青灰色。器型多样，多见仿古青铜器、玉器造型。

宋 官窑贯耳瓶 中国国家博物馆藏

宋 官窑青釉方花盆 故宫博物院藏

宋 官窑双耳炉 上海博物馆藏

宋 官窑青釉方花盆 故宫博物院藏

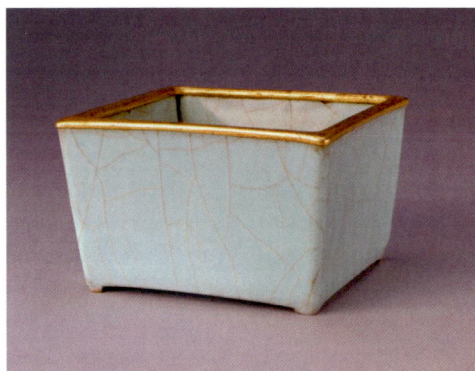

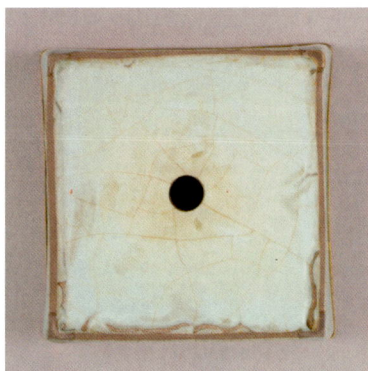

宋 官窑青瓷葵花式洗 台北故宫博物院藏

4. 哥窑

哥窑遗址至今尚未发现。哥窑瓷器胎质多为灰黑色，足边露胎呈铁黑色，口沿因釉下垂呈现出紫色，俗称"紫口铁足"。釉色多为粉青、米黄，釉面满布开片，大开片如冰裂，小开片非常细密，俗称"百圾碎"或"龟子纹"。

大开片的纹线呈铁黑色，小开片纹线则呈金黄色，故有"金丝铁线"之称。哥窑瓷器通常釉层很厚，釉内含有气泡，如小珠子般隐隐若现，犹如"聚沫攒珠"，这也是辨别哥窑瓷器真伪的方法之一。

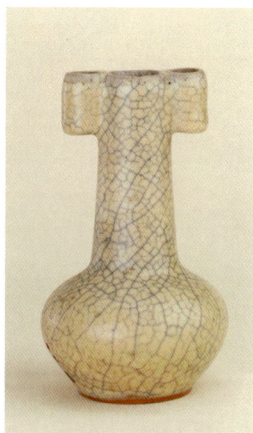

宋 哥窑盘 天津博物馆藏　　　宋 哥窑青釉贯耳瓶 故宫博物院藏

5. 钧窑

钧窑遗址位于今河南省禹州市，属于北方青瓷系。釉色以青蓝色为基调，蓝色较淡被称为"天青"，较深被称为"天蓝"，比天青更淡者则被称为"月白"。因釉料中含氧化铜，烧成后青蓝中显现出紫红色，并称其为"窑变"。此外，钧窑瓷器在烧制过程中釉层多发生干裂，后来在高温阶段又被低粘度的釉质流入填补了裂口，便形成了钧窑特有的"蚯蚓走泥纹"。

宋 钧窑玫瑰紫釉葵式三足洗 天津博物馆藏

宋 钧窑鼓式三足洗 故宫博物院藏

器物示例：钧窑鼓式三足洗，口径 24.3 厘米，高 9.2 厘米，为宋朝宫廷陈设用瓷。三足洗内施天青色釉，青中泛白；外壁釉色蓝中泛紫，绚丽夺目。外壁口沿下和近底部均有一周装饰鼓钉，分别为二十一枚和十八枚，鼓钉洗是常见的钧窑瓷器造型，富有装饰性。器物外底刻有"一"字，传世钧瓷底部多刻有从"一"到"十"不同的数字，据现存实物分析，所刻数字越小，器型越大。

宋 钧窑玫瑰紫釉葵花式花盆 故宫博物院藏

器物示例：钧窑玫瑰紫釉海棠式花盆，口径 19.5 厘米～24.5 厘米，高 14.4 厘米。花盆口呈海棠式，天蓝釉色中泛紫红。底部较厚，然后向上逐渐趋薄，器物的口沿处胎体最薄。这是由于制作时采用的是手拉坯工艺，现代仿钧窑瓷器大多批量生产，采用某种材料做成模具，然后用"注浆法"灌注成型。这种方法做出来的瓷器胎壁厚薄均匀，份量较轻。观察胎壁也是鉴别钧窑瓷器的重要手段之一。此花盆外底刻楷书"重华宫"、"金昭玉翠用"等字，为清朝造办处匠师镌刻。清宫殿之内陈设的文物都有档案，记录了陈设文物的名称、件数及动态。此瓷器在底部刻宫殿名，表明它是作陈设之用。

6. 其它瓷窑

河北磁州窑以白地黑花装饰器表，最能体现出民窑雄健浑厚、粗犷豪放的艺术风格。基本特征是白度不高，且在比较粗糙的胎体上施一层化妆土，以达到粗瓷细作的效果。

陕西耀州窑创烧于唐朝，北宋中后期发展至鼎盛。器表以刻花、印花为主，线条流畅、刀锋犀利、纹饰题材多变。

宋 磁州窑白地黑花鱼纹枕
广东省博物馆藏

宋 磁州窑白地黑花婴戏纹枕
故宫博物院藏

宋 耀州窑青釉刻花莲花纹双耳瓶 故宫博物院藏

吉州窑位于今江西省吉安市永和县，品种极为丰富，有仿定窑的白釉器，仿龙泉窑的青釉器，白釉彩绘和黑釉器可与磁州窑相媲美。其中尤以黑釉器变化多端，有玳瑁釉、剪纸花纹、树叶纹、描金彩绘、剔划花纹、黑釉褐斑、白斑及蓝斑等。

宋 吉州窑剪纸贴花小碗 故宫博物院藏

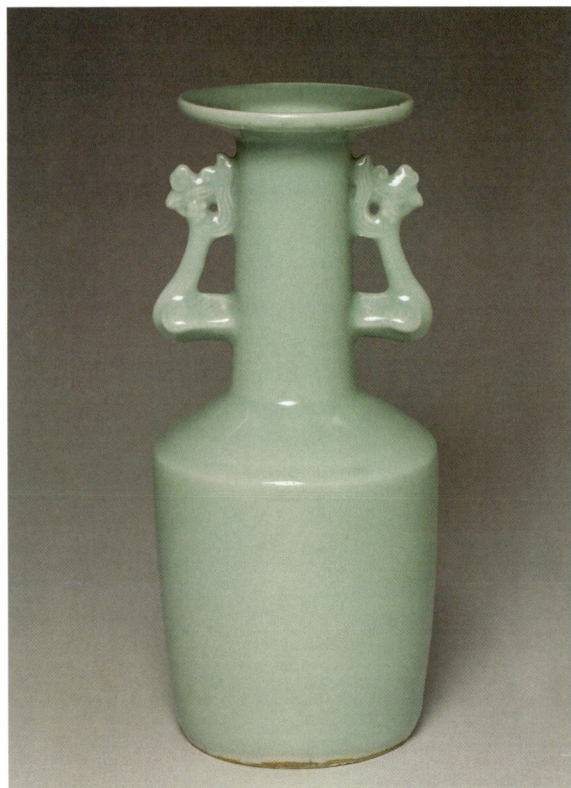

宋 龙泉窑青瓷凤耳瓶 台北故宫博物院藏

浙江的龙泉窑属南方青瓷，以烧制生活用具及文具为主。北宋时釉色绿中泛白，多用刻花、蓖划等技法；南宋中期以后釉色粉青，多用划花、堆花装饰。女真人和蒙古人占据北方后，定窑、汝窑、钧窑等名窑相继衰落，龙泉窑地位突出。龙泉窑的青瓷还通过"海上丝绸之路"，远销到东亚、东非、阿拉伯等国。

江西省景德镇是青白瓷（又叫影青瓷）的主要产地，主要烧制各类民间使用的日常生活用具，其中食具、酒具较常见。青白瓷青釉中有白，白中闪青，因介于青白二色之间而得此名。青白瓷胎体轻薄，印、刻的花纹迎光通透，内外可见。

宋 景德镇窑青白釉倒流壶 故宫博物院藏

器物示例：景德镇窑青白釉倒流壶，高11.2厘米，足径6厘米。倒流壶通体施青白釉，釉色白中泛青。壶体呈瓜棱球形，上部堆塑一条螭龙，巧妙地将龙嘴制为壶流，龙身制为提梁。壶底中心部有一注酒圆洞，利用连通器原理，从底孔注酒后将壶正置，即可从龙嘴向外倒酒，故称"倒流壶"。

四、绘画

1. 宋朝

宋朝绘画题材广泛，风格多样，职业画家可将作品作为商品在市场上出售。水墨画在宋朝开始得到重视，画面从热烈转向深沉、成熟，追求韵味。同时山水画、花鸟画在宋朝也有着飞跃性的提高，花鸟画家极其重视对动植物的观察研究，题材也更加生活化，更有意趣。而宋朝的人物画主题也从以描

宋 秋树鹦鸹图页 故宫博物院藏

绘重大历史事件和贵族生活为主，扩展到描绘城乡市井平民生活的各个方面。但无论是山水画，还是花鸟、风俗画，宋朝画家们都极其重视画面构图、色彩搭配等，试图彰显出与他人不同的含蓄典雅之美。

宋 婴戏图页 苏汉臣 天津博物馆藏

宋 雪景寒林图 范宽（传） 天津博物馆藏

器物示例：雪景寒林图，传为范宽作，纵193.5厘米，横160.3厘米。该图为三拼绢大幅画作。白雪皑皑中，山势高耸，密林重重，真实生动地表现了秦陇山川雪后的磅礴气象。全画布置严整，层次分明但却又浑然一体，皴擦、渲染并用，尽显山石枯木质感。《宣和画谱》记载《雪景寒林图》曾收于宫廷御府，故此画很可能是为宫廷而作。

　　《雪景寒林图》曾被清朝著名收藏家梁清标、安岐鉴藏，乾隆时收入内府，存于圆明园。1860 年，英法联军劫掠圆明园时曾流落民间，后被工部右侍郎张翼购得。从此张翼、张叔诚父子两代对其倍加珍爱，连自己的家人都秘不展示。1981 年，张叔诚先生将其捐给天津博物馆。《雪景寒林图》是现存于大陆的唯一的一件范宽作品。

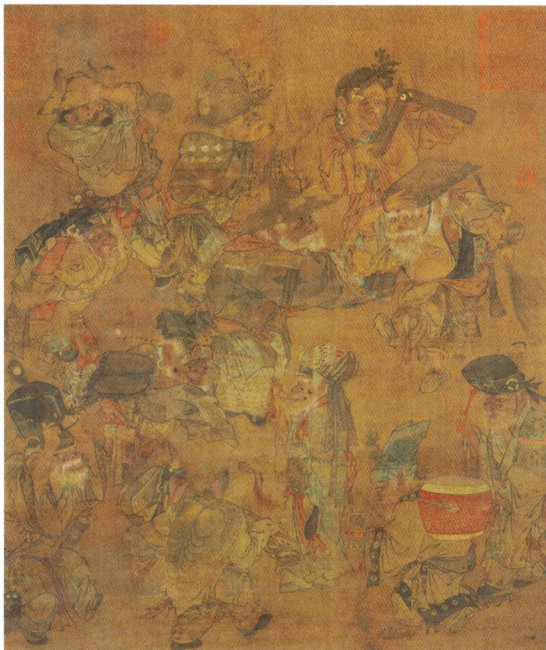

宋 大傩图 故宫博物院藏

　　器物示例：大傩图，纵 67.4 厘米，横 59.2 厘米。此图是一幅风俗画，傩是古老的驱除邪祟的民间习俗。画中共有十二人，他们身着奇装异服，戴着各式帽子，并插有花枝。帽子除斗笠、巾和冠外，还有兽头、农家器具、斗箩、箕之类。这些人手中或身上还携拿着乐器、扇、篓、帚、瓜之类的用具和植物。

宋 采薇图局部 李唐 故宫博物院藏

　　器物示例：采薇图，李唐作，南宋，绢本，水墨淡设色，纵 27.2 厘米，横 90.5 厘米。此画描绘的是商朝末期伯夷和叔齐"不食周粟"的故事，伯夷和叔齐都是商朝诸侯孤竹君（国在今河北卢龙南）的儿子，孤竹君立叔齐为继承人。孤竹君死后，叔齐要把继承权让给哥哥伯夷，伯夷说父命不可违，便离家而去。叔齐见状也随之而去，兄弟二人先后投奔了周文王，周文王死后儿子周武王要出兵伐纣。伯夷、叔齐谏阻，认为臣子造反为大逆不道。当武王伐纣胜利后，伯夷、叔齐深以为耻，决心不吃从周朝土地上长出来的粮食，便逃隐至首阳山（今山西永济县境），食野菜充饥，最后双双饿死。

这幅《采薇图》着墨不多，但把在特定环境下的伯夷和叔齐神态描绘得淋漓尽致，画家借用此故事来表彰保持气节的人，谴责投降变节行为。在当时南宋与金国对峙的情形下，李唐"借古讽今"，用心良苦。

2. 辽夏金

与宋画虚旷空灵之风相比，北方的辽、金绘画更显沉雄朴实。辽、金绘画中常有游牧情趣，题材多来自本民族的日常生活，如放牧、游猎、骑射等。花卉鸟禽多带有浓郁的装饰性，构图讲求对称，技法工细。辽崇尚厚葬，故辽墓室壁画较为发达，题材多为游牧生活，风格粗犷豪放。

金 文姬归汉图及局部 张瑀 吉林省博物馆藏

器物示例：文姬归汉，张瑀作，纵 29 厘，横 129 厘米。东汉末年蔡邕之女文姬在战乱中被掳至匈奴。十二年后，曹操念其父无后，以金璧将文姬赎回。这幅绘画描绘的正是此历史故事，画中人物身着胡服皮衣，发辫迎风飘起，马匹壮肥沉雄，使人仿佛置身于护送队伍之中，生动无比。

西夏绘画与辽朝、金朝差异较大，西夏崇尚佛教，绘画题材以佛教内容居多，反映生活环境、居住方式和战争场面的题材较少。作品形式以壁画、卷轴画、木版画为主。

西夏绘画早期学习北宋绘画风格，之后又受佛教画影响，并以自己的思维方式将二者相互融合，形成西夏特有的绘画风格。

西夏 水月观音 俄罗斯埃尔米塔什博物馆藏

五、宋朝书法

宋朝书法家层出不穷，造诣极高。宋初，重视前人法度，对历代法帖进行汇编和摹刻。宋中期后不只讲究形似，还要发挥个性，追求神韵。宋朝著名书法家有苏（轼）、黄（庭坚）、米（芾）、蔡（襄）四大家，此外宋徽宗赵

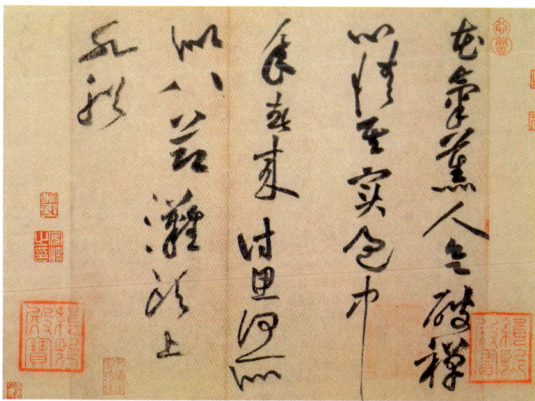

宋 花气熏人帖 黄庭坚 台北故宫博物院藏

佶的书法也是独树一帜，被称为"瘦金体"，其讲究运笔灵动快捷，笔迹瘦劲，至瘦而不失其肉。

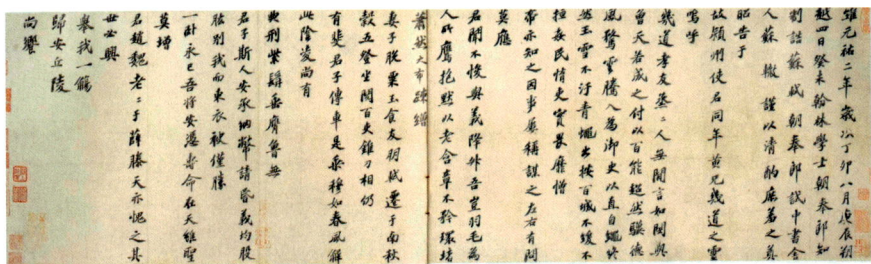

宋 祭黄几道文 苏轼 上海博物馆藏

器物示例：祭黄几道文，苏轼作，纵 31.6 厘米，横 121.7 厘米。此书是苏轼与其弟苏辙联名哀悼好友黄好谦（字几道）的祭文，写于元祐二年（1087年），当时苏轼五十二岁，是苏轼传世作品中极少的楷书珍品之一。

苏轼擅长行书、楷书，用笔多取侧势，结体扁平稍肥。这与他握笔的姿势有很大关系，苏轼喜将毛笔侧握于虎口之间，与握钢笔的姿势类似。

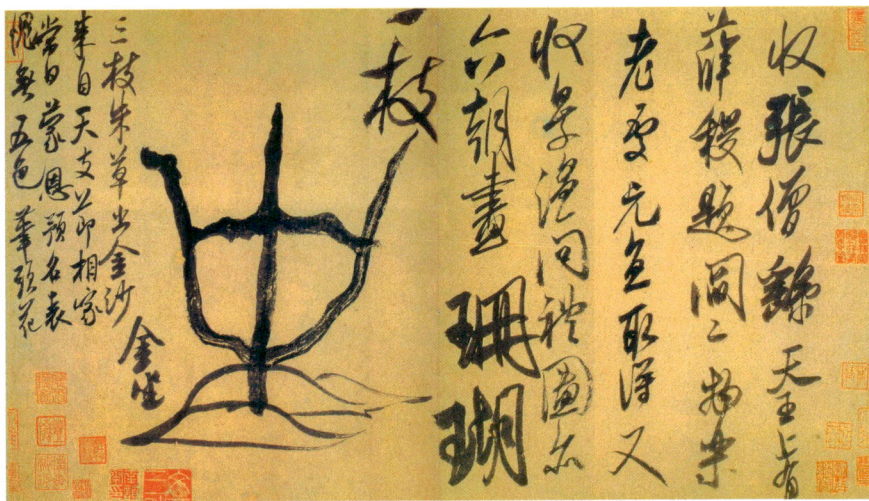

宋 行书珊瑚帖 米芾 故宫博物院藏

器物示例：珊瑚帖，米芾书，行书，纵 26.6 厘米，横 47.1 厘米。此帖是米芾与友人谈论收藏情况的一封书信。用笔迅疾纵逸，随心所欲而不逾矩，充分表现了米芾放达的个性与精湛的功力。在言及珊瑚笔架时，还随即画上一幅插图，可谓神来之笔。

米芾作书并不像常人想象的那样，不假思索一挥而就，而是十分认真。他自己曾说："余，三四次写，间有一两字好，信书亦一难事。"（明范明泰《米襄阳外记》）米芾在创作《海岱诗》时写了三四次，才只满意其中一两个字，可见他的创作态度是多么严谨。

在生活中，米芾也比较"严谨"，据传他非常爱干净，可称得上是"洁癖"了。只要用手拿过东西，他就必须马上洗手，而且还嫌盆里的水不干净，所以只用银壶倒水，用流动的水洗手，洗完后不用毛巾，两手相互拍打，直到晾干为止。

六、织物与服饰

1. 织物

唐朝织物已经很发达，但与两宋相比又不免相形见绌。宋朝织物品种很多，丝绸种类已经齐备，其中缂丝声誉最高，缂丝又称"刻丝"，特点为通经断纬，织出来的纹饰边缘有如刀刻一般。缂丝工艺非常繁复，但对纹饰和色彩的限制很小，宋人又爱绘画的装饰性，所以缂丝在宋朝有很大发展。

宋朝丝织纹样以自然典雅为时代风格，寄情于自然界的山水花鸟，颇具隐逸的生活气息。

宋 缂丝山茶图 朱克柔 辽宁省博物馆藏

辽、金、西夏三朝中，辽的制造技术相对较高，丝绸品种较多，大多织造精美，图案考究。从已出土的实物来看，辽朝织金锦和织金缂丝数量较多，所见缂丝也多为实用织物，这与高价值器物适合游牧民族迁徙携带的生活形态有直接联系。

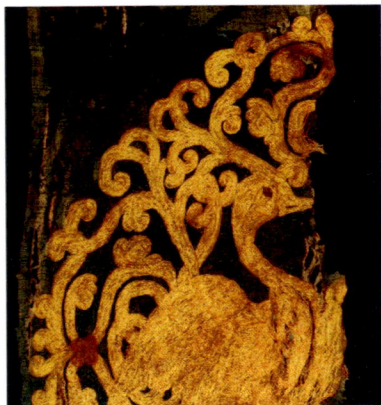

器物示例：盘金绣团窠卷草对雁罗，此残片应为一大型罗袍的一部分。残片以黑色为地，用金线盘绣团窠卷草对雁纹。大雁单足伫立欲衔绶带，昂首挺胸，翅膀微展。这类团窠对雁纹自唐朝起便是高官专用的服饰标志，辽朝也是如此。残片出自辽朝东丹国相耶律羽之的墓内，他官至一品，可以穿着此类图案。

辽 盘金绣团窠卷草对雁罗 中国丝绸博物馆藏

2. 服饰

宋 穿窄袖短襦的宫女 太原晋祠圣母殿彩塑

宋 听琴图 赵佶 故宫博物院藏

宋为汉民族建立的政权，服装依然有区分身份品级的功能。男性服饰主要有衣、裳、袍、襦、袄、短褐、衫和道衣等。平民百姓的服饰大多是短衣、紧腿、缚鞋，以便于劳作。其他工商各行也有特定的服饰，素有"百工百衣"之称。女性服饰讲求素雅轻巧，上身着袄、襦、衫、背子、半臂等，下身着裙、裤是女性最为普通的装束。

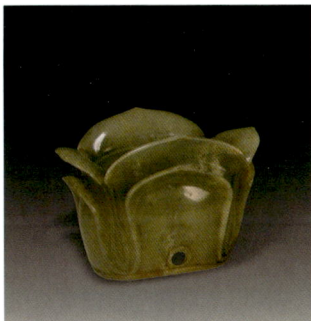

宋 玉莲瓣形冠
中国国家博物馆藏

器物示例：玉莲瓣形冠，高 7.4 厘米，长 10.6 厘米，宽 7.4 厘米。冠口为椭圆形，两侧底部中央各穿一圆孔，可供插簪固发。宋朝男子有用玉冠束发习惯，矮冠也称为"小冠"，既可单独戴，又可罩于巾帽之内。北宋时期也曾有妇女戴冠的风气。莲花出污泥而不染，品性高洁，这种纹饰的发冠深得士大夫们的喜爱，同时也是身份和地位的象征，在绘画中比较常见。

辽 髡发 备茶图局部 宣化辽墓壁画

辽朝为契丹族建立，契丹族男子服饰一般为长袍左衽，圆领窄袖，下穿裤，裤放靴筒之内。女子在袍内着裙，穿长筒皮靴，梳髻。契丹族男子多做髡（kūn）发，一般是将头顶部分的头发全部剃光，只在两鬓或前额部分留少量余发作为装饰，有的在额前蓄留一排短发，有的在耳边披散着鬓发，也有将左右两绺头发修剪整理成各种形状，然后下垂至肩。

两宋器物风格较为统一，呈现含蓄典雅之美，如瓷器多素面单色、少有纹饰，绘画追求韵味、意境。而辽、西夏和金朝器物则总体呈现出质朴豪放之气，形成北方器物豪放、南方器物含蓄的风貌。

第二节

宋辽夏金概况

——中央集权 矛盾激化

公元 960 年，将士将黄袍披在禁军主帅（殿前都点检）赵匡胤身上，赵匡胤黄袍加身，称帝，建立宋朝，史称"北宋"。1127 年，金灭北宋，宋徽宗第九子康王赵构幸免于难，在南京建立政权，定国号仍为宋，史称"南宋"，后定都临安。宋朝中央集权进一步加强，相权被分割，加之辽、西夏和金相继环伺，矛盾重重，一直都处在危机之中。

一、政治

1. 宋朝

北宋历九帝而亡：太祖、太宗、真宗、仁宗、英宗、神宗、哲宗、徽宗、钦宗。北宋建立后，先后征战南北，用近二十年的时间完成统一。北宋继承五代十国的版图，但民族矛盾尖锐，北有辽朝，西有西夏，西南大理。故北宋疆域较汉唐版图小了不少。

南宋中后期奸相频出，朝政腐败，后被蒙古人灭国。南宋的疆域由于北方蛮族入侵，北界南移至秦岭淮河一线，南部和西南边界没有太大变化。

北宋疆域图　图片来源：《简明中国历史地图集》

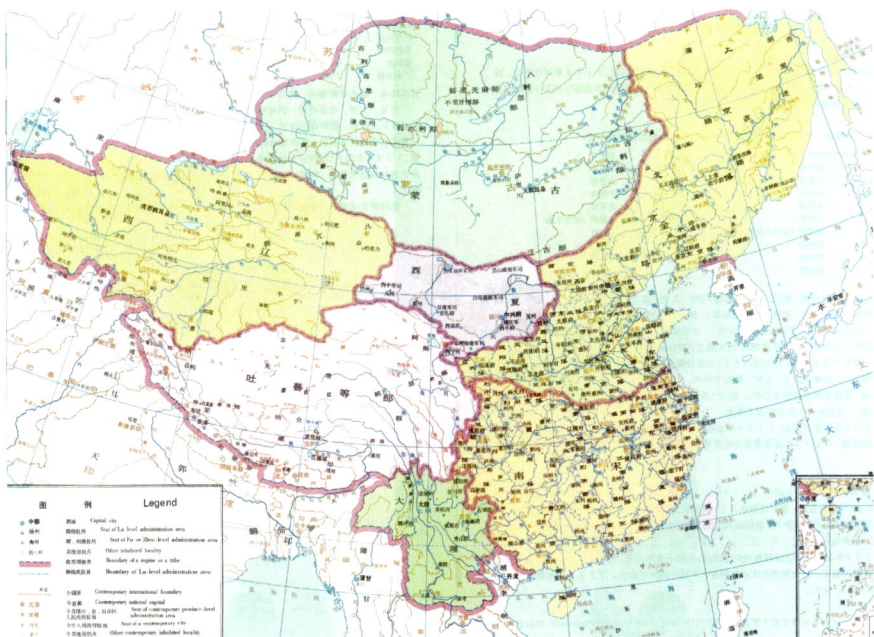

南宋、金疆域图　图片来源：《简明中国历史地图集》

2. 辽朝

辽朝是契丹人建立的政权，契丹是鲜卑族的一支。公元916年，阿保机称帝，建契丹国，定都西楼（今内蒙古巴林左旗），后改国号为辽。中央设南北两面官，分别管理汉人和契丹人。景德元年辽军南下至黄河北岸，宋真宗亲征，阻击辽军，后被迫签订《澶渊之盟》，约定宋每年给辽岁币白银十万两，织物二十万匹，对方以白沟河为界，南北对峙。此后宋辽关系一直紧张。女真人兴起后，宋与其联手灭辽。

3. 西夏

西夏是党项族建立的政权，党项族是羌族的一支，生活在今青海省、甘肃省、宁夏回族自治区等地，为游牧民族。1038年，党项族首领李元昊称帝建国，即夏景宗。又因其在西方，宋人称之为"西夏"。西夏疆域东尽黄河，西界玉门，南抵萧关（今宁夏同心县南部），北控大漠。庆历四年西夏与宋签《庆历和约》，元昊取消帝号，封为夏国主，宋每年"赐"其白银七万两，绢十五万匹，茶三万斤。此后双方战事减少，"茶马互市"增多。

西夏 彩绘党项男侍木版画 武威西夏博物馆藏

西夏也曾与辽交战，形成宋、辽、西夏三者相峙局面。在金灭辽和北宋后，西夏向金称臣。蒙古人兴起后又附蒙抗金，不久又联合抗蒙，最终被蒙古所灭。

4. 金朝

金由女真人建立，女真的前身是隋唐时期的靺鞨，属黑水部。五代时辽灭渤海国（以靺鞨族为主体的少数民族政权），黑水靺鞨又归附辽朝。此时始称"女真"，为避辽耶律宗真（辽国第七位皇帝）名讳，又称"女直"。女真分两部，居西南地区、编入辽朝户籍的为熟女真，居东北部、不入辽户籍的为生女真。

1115年，完颜阿骨打称帝，国号大金。后与宋联手灭辽，宋朝原给辽朝的银绢如数转给金。在灭辽战争中，金人看清了北宋实力，南下灭宋。1127年，金军掳走徽钦二帝和王公百官，史称"靖康之难"，北宋灭亡。

二、宋朝各项制度

1. 官制

宋朝中央归皇帝管理，州、县归中央管理。文人知州，不兼兵权，州县官吏由中央委派，三年替换一次。另外，相权也被进一步分割，只有行政权力。宰相仍称"同中书门下平章事"，副相称"参知政事"，议事处为中书省，称"政事堂"、"政府"。另设枢密使掌军权，三司掌财权，形成政府、枢府、三司分立。

官员来源以科举取士为主，称"士大夫"。并扩大了录取名额，经省（礼部）测试后增加"殿试"，先入殿阁，再改任官职。宋皇室为纠正唐末以来的悍将掌权形成藩镇割据弊端，开始恢复以文治国，抬高文人地位。

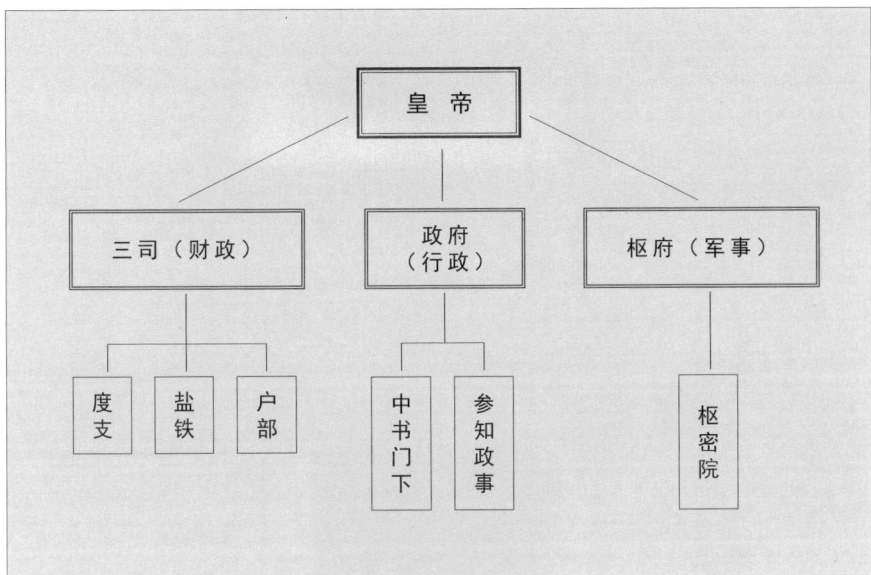

宋朝官制示意图

2. 王安石变法

神宗继位后任王安石为参知政事，而后王安石主持变法。变法涉及范围非常广泛，以期改变宋朝积贫积弱，实现富国强兵之目的，变法主要内容如下：

青苗法。州府每年三、五月放贷，帮农民度荒耕种，半年后加二分利息偿还，以抑制民间高利贷。农民借贷时按资产多少为依据。

募役法。原本有差役负担的纳"多役钱"，有免役特权的纳"助役钱"（较平民是钱减半）。

市易法。利用行政力量调节物价，稳定市场。中央用一百万贯半价收购滞销货物，到市场缺货时再按时价卖出。市场稳定了，财政收入自然增加。

方田均税法。先检查漏登田亩，增加税收。后将各户土地亩数，统一选册。同时，每年9月县令派人丈量土地，按照地势和土质肥瘠分为五等，依土地等级和各县原来租税分额定税。

农田水利法。政府组织兴修水利，令平民按户等高下出钱，国家也放贷资助，修大水利工程万余处，可灌农田三十六万顷。王安石的变法损伤既得利益者过多，遭遇强烈反对。王安石被罢相两次，后神宗死，哲宗继位，高太后主政，废新法，重用司马光为相。

三、宋朝军事

宋朝建立局势稳定后，赵匡胤通过"杯酒释兵权"，逐渐解除功臣兵权，调兵权归枢密院管理。让文人当节度使，或功臣充任虚衔，不带兵将。并对禁军制度进行改革，禁军不只是皇帝亲军，也是正规军。撤殿前都点检之职，改置三衙（即殿前司、侍卫马军司、侍卫步军司），由资历尚浅者统兵，调兵权归枢密院。枢密使直接听令于皇帝。禁军半数居住于京师，其余分驻各地，边境地区禁军很少。禁军的驻守地点每几年变一次，但将领原地不动，使"兵无常帅，帅无常师"。由于北宋重文轻武，军队战斗力较弱。

宋 铜柄钮"威武左第二十三指挥第二都朱记"印 故宫博物院藏

器物示例：铜柄钮"威武左第二十三指挥第二都朱记"印，通高3.5厘米。印文字体有重叠笔画，从右上起顺读。"第二十三"为指挥编号。北宋禁卫军由三衙统帅，三衙下分左右二厢，为最高军事编制单位，再下分都，为基层军事编制单位。此印即北宋禁卫军中基层军事编制单位官印。

四、宋朝农业与商业

1. 农业

宋朝时，中国经济重心南移，农耕生产方式逐渐扩展到边疆地区。农业有所发展，粮食增产，从而带动了人口增长。宋朝农业发展的动力之一便是人口压力。版图缩小，耕地随之缩小，但人口却较唐朝增多。

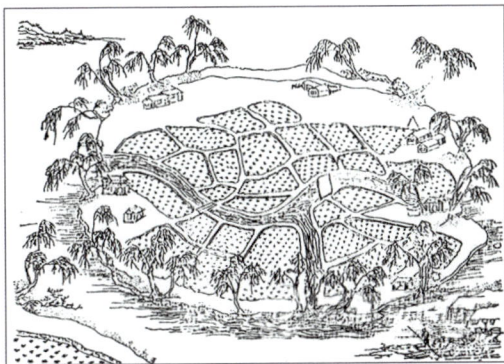

圩田示意图

宋朝南北农作物品种交流频繁，水稻种植推广到淮河和黄河流域，并从越南引进优良稻种。同时，茶树、甘蔗等经济作物的种植都有进一步发展，在某些地区出现了比较固定种植某种经济作物的"专业户"。棉花生产也由福建、两广推进至长江流域。

迫于人口压力，宋朝大面积垦田扩地，出现与山争地的情况，大面积使用梯田、架田、山田。更有在湖边围成堤坝者，中间耕种，旱则放水灌田，涝则排水，每圩可选数十亩，大者如成化圩，达八百顷。

2. 商业

宋朝城市突破了以往的坊市分置、行业分区的限制，辽金也多仿宋制建城。宋朝城市商品经济繁盛，市民阶层对于文化生活需求增长，大城市中出现了不少集中演出各种伎艺的瓦肆、勾栏，为戏剧向综合艺术发展提供了条件。宋杂剧便是在继承前朝歌舞戏、说唱、词调、民间歌曲等艺术上融合、发展而成的新的戏曲形式。其表演内容多为日常生活中的琐事，滑稽有趣，不仅为普通百

金 砖戏台 侯马董氏家族墓出土

姓喜闻乐道，还得到了上层统治阶级的欢迎。每场杂剧演员为四至六人，各自扮演不同角色。

宋朝主要货币仍为铜钱，是铸钱种类最多的时代。钱文书体很丰富，有名家所书，也有徽宗所书。南宋时，临安还有一种长方形"钱牌"，属铜钱的代用币。此外，宋朝还开始发行纸币。

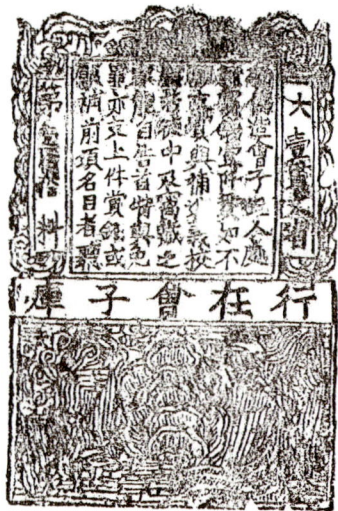

宋 会子版 中国国家博物馆藏

器物示例：会子版，纵 18.4 厘米，横 12.4 厘米。会子是南宋时发行的新纸币，并在今浙江省杭州市临安区（当时也称"行在"）设立会子务（后改名为"会子库"），管理新币的发行工作。这块铜版，是印刷会子的印版。最初会子只有一贯面额，后来又增加了二百文、三百文、五百文面额。南宋政府为解决军费开支和财政困难，多次大量发行会子，后造成纸币贬值，市场混乱。

宋 平江图碑拓片 苏州市文庙藏

器物示例：平江图碑拓片，图碑刻于南宋绍定二年（公元 1229 年）。借此碑可清晰看出南宋时期平江城（今江苏省苏州市）的城市结构，城内河道纵横，街道多与河道平行。主要干道南北向有五条，东西向有四条，与众多支道，相互交错构成大小不等的街坊，十分繁华。官衙、宅第、寺庙、园林、行市、书院、仓库、古迹以及桥梁建筑，分布城中。这是中国现存较早的一幅城市平面布局图。

宋 货郎图局部 李嵩 故宫博物院藏

器物示例：货郎图，李嵩作，绢本设色，纵 25.5 厘米，横 70.4 厘米。这是一幅人物风俗画，画上货郎肩挑杂货担，后面跟着欢呼雀跃的儿童。货担上物品繁多，从锅碗盘碟、儿童玩具到瓜果糕点无所不有，由此可看出宋朝商品经济的繁盛面貌。

五、宋朝学说

1. 理学

北宋理学开始形成，发展至明末清初才衰落下去。理学是以理、道为哲学范畴，探讨"性命为理"的学说。理学以儒为主，兼收佛道埋论，从儒经出发探讨自然宇宙和人类社会的起源，是新儒学的一个学派。

2. 金石学

宋朝金石学兴起，推动了古物鉴定的发展，《考古图》、《宣和博古图》等物品图谱类著作相继出现，说明宋人对历史遗存形制的辨别、著录和认识。

《考古图》是中国现存最早的金石学著作。由北宋吕大临编撰，元佑七年（1092年）成书，共十卷。一至六卷为商周青铜器；第七卷为乐器；第八卷为玉器；第九、十卷为秦汉器物。每件器物皆摹绘其造型与款识，记录其尺寸等详细信息，并作出一定考证，对器物的出土地点或收藏之处也加以说明。

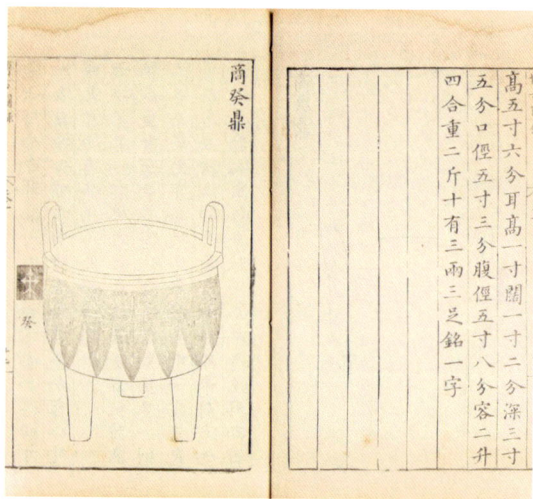

《考古图》内页

宋朝已出现文物及艺术品市场，做伪现象比较常见，鉴赏类的著作相继问世。南宋赵希鹄的《洞天清录》就是中国较早以辨伪为主要内容的鉴赏著作。作者从锈色、气味、铭文、款识、敲击声音等角度辨识铜器真伪和年代，从纸张、墨迹等方面辨识字画真伪和年代，鉴定方法初见总结。

3. 文学

宋朝文学风格由颓靡纤丽走向清新平实，内容丰富。词的大量创作是宋朝文学的重要成就，同时世俗文学也进一步发展。宋金时，讲故事的底本叫话本，因其内容有讲经、讲史、讲故事，不可入三教九流，故称"小说"。宋朝话本已有《三国志平语》《大唐三藏取经诗话》。

戏曲在宋朝已具雏形。曲由一个人唱，用词的曲子填上话本中的内容，反复演唱，往往多首曲子连起来演唱一个故事，是后代曲艺的前身。金朝也有戏曲，叫"诸宫调"。宫调即宫廷演唱的词曲，将几种词曲混合起来演唱，即为"清宫调"。《西厢记诸宫调》是较为著名的戏曲，其前身是唐人的传奇小说《会真记》（又名《莺莺传》），元朝时王实甫将其写成杂剧《西厢记》。

六、科学技术

1. 天文地理

宋人对天象的观测和记录，已形成较为完善的制度。辽、西夏、金纷纷引进学习中原历法，仿造汉制。宋墓中还曾出现星图，并带有艺术装饰意味。两宋时期，还出现了石刻地图和印刷地图，地图的使用十分普遍。

器物示例：禹迹图。比例约为 1 比 500 万，是早期的石刻地图之一。采用方格网绘法，图中每格"折地百里"。这种按数学原理、依比例尺绘制地图的方法，沿用到清朝。此图为全国地图，但侧重描绘水系，图中江河的曲折流向与主要湖泊的位置、海岸线等，都相当准确。

宋 禹迹图拓片 原石藏于西安碑林博物馆

2. 医药学

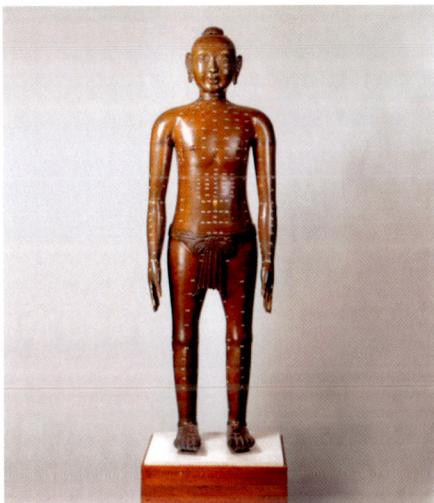

宋朝已有比较完备的医药管理组织，官、私编修的医书、药书流传至今的多达三十余部。宋朝针灸学和针灸铜人也是医学上的另一突出成就。医学分科详细，宋朝宋慈所著的《洗冤录》是世界上第一部系统的法医学著作。

器物示例：针灸铜人体模型，明仿宋制，高 213 厘米。宋朝在不同行医者的共同努力下，发现了不少针灸新穴位，但难以交流验证。为防止混乱，医官王惟一

明仿宋制 针灸铜人体模型
中国国家博物馆藏

于天圣四年（公元1026年）铸造了两个空心铜人，全身标注559个穴位，其中107个为一名二穴，故全身共有666个针灸点。铜人既是针灸医疗范本，又是医官院教学与考试的工具。考试时，铜人外层涂蜡，体内灌水，穿上衣服；学生根据命题以针刺穴，针入水出，方为合格。

据说两具铜人分别放在医官院和大相国寺内。金灭北宋时，相国寺铜人毁于战火，仅剩医官院铜人。元灭金后，将此铜人运至大都（今北京）。因长期使用磨损，于是命尼泊尔人阿尼哥按样仿铸一个新铜人。明灭元后，此铜人仍在使用。明英宗时，又仿铸一个，此即现存者。

3. 建筑

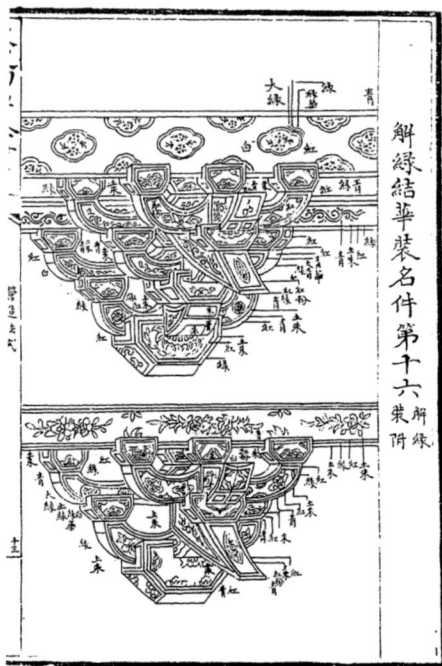

《营造法式》内页

宋朝建筑缤纷多彩，结构简约合理、灵巧，装饰绚丽，出现了各种复杂形式的殿阁楼台，主要以殿堂、寺塔和墓室建筑为代表，流行仿木构建筑形式的砖塔和墓葬，创造了很多华丽精美的作品。装饰上多用彩绘、雕刻及琉璃砖瓦等，建筑构件开始趋向标准化。

北宋崇宁二年（1103年），官方向全国发行建筑专用典籍，即《营造法式》。

此书由李诫编著，他曾多次主持大型建筑工程。此书共三十六卷，五十七篇，并绘制了斗拱、梁柱、门窗、彩绘图案等各种构件详图，是一部总结性的建筑学巨著。《营造法式》在南宋和元朝均被重刊，明朝还被用于当时的建筑工程，可称之为中国古代建筑行业的权威性巨著。

4. 印刷及造纸

雕版印刷术历经隋唐、五代的发展，至宋已经进入全盛时期。北宋时毕昇发明活字印刷，活字以胶泥为材料，再经火烧制坚硬后进行排版印刷，此时期还有木质活字排版。活字可以多次使用，比整版雕刻更经济方便。宋朝造纸用竹、藤、麻等为原料，可制作多种用途的纸张。

宋 佛说观无量寿佛经活字印本
温州博物馆藏

器物示例：佛说观无量寿佛经活字印本，残页，可辨166字，为佛说观无量寿佛经四观至九观部分。字体长短大小、笔划粗细不一，布列较密，有的几乎首尾相插。字行回旋萦绕排列，似佛像袈裟悬垂的衣纹，在回旋转折处出现倒字现象。字迹可见轻微凹陷，具有较为明显的活字印刷特征。该印本残页为1103年前后的北宋活字印刷本，是迄今发现存世最早的活字印刷品。残页纸质坚韧柔和，纤维细长，类似棉纸，与文献所载"蠲（juān）纸"相近。

宋朝中央集权进一步加强，并且重文官轻武将，导致宋军事能力疲弱，而辽、西夏和金相继环伺，各方矛盾激化。总体而言，在经济、文学和科学技术上，宋朝要高于由北方少数民族掌权的辽、西夏和金三朝。

第三节

宋辽夏金器物总说

——面向世俗 多元交融

宋辽夏金时期，商品经济繁盛，器物制造逐渐面向世俗，同时市民阶层对文化的需求随之增长，杂剧、风俗画等文化产品受到极大追捧。宋辽夏金这四个王朝或交替或对峙，其器物、文化风俗难免相互影响、相互融合，也是一种多元交流。

宋辽夏金这四个王朝中，宋的艺术成就较高，各种器物不仅产量大，还在对另三个王朝起引领作用。宋人读书热情空前高涨，社会文化素质很高，审美趣味向典雅优美发展，与唐朝宏硕壮健的风格对比强烈。宋人造器虽为精工细作，但绝不炫技，追求含蓄自然，虽不沉雄，但极为幽远。

宋朝玉器形制普遍偏小，琢玉工艺十分精湛，隐起和镂空技艺比前朝大有进步。宋人喜仿古，故而部分玉器刻有铭文，字迹能小于芝麻，可见其琢玉工艺非同一般。辽、金琢玉器工艺也相当发达，风格与宋相似，但不如宋朝玉器精致。

在铜镜方面，宋人不尚奢华，讲究实用性，故而多素面铜镜，即使有纹饰也比较素雅。常见纹饰有缠枝花草纹、花鸟纹、人物故事纹、八卦纹等。此外，素面铜镜的背面多铸生产者或产地名称，作用与今天的商标类似。宋镜造型在唐镜基础上创新了六出葵花镜、菱花镜等新镜型，但在质地不如汉镜、唐镜坚硬，色泽呈褐黄色，光泽不如汉镜、明亮不如唐镜。辽、金铜镜造型、纹饰与宋相似，由于民间禁止私铸铜镜，故镜背铭文多为纪年、地名或官衙简称。金朝铜镜色泽较黄，比宋镜厚、形制大，多为宽素缘，尖平顶圆钮。

金银器与铜镜情况类似，宋朝金银器精巧简朴，多镌刻店铺名称、产地和工匠姓氏。形制较为小巧，胎体轻薄，常见仿古器物。辽朝金银器风格与宋朝相似，多为饰品和容器。辽朝由游牧民族建立，故而有大量金银质马具，表现出其的文化独特性。

瓷器方面，宋朝生产规模、制作水平迅速发展，造型多样，釉色丰富。形成定、汝、官、哥、钧五大名窑，此外还有河北磁州窑、陕西耀州窑、浙江龙泉窑、江西景德镇窑和吉州窑、福建建阳窑和德化窑等重要窑口。

绘画方面，宋朝绘画在写实的同时追求韵味，题材较前朝更为广泛。此时，画家成为一种职业，绘画作品进入商品行列，在市场上出售。辽朝、金朝居住于北方，与位于南方的宋朝相比，画风则显得朴实雄健，题材多源自本民族的日常生活，如放牧、游猎、骑射等。花鸟禽兽画多构图对称，装饰性强。西夏举国信佛，绘画题材以佛教内容居多，形式以壁画、卷轴画、木版画为主，与辽朝、金朝绘画差异较大。

宋朝书法造诣极高。宋初，多摹刻前人法帖。宋中后期，讲究发挥个性，追求字迹神韵，苏、黄、米、蔡为宋著名四大书法家。此外，宋徽宗赵佶的书法也是独树一帜。

在织物方面，宋朝缂丝最具特色，织造出来的缂丝画清淡自然，颇有隐逸生活之气。服饰方面，宋朝男性主要着衣、裳、袍、襦、袄、短褐、衫等。女性普遍上身着袄、襦、衫、背子、半臂等，下身着裙、裤。游牧民族统治中原后接受汉服，男子服饰一般为圆领窄袖的左衽长袍，下身着裤，裤放于靴筒之内。女子多在袍内着裙，穿长筒皮靴，梳髻。

第十章
元朝器物文化

元 公元 1271 年 – 公元 1368 年

第一节

元朝器物

——质朴平静

元 渎山大玉海 北京北海公园玉瓮亭藏

元 玉剑饰 台北故宫博物院藏

元 龙纹玉带钩 台北故宫博物院藏

元 哥窑青瓷高足碗 台北故宫博物院藏

元 钧窑天青釉紫斑如意枕 台北故宫博物院藏

元 青瓷海棠式盆 台北故宫博物院藏

元 准提咒梵文镜 台北故宫博物馆藏

元　瓜形银把盏　上海博物馆藏

元 松林亭子图 倪瓒 台北故宫博物院藏

在中国历史上，元是第一个由少数民族建立的统一王朝。此时，游牧民族的生活习俗与中原文明开始深入融合，各种艺术门类也都随之呈现出一种前所未有的新风貌，与宋朝相比更为质朴平静。

一、玉器

元朝帝王将相都爱玉器，并设定严格的用玉制度，仁宗（元朝第四位皇帝）规定只有三品以上的官员才能使用玉质茶器、酒器，爱玉的寻常百姓只得用玛瑙代玉，故而玛瑙制品一度"价高于玉"。元朝装饰和文房玉器形制普遍偏小，风格与宋金相近。

元朝的士大夫们也继承了前人对玉器的追崇，不仅佩玉，还常常把玩、讨论玉器。元画家、诗人朱德润编撰《古玉图》，此书是现存较早的一部古玉专著。

元 乌龟吐云玛瑙带饰 上海博物馆藏

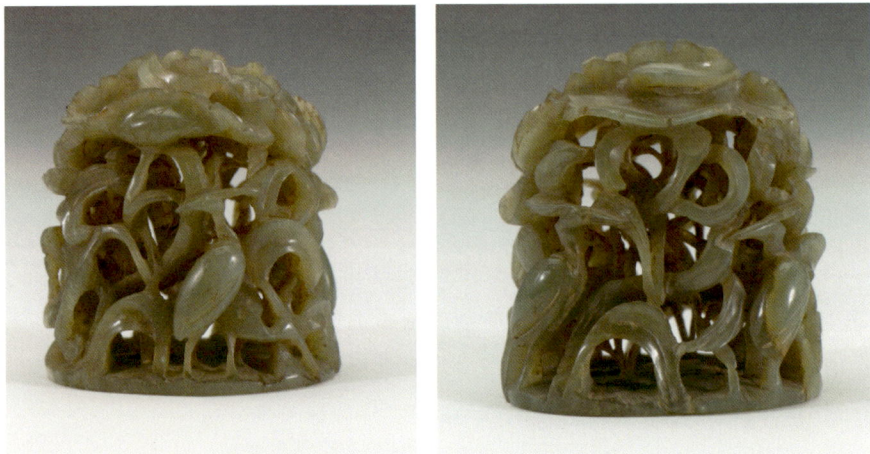

元 透雕莲鹭纹玉炉顶 上海博物馆藏

元 渎山大玉海 北京北海公园玉瓮亭藏

　　器物示例：渎山大玉海，口径 1.35 米～1.82 米，高 0.7 米，重约 3500 公斤，玉料取自南阳独山。渎山大玉海是元世祖忽必烈下令制作的，意图是反映元朝国势强盛。它是中国现存的最早特大型玉雕，是一件里程碑式作品，代表了元朝琢玉工艺的最高水平。渎山大玉海制成后，曾经被元世祖用做犒赏将士和宴请群臣的贮酒器，但后来遭遇不测，保存不当以致其失去玉石光泽。被乾隆皇帝回购时，已沦为西华门外真武庙中道士的菜缸。

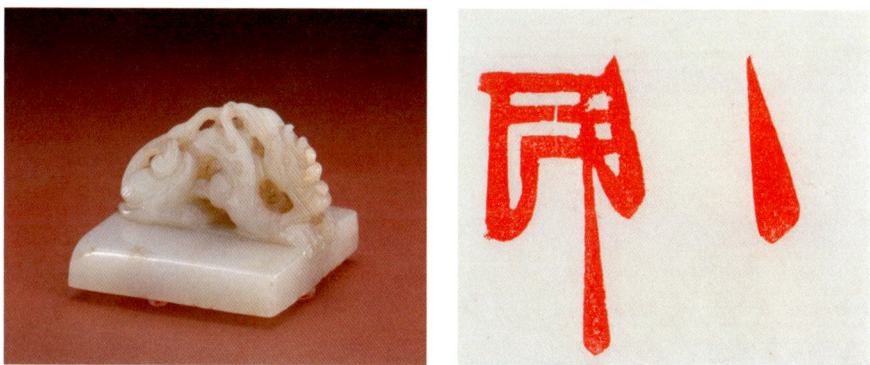

元 白玉龙纽押 故宫博物院藏

　　器物示例：白玉龙纽押，长 5.8 厘米，宽 5 厘米，高 4 厘米。玉押为方形，上部有龙形玉纽，龙身短而似兽身，龙披发，肘部饰火焰纹，尾分三岐，中岐最长与发相接。押是一种符号，用于签画文书，表示个人的承诺。元朝用玉押者较用象牙、木刻类押者身份等级要高。此件玉龙钮押造型凶猛，粗犷有力，威武之极。刀法粗犷、风格豪放，且不太注意细节上的修饰，与宋朝的典雅含蓄差别极大。

二、金属器

1. 铜镜

　　元朝铜镜地位大大下降，多数为素面镜。比起宋镜，元镜纹饰简陋，且不工整，铜镜中含铅、锌量大大增加，铜质泛黄。元铜镜造型盛行菱花形、葵花形和带柄形等。元朝铭文镜数量较少，铭文内容一般为吉祥用语和纪年。

元 "祥云覆盖" 钟形镜 龟钮篆文镜 陕西历史博物馆藏

元"寓居长沙"故事纹铜镜 湖南省博物馆藏

器物示例："寓居长沙"故事纹铜镜，直径 19.7 厘米。此镜右边一老翁身着宽袍，坐于盘根虬枝的松树下，旁有一仆恭立，托物待侍。左方一人捧宝瓶，随一只双角长歧、背驮物品的鹿过桥走向老者。左边山石重叠，洞门半开，一只大鹤引颈探看。纹饰间有铭文三处：鹿前"洪都章镇何德正造"；门中鹤上"至顺辛未志"；松下翁前"寓居长沙"。"洪都"为今江西南昌。"至顺辛未"为元朝至顺二年，即公元 1331 年。元朝至顺年间洪都人何德正是一位技艺精湛的镜匠，所铸铜镜是元镜中的珍品。

2. 金银器

元朝盛行金银之风旷古未有，从宫室装饰至织物用料无不用金，民间甚至出现了伪造的金银器皿。即便是元朝尚薄葬和经历了明初掌权者的大肆破坏，如今出土的金银品种仍十分丰富。元金银器的装饰纹样以花卉为主，牡丹、莲花、海棠、菊花等都是常见纹样，花卉形象与宋朝造型差别不大。

元 菱花形凤纹银果盒 安徽博物院藏

元 银槎 朱碧山制 故宫博物院藏（左） 苏州博物馆藏（右）

元 银镜架 苏州博物馆藏

器物示例：银镜架，高2.8厘米，宽17.8厘米，江苏省苏州市南郊吴门桥张士诚父母合葬墓出土。镜架可以折合，有前后两个支架，后架上部镂雕凤戏牡丹纹。

古人为避免铜镜镜面被磨损，通常用布帛作镜衣把铜镜包裹后放置在专用容器内，如漆奁、木匣、竹筒、金属奁、瓷盒等。而大型铜镜不便移动，就斜支在台架上，平时给铜镜穿上镜套或盖上软帘。这种置镜方式最早见于元朝，沿用至清朝。

三、瓷器

瓷器烧造在元朝有非常重要的发展，可以说是中国陶瓷发展的转折点。元朝瓷器的装饰纹样，多有主纹、辅纹之分。瓶、罐的腹部和盘心，为主要纹饰，其它为辅助纹饰。常见纹饰的有松、竹、梅、牡丹、莲花、菊花、芭蕉、灵芝、葡萄、龙、凤、鹤、鹿、狮子等。整体风格写实逼真，纷繁多样。

元朝瓷器造型一般较大，且胎骨厚重，粗犷有力。常见有罐、瓶、执壶、盘、碗、匜和高足杯等。元朝瓷罐大体分为两类：一类是直口、削肩，肩以下渐扩，到腹部内收，平底，整个造型显得敦实肥矮；另一类直口、短颈、溜肩，肩腹交接处有双耳，平底，造型精致。

瓷壶的造型以玉壶为基础，加上壶流和把手，流长通腹，柄长通身。元朝以后才有壶、瓶之分，将有嘴的称壶，无嘴的称瓶。其中，执壶为元朝瓷器的流行样式，除青花外还见有龙泉窑的青釉制品。其造型可能源自阿拉伯民族使用的铜器。杯的代表形态为高足杯，口微撇，近底处较厚，多承上小下大的竹节式高足。

元 景德镇窑青花缠枝牡丹纹罐 上海博物馆藏

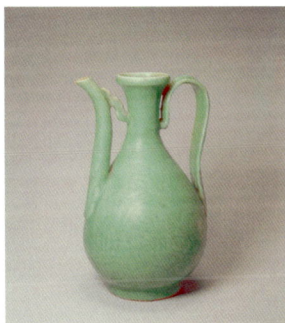

元 龙泉窑青釉执壶　景德镇窑青花凤穿牡丹纹执壶　　景德镇窑釉里红转把杯
　　　　　　　　　　故宫博物院藏

1. 釉下彩瓷器

　　元朝传统瓷器品种依旧保有特色，在此基础上元匠师们还烧制出青花和釉里红瓷器，这是我国绘画技巧与制瓷工艺成功结合的范例，使具有浓厚中国风格的釉下彩瓷器发展到一个新阶段。

元 景德镇窑釉里红云龙纹环耳瓶 上海博物馆藏

　　釉下彩，即是在瓷胎上先画出纹饰，再施上一层无色透明釉，然后经高温烧制。由于直接在瓷胎上进行绘画，更利于匠师的艺术发挥，此外绘上去的图案还永不褪色。这种技术最早出现在唐朝，宋朝也有使用，但没能形成大规模生产。元人在制瓷技术和原料两方面取得重大突破，创造出青花和釉里红这两个新品种。

元 景德镇窑青花缠枝牡丹纹瓶 上海博物馆藏

所谓青花，就是使用含氧化钴成分的釉料绘制纹样，烧成后呈现蓝色花纹的釉下彩瓷器。钴料具有着色力强、色彩鲜艳的特征，而且性质相对稳定，成功率较高。由于青花瓷的色彩符合蒙古统治者和来自西亚、中亚的伊斯兰国家的审美，所以在元朝迅速发展，不但在国内广泛流行，还成为最受欢迎的外销瓷品种之一。釉里红的制作技术、绘画方法和烧制工艺与青花基本相同，不同的是釉里红是用氧化铜在坯胎上绘画纹饰。

元朝青花瓷器特点是大器胎体厚重，小器轻薄，白中闪青，青花颜色浓艳鲜亮，色浓处有黑褐色斑点。纹饰层次多，有的甚至多达十余层，但繁而不乱，层与层之间留有空白。缠枝纹间常夹杂云凤、云龙、杂宝、海水江牙纹等。

器物示例：萧何月下追韩信图梅瓶，景德镇窑烧造，高44.1厘米，口径5.5厘米，腹径28.4厘米，底径13厘米。胎质洁白细密，青花呈色稳定，料为进口苏泥勃青料。腹部绘"萧何月下追韩信"历史故事，萧何、韩信和艄公姿态各异，并以松、竹、梅、芭蕉、山石为背景。作者打破了时空限制，把三个不同空间的人物，用连环画的结构展现出来。

梅瓶也称"经瓶"，最早出现于唐朝，宋辽时期较为流行，一直沿用到明清，深受历代文人青睐。

元 萧何月下追韩信图梅瓶
南京博物院藏

2. 元朝瓷窑

元朝民间瓷器烧造十分兴盛，北方窑口以今山西、河南和河北南部最为密集，南方则以浙江、江西、福建最为密集。在众多窑口中景德镇窑成就最高、影响最大。此外，龙泉窑、钧窑、磁州窑等窑口也均有不俗发展。

（1）景德镇窑

元朝统治者，在受战争影响不大的皖赣地区的景德镇设置"浮梁瓷局"，专门管理瓷器生产的相关事宜，制瓷业便逐渐向景德镇集中。浮梁瓷局的瓷器代表了元朝陶瓷的最高水平，器物以卵白釉瓷居多。此外，还有青花、钴蓝釉、铜红釉等。

元 景德镇窑卵白釉印花云龙纹盘 故宫博物院藏

器物示例：卵白釉印花云龙纹盘，高 4.1 厘米，足径 5.3 厘米，口径 15.9 厘米。胎体洁白，里外施卵白釉。内底、内壁均模印云龙纹。

卵白釉是元朝景德镇窑创烧的一种白釉瓷的统称。因其胎体一般比较厚重，釉色白微泛青，恰似鸭蛋色泽而得名。模印是其主要装饰手法，因瓷器花纹中间往往模印"枢府"两字，又称"枢府釉白瓷"。

枢府是枢密院（掌管国家军队的机构）的简称，这种模印"枢府"字样的元朝白瓷，一般被认为是景德镇为"枢密院"烧制的专用瓷器。除"枢府"字样外，在这类元朝白瓷上还见有"太禧"、"东卫"等字。

元 景德镇窑蓝釉描金折枝花、朵云纹匜 故宫博物院藏

器物示例：蓝釉描金折枝花、朵云纹匜，高 4.5 厘米，通流长 17 厘米，底径 8.5 厘米，河北保定窖藏。该器造型模仿青铜匜，器胎较薄，内外施蓝釉，厚而不匀，口边和外底无釉。另有蓝釉描金小杯和盘与之配套。

以金彩描绘纹饰的技法最早见于唐朝，但在蓝釉上描金却为元朝景德镇首创，烧制时先在坯体上施含钴釉料，高温烧成，既而在蓝釉上描绘金彩花纹，再入炉低温焙烧。其工艺复杂，难度大，成品极少。

（2）龙泉窑

龙泉窑因产地在浙江省龙泉市而得名。元朝的龙泉窑生产规模比宋朝扩大了四至五倍，产量很高，除民用外，主要外销。龙泉窑瓷器不但种类多，还富有特色，瓷器胎骨渐趋厚重，器身在转折处作棱角和凹槽。足底齐平，釉层较薄，呈青黄色。元朝龙泉窑青瓷虽然烧造地区扩大、产量巨增，但已无法烧出南宋时期的梅子青色。为弥补青瓷呈色不足，元龙泉窑青瓷常采用模印、贴塑、镂雕等工艺手段作装饰，以追求图案美和造型美。

元 龙泉窑青釉塑贴四鱼纹洗 故宫博物院藏

（3）钧窑

元朝钧窑釉色以青蓝为基调变化，成品釉层较厚，呈"乳浊现象"，不像其他青瓷那样有透明感。元钧窑器型雄浑大气，常有大体形作品出现。在工艺方面，则表现出粗放的特征，胎质粗松，多数瓷器釉色颇显僵硬。器型主要有瓶、盘、碗、盆等日用品，也有炉、鼎、尊等仿古礼器。元钧窑瓷瓶、炉、罐等器上常见贴花、刻花、浮雕、堆雕、透雕、镂孔等工艺。

元 钧窑天青釉紫斑如意枕 台北故宫博物院藏

器物示例：钧窑天蓝紫斑如意枕，高 13.4 厘米，面最长 30.8 厘米，面最宽 19.7 厘米，底最长 28 厘米，底最宽 19 厘米。此瓷枕造型敦厚苗实，线条刚劲有力，构图简单是元朝钧窑的突出特点。从传世如意形枕来看，元朝线条较宋更为简洁、利落，元如意枕枕面尖端突出，似有往正方形发展的趋势。如意形枕在宋朝已经出现，有三彩及白地刻花等作品传世。乾隆皇帝赏鉴此枕时也认为"是枕犹北宋"，并大有睹物思古之感。

（4）磁州窑

元朝磁州窑主要烧制白釉黑花瓷器，器型硕大、浑圆，大盆、大罐和枕是其主要产品。元朝磁州窑釉色白中带黄，以黑、褐色花纹为装饰，有绘花、划花、剔花等手法。常见纹饰有云龙、云凤、云雁、鱼藻等。

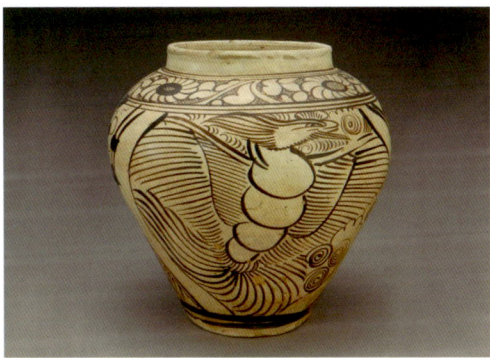

元 磁州窑白地黑花龙凤纹罐 故宫博物院藏

四、绘画

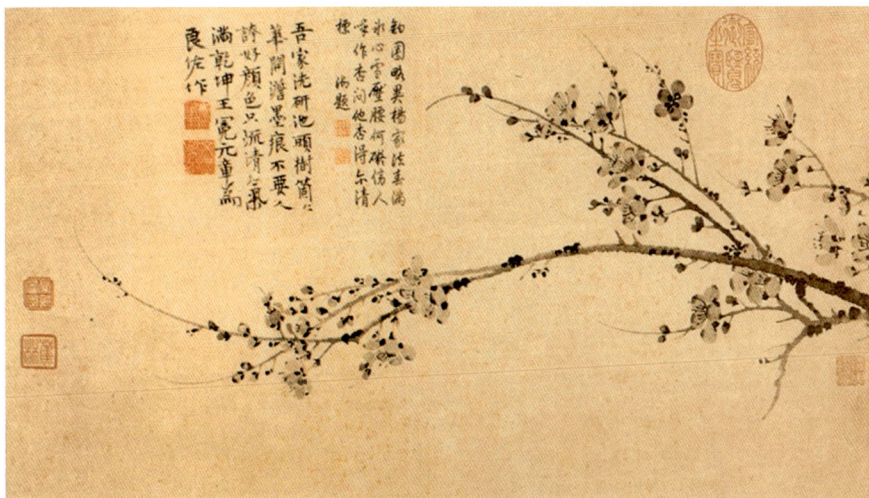

元 墨梅图 王冕 故宫博物院藏

　　元朝宫廷未设画院，所以士大夫画家和文人画家占据画坛主流。他们的创作比较自由，多表现自身的生活环境、情趣和理想。题材上，大量出现山水、枯木、竹石、梅兰等内容，而直接反映社会生活的人物画有所减少。元朝代表画家有赵孟頫、高克恭、黄公望、吴镇、倪瓒、王蒙等人，他们的画风虽各有特点，但主要从五代和北宋绘画发展而来，都重笔墨，尚意趣，并将绘画与书法诗文相结合。

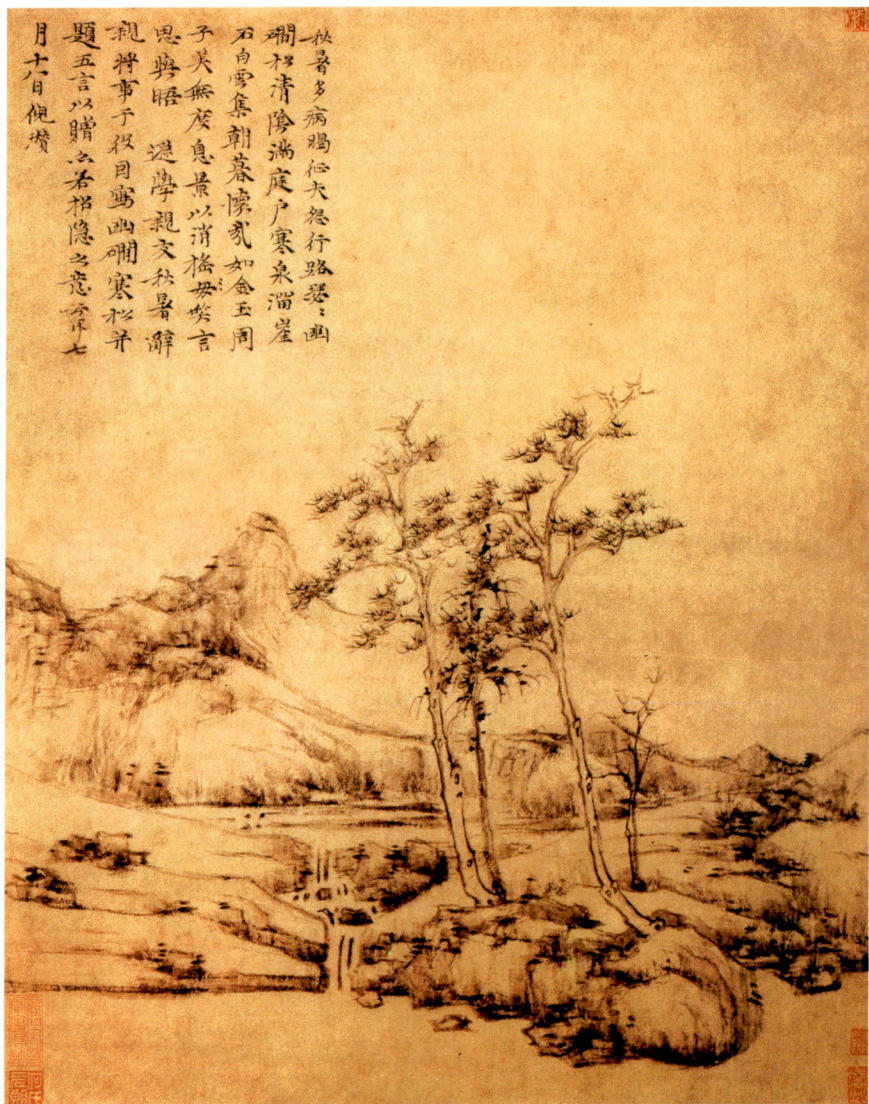

元　幽涧寒松图　倪瓒　故宫博物院藏

器物示例：幽涧寒松图，倪瓒作，纵 59.7 厘米，横 50.4 厘米。此画是倪瓒为友人周逊学所作，并题有五言诗一首。倪瓒清高持节，一生不为官，而且对朋友们入世为官也坚决反对。此画即有劝友人"罢"征路，"息"仕思之意。

元 富春山居图局部 黄公望 台北故宫博物院藏

器物示例：富春山居图是黄公望为师弟郑樗（chū，字无用）所绘，以浙江富春江为背景，全图用墨淡雅，极富变化，山水布置疏密得当，是黄公望的代表作，被称为"中国十大传世名画"之一。

明朝末年此画传到收藏家吴洪裕手中，吴洪裕极为喜爱此画，甚至在临死前焚烧此画以殉葬，当被其侄子从火中抢救出时，画已被烧成一大一小两段。较长的后段称《无用师卷》，现藏于台北故宫博物院；前段称《剩山图》，现藏于浙江省博物馆。

黄公望在画山水时，常在淡墨上再罩一层赭色、墨青色，这种画法被称作"浅绛山水"。虽然水墨着淡色的画法在五代时就已出现，但却是黄公望将其发扬光大。

五、书法

元朝书法发展的总体特征为复兴晋唐书风，赵孟頫是元朝最具代表性的书法家之一，也是上承晋唐、下启明清的重要人物。此外，元朝少数民族书法家大量涌现，这与少数民族掌握国家政权不无关系。

元朝书法总的倾向与绘画有所不同，绘画总体"尚意"，而书法总体则"尚古"。其原因可能为宋人书法"尚意"，对文字的传统体度有所放松，发展至元朝，以赵孟頫为首的一些书家希望矫正时弊，故而号召恢复晋唐清隽流便的书风。赵孟頫身体力行，创造"匀净平顺"的新书体，使他与唐朝欧、颜、柳等大书家齐名，在某些方面甚至超唐迈宋，为书坛树起一块新丰碑。

在赵孟頫的影响下，元初书坛先后出现了一批书法大家，如鲜于枢、邓文原、虞集、饶介、周伯琦等。这些书法家书风不尽相同，但都师法晋唐。元朝后期，习书者日渐增多，可创造性却锐减，前期多姿多彩的局面逐渐被单一风格所取代。在这种形势下，一些书家开始有意避开赵字的工稳秀媚，从险劲、放纵、古拙等方面另辟蹊径，开"尚趣"新风。代表人物有冯子振、杨维桢、宋克等，虽不如习赵者势力大，但另辟蹊径之功永不可没。

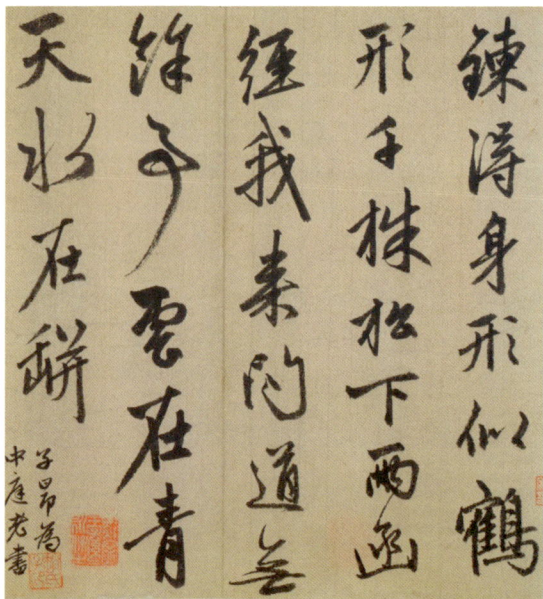

元 七绝诗册 赵孟頫书 故宫博物院藏

器物示例：七绝诗，赵孟頫书，纸本，行书，纵34.7厘米，横35.3厘米。此帖笔力沉稳雄健，气势恢弘豪放，结体端庄，首尾多有变化。虽然书风稍显苍老，但依旧雍容洒脱，为赵孟頫晚年行书精品。释文："炼得身形似鹤形，千株松下两函经。我来问道无余事，云在青天水在瓶。"

六、织物与服饰

1. 织物

元朝棉花种植得到广泛推广，棉纺织业成为元朝的新兴手工业，棉纺织技术迅速发展起来，黄道婆为此做出了巨大贡献。黄道婆为松江府乌泥泾人，推广制造了擀、弹、纺、织等一整套工具，并传授他人错纱、综线、提花、配色等技巧，使乌泥泾及周围地区很快成为全国的棉纺织业中心。14 世纪以后，棉纺织品逐步代替丝、麻织品，改变了中国人的衣着材料。

元 木棉轻床 摘自《农书》
中国国家博物馆藏

元朝统治者酷爱金器制品，织金锦正好能满足他们层层穿金的需求，故而织金锦在元朝发展至鼎盛。织金锦，是一种金线织制花纹的锦，成品可给人以金碧辉煌之感。金线分片金和圆金两种，片金是先将黄金打成金箔，再切割成细片。将片金缠绕在一根丝线之外，即成圆金。

元 对鸟纹彩锦 凤穿牡丹纹织金锦 中国丝绸博物馆藏

器物示例：凤穿牡丹纹织金锦，该件织物在紫色地上以金线起花，纹纬为捻金线，即圆金。纹样为凤穿牡丹，织有这一图案的纺织品在国内其他地方也多有发现，应为元朝织物的流行纹样。

2. 服饰

元朝是一个文化交流与冲突强烈的朝代，其服饰面貌与前朝大有不同。元朝疆域内民族众多，各民族大体上保持了原来的服饰特点，但随着民族间的文化交流融合以及蒙古统治者的一些强制性规定，各民族服饰也不乏有趋同之处。

元朝服饰制度十分严格，自 1295 年开始禁止民间穿赭黄、柳芳绿、红白闪色、鸡头紫、栀子红、胭脂红等颜色的服饰。冠帽不许饰金玉，靴不得缝制花样。因此，元朝民间服饰便向灰褐色系发展，以至于褐色名目繁多，多达二三十种，褐色亦成为元朝重要的服饰颜色。

元朝发式与辽金相似，多把额上头发梳成一个桃子形的小缯，其余头发编成两条辫子，再绕成两个大环垂于耳后，头戴一顶笠子帽。元朝服饰主要为"质孙服"，此种服饰为短袍形，在腰部有很多衣褶，比较贴身，便于上马下马。

元朝发式

元　壁画　榆林市横山县高镇罗圪台村元墓

元 墓主人对坐图 赤峰元宝山元墓壁画

元初，金的"左衽"仍流行于中原地区。如陕西蒲城洞耳村元墓，据后壁墨书题记推算，应为元世祖至元六年下葬。宣德州位于今河北宣化县，原属于金朝势力范围。墓葬壁画中的人物服饰均为左衽。

元英宗继位后，对元朝的服饰制度做出了大范围修改。定公服均为"右衽"，这对民间也产生了重要影响。不过，左衽并未完全消失，其中女服左衽情况尤其突出。这个时期，在许多出土的实物、墓室壁画中，男服右衽与女服左衽同时存在。

元朝为少数民族执政的大一统王朝，其器物较以汉文化为基础的宋朝更为质朴平静。元统治者酷爱金制器物，故而在金器、织金锦上造诣颇高。此外，元朝青花瓷也有非凡成就，其颜色浓艳鲜亮，纹饰自由舒畅，深受世人喜爱。

第二节

元朝概况
——文化击撞

13世纪初，蒙古部领袖成吉思汗统一蒙古草原，建立大蒙古国。1271年，元世祖忽必烈，定国号为元，建立元朝。1279年，元统一全国。元朝从成吉思汗起，共163年，历15帝。自忽必烈定元朝国号起，共97年，历11帝。

元朝统治阶级本为蒙古族人，但在入主中原后需要统治汉民族，两个民族间的文化、习俗均有很大差异，文化击撞始终伴随着元王朝的兴起与衰落。

一、政治兴衰

1. 蒙古国的建立

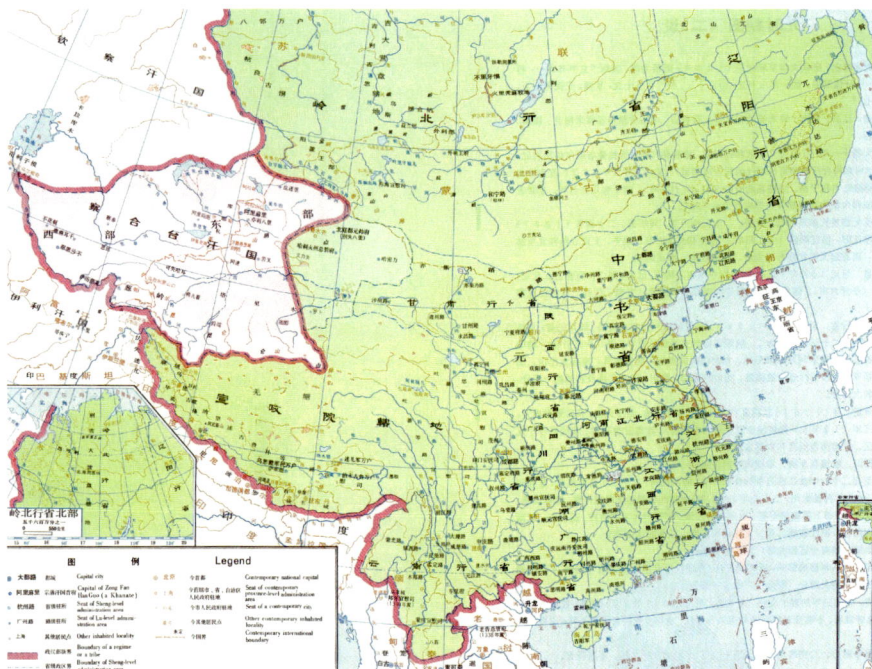

元朝疆域图　图片来源：《简明中国历史地图集》

元朝承袭了大蒙古国的主要领土，经过多次扩展后，疆域在元武宗时期达到最大。北至东部，东到日本海，西到吐鲁番，西南包括西藏、云南及缅甸北部。

蒙古国可汗，尊号"成吉思汗"，名字儿只斤·铁木真，是世界史上杰出的政治家、军事家。他建国称帝后多次发动对外征服战争，征服地域西达中亚、东欧的黑海海滨。

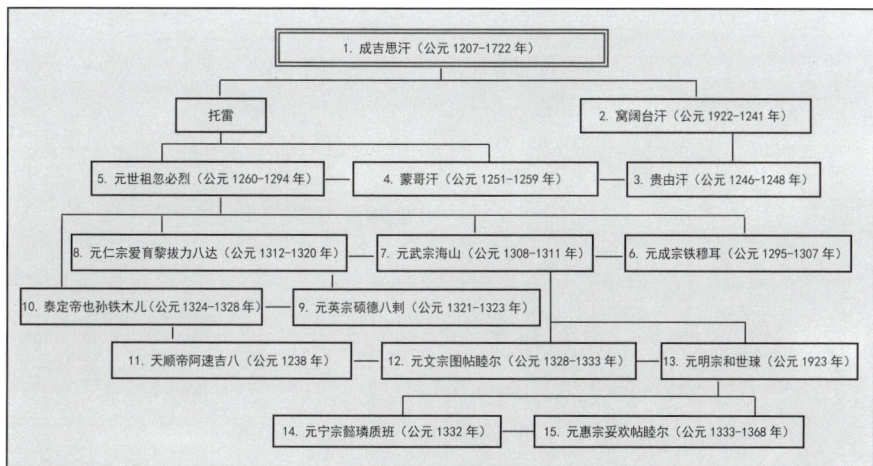

```
                    1. 成吉思汗（公元 1207-1722 年）

        托雷                              2. 窝阔台汗（公元 1922-1241 年）

  5. 元世祖忽必烈（公元 1260-1294 年）   4. 蒙哥汗（公元 1251-1259 年）   3. 贵由汗（公元 1246-1248 年）

  8. 元仁宗爱育黎拔力八达（公元 1312-1320 年）  7. 元武宗海山（公元 1308-1311 年）  6. 元成宗铁穆耳（公元 1295-1307 年）

  10. 泰定帝也孙铁木儿（公元 1324-1328 年）  9. 元英宗硕德八剌（公元 1321-1323 年）

  11. 天顺帝阿速吉八（公元 1238 年）  12. 元文宗图帖睦尔（公元 1328-1333 年）  13. 元明宗和世瓎（公元 1923 年）

              14. 元宁宗懿璘质班（公元 1332 年）  15. 元惠宗妥欢帖睦尔（公元 1333-1368 年）
```

蒙元帝王世系表

孛儿只斤·忽必烈，是铁木真之孙，监国托雷第四子，元宪宗蒙哥汗之弟。忽必烈是元朝的创建者，蒙古尊号"薛禅汗"。他一生征战，一统天下，在位期间，建立行省制，加强中央集权，使得社会经济逐渐恢复和发展。

蒙古国建立时，成吉思汗的统治区域东起大兴安岭，南至整个漠北草原，西达阿尔泰山。最初的蒙古国是一个军事和行政的联合体，即"上马则备战斗，下马则屯聚牧养"。成吉思汗不仅创立了一套国家制度，还创立了蒙古族文字。初期蒙古以草绳、木刻记事，后用畏兀儿文的字母拼写蒙古语，创造了蒙文，史称"畏兀儿体蒙古文"。

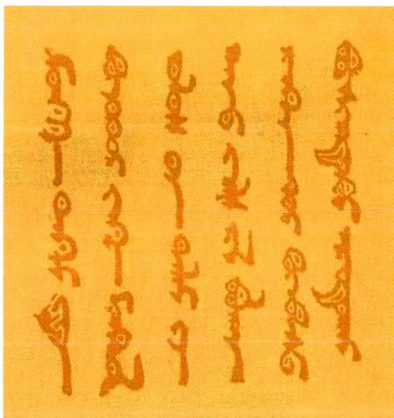

蒙古大汗贵的蒙古文玺印

2. 元朝的建立与衰亡

大蒙古国建国时的制度基本是古代蒙古社会自身矛盾运动的产物，当国家统治区域扩大后，这种制度已不能适应较高文明地区的需求。不少蒙古贵族仍习惯于掠夺，还企图将游牧生产方式强加于农耕地域，造成不小的政局动荡和经济混乱。

在中原地区，政策改革已势在必行。窝阔台时期（大蒙古国第二世可汗），在政治家耶律楚材建议下，规定君臣礼仪、税法，清查户籍，初步实施一些封建治理措施，为蒙古国进一步采纳先进制度打下了基础。

元朝在数年的统治中，其内部阶层一直存在严重的纷争，社会矛盾一再激化。也没有形成向中原王朝那般成熟的王位继承制度，兄弟叔侄为争夺皇位倾轧不已，愈演愈烈。自忽必烈去世至元灭亡，四十年间换了十个皇帝。

元末平民韩山童以白莲教主的身份，吸引教徒，1351 年 5 月，韩山童、刘福通等人在颍州聚集三千教徒，宣誓起义。起义军头裹红巾，人称"红巾军"。几年后，刘福通将韩山童之子韩林儿迎至亳州称帝，国号大宋，改元龙凤，称韩林儿为"小明王"。后刘福通遇害，韩林儿渡江时船沉淹死，大宋政权至此结束。

14 世纪中期，朱元璋加入濠州郭子兴的起义军，且在郭子兴死后掌握这支军队。1367 年 12 月，朱元璋正式称帝，后定国号为"明"。元朝统治结束。此后元皇室在北方草原又维持了几十年的北元政权。

小明王宋政权"龙凤通宝"铜钱

二、各项制度

1. 官制

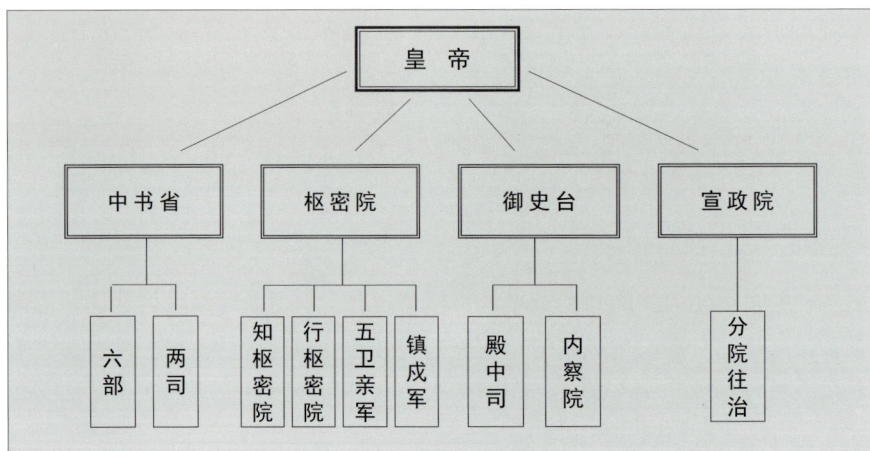

元朝官制示意图

元朝中央统治机构主要承袭金、宋的中书省、枢密院和御史台机制。中书省管理全国行政事务，长官为中书令由皇太子兼领，实际负责人为右、左丞相和平章政事；枢密院执掌军务，长官枢密使也由皇太子兼领，实际负责人为知枢密院事；御史台则主管监察，长官为御史大夫；另设宣政院，主管全国宗教及吐蕃地区军民政事。宣政院的官员，僧俗并用。

元朝行省示意图

元朝对地方实施行中书省制度，简称"行省"。元朝大都和周围地区由中书省直辖，称为"腹里"。全国其他地区则划为十个行省，行省长官统领境内军政大事，具有极大实权。行省之下，设路、府、州、县。

2. 驿站制度

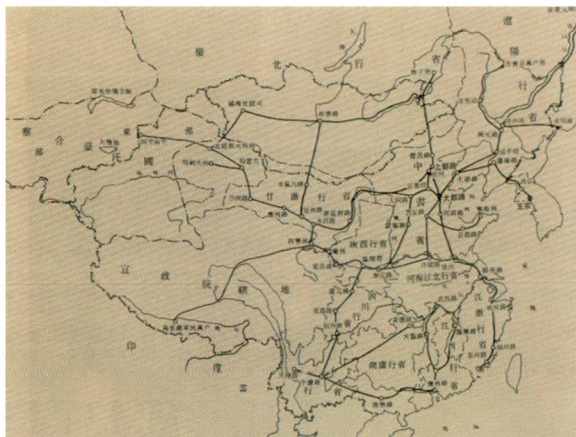

元朝驿站图

元朝推行驿站（站赤）制度，以大都为中心修筑驿道。蒙古地区的驿站，专设通政院管辖；中原地区驿站，则由兵部掌管。驿站有水、陆之分，以交通工具的不同分为船站、马站、驴站、牛站、狗站等，发达程度前所未有。此驿站制度对当时的波斯、埃及、俄罗斯和中亚、西亚诸国都产生了影响，俄罗斯沿用数百年之久。

元朝还有传递紧急文书的机构，称"急递铺"。每十里或十五里、二十五里设一铺，每铺有铺丁五人。铺丁一昼夜行四百里，辗转传递军政机要文书。庞大的驿站和急递铺制度，形成了以大都为中心的稠密交通网，大大加强了中央对地方的控制。

3. 四等人制

忽必烈对不同民族分而治之，并颁布了一系列民族镇压、民族歧视的法令。设第一蒙古、第二色目、第三汉人、第四南人的"四等人制"。色目人多指西域人，部分契丹人被划入色目人；南人则指最后被元朝征服的原南宋境内各族。

各等人的政治待遇极不平等。元统治者在许多中央机构和各级政府中，设置了"监临官"一职监管百官，并规定此官只能由蒙古人或色目人充当，监临官对所在机构官员处理的政事拥有最后裁决权。在法律上，四等人犯同样的罪责，量刑时汉人、南人要重得多。科举考试时，蒙古、色目人的考题标准较汉人、南人低，而录取名额比例却远远超过汉人、南人。

三、农业与商业

1. 农业

元世祖忽必烈重视农业发展，采取"以农桑为急务"的政策，设立了大司农司"专掌农桑水利"。大司农司下设各道劝农使，巡行各地，以"户口增，田野辟"为标准考核地方官政绩。此外，大司农司还负责搜罗古今农书和民间务农经验，并编成《农桑辑要》颁发全国，对指导农业生产起了很大作用。

2. 商业

（1）城市

元大都（今北京）被称为"汗八里"，是世界著名的经济中心之一。东欧、中亚、非洲、南洋均有商队、使团在大都进行商业活动。元大都依照汉制皇都设计，全城中心在钟鼓楼附近及城西羊角市一带。钟鼓楼西的海子是繁华的运河码头，海子两岸满布酒楼，是贵族、富商寻欢作乐的地方，其附近还有米市、面市、缎子市、皮帽市、珠子市等等。城中商业繁盛，云集各地富商大贾。此外，北方的涿州、太原、大同、奉元（西安）、开封、济南；南方的平江、镇江、上海、扬州、成都、福州、广州、昆明、大理等，也是主要的经济中心。

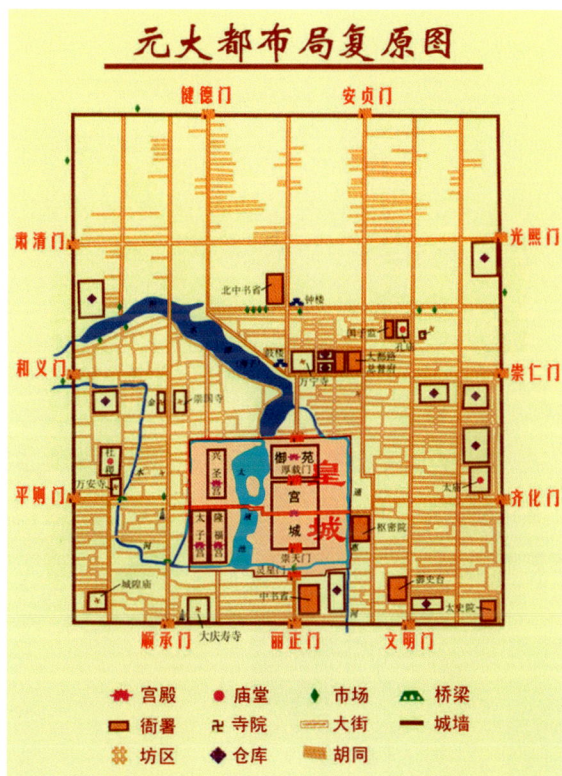

元大都局部复原图　参照《辽夏金元：草原帝国的荣耀》

（2）货币

元世祖忽必烈，在全国推行钞法，将纸币作为唯一合法货币发行，故元朝货币以纸币为主。元初期钞法严密，本金充实，货币信誉度较高。元中期以后财政亏空，开始滥印纸钞，导致通货膨胀，纸币急剧贬值。最后，市场只好演变到以物易物的地步。

元政府先后发行了中统元宝交钞、至元通行宝钞和至正中统交钞，其中

"至元通行宝钞"使用时间最长，流通最多。至元钞是在中统钞大幅度贬值后，元政府被迫改革币制的情况下发行，至元二十四年（1287 年）起正式流通，钞值分二贯、一贯、五百文、三百文、二百文、一百文、五十文、三十文、二十文、十文、五文共十一等，一贯当"中统元宝交钞"五贯。元政府为配合发行至元钞，还颁布了《至元宝钞通行条画》十四款，是世界上最早的较完备的币制条例，对后世的纸币流通制度影响很大。

（3）河运与海运

元朝时，经济中心已移至江南，大都的米粮等用品"仰给于江南"。海运和运河的疏浚多是为了从江南往大都运粮。元朝还开辟了沿海漕运，自长江口刘家港开航，顺风时 10 日即可到达渤海直沽。每年有成百上千艘船只往返于东海、黄海、渤海之间，运粮经常达二、三百万石，最高年运量达 350 余万石。

隋朝运河

元朝京杭大运河和海运
图片来源：《辽夏金元：草原帝国的荣耀》

大运河在隋唐时期以洛阳为中心，尽管已达涿郡，但仍不畅通；南宋时期，与金对峙，运河已淤塞不通。元朝的整修以大都为中心，以徐州为枢纽，直接北达大都。

四、宗教

蒙古族入主中原后，对各宗教采取兼容并蓄政策。萨满教在蒙古宫廷和民间占支配地位，佛教、道教、基督教、伊斯兰教等众宗教可自由传教，僧人、道士、也里可温（基督教）、伊斯兰教大师同样享有免赋役特权。

1. 佛教

与唐宋相同，各佛教宗派在内地很流行。值得注意的是，元朝尊喇嘛为师，喇嘛们受到特别的尊崇和优待，喇嘛教得以在边疆内地广泛传播。

元朝佛像造像主要特征是脸型丰满圆润，面相清秀，表情恬静。头上肉髻高耸，多带三叶或五叶宝冠。身躯健硕，肩宽腰细。菩萨袒露上身者，多胸佩较大颗粒的璎珞；下身着裙，纹络简洁。莲花台座的莲瓣大而饱满，底沿外卷，这是典型的元朝特征。元朝佛像蜂腰长身，

元 释迦牟尼像 故宫博物院藏

菩萨则具有印度波罗王朝造像风格。其中元朝壁画的菩萨，多头戴五指冠，佛为螺髻，能看出具有喇嘛教兴起的特点。水月观音是中原地区创造并流行的一种观音形象，其风格明显受到了当时藏传佛教的造像艺术影响，体现了汉藏艺术融合的鲜明特点。

2. 道教

全真道和正一教是元朝道教主要教派。南方以正一天师道为核心，教主是张陵后嗣，包括龙虎宗、茅山宗、太一道、净明道及神霄、清微、天心等新旧各派。正一教奉《正一经》为主要经典，以画符念咒、祈禳斋醮等法术为人驱鬼、降妖和祈福，因而又叫"符箓派"。正一教的戒律不严，道观规模一般不大，道士可以娶妻生子。

元 玉道教符铭册 中国国家博物馆藏

器物示例：玉道教符铭册，长16.3厘米，宽7.1厘米，厚2.5厘米。青玉，长方形，左下角有伤缺。六面都有阴刻填朱铭。册正中镌道符一通，笔画弯曲，似九叠篆。下部符内有"敕召万神"四字。册背面朱铭竖刻六行楷书，共九十九字。玉册上方侧面横刻风、云、雷、电、雨五个字。玉册下方侧面也刻金、木、水、火四个字（玉角残缺少一个字，应为五个字）。玉册左、右两侧，刻有周天二十八宿星名。

此器为元朝道教符铭册，从册背面铭文可知，这是一道"玉符"，道教认为玉是一种高贵神灵。玉符告盟，是玉清（即"元始天尊"）所发出的神符，即元始天尊颁下的盟威信物。

五、文学

元朝文化与政治、经济一样，具有鲜明的民族融合特点。蒙古灭宋后，名儒赵复（江汉先生）被俘到北方，为名臣姚枢发现，携至燕京讲学，理学思想遂广为传播。许衡、吴澄、刘因被称为"元朝三大理学家"。理学在元朝受到了最高统治者的称颂，成为维护封建统治的官方文学。元武宗曾给孔子加上"大成至圣文宣王"的头衔。元统治者们把儒学定为"国是"，把朱熹的《四书集注》称为"圣经章句"，学校的教学内容和科举考试题目均以程朱理学为标准，从此完全确立了理学在中国封建思想学术界的至尊地位。

六、科学技术

元朝时期，我国数学研究已走在世界前列，朱世杰所著《四元玉鉴》，对于多元高次方程组的解法等数学问题有独到研究。同时，珠算开始替代旧式筹算，自此数学进入了以珠算为主要工具的时代。

元朝邢台人郭守敬，通过测验，编制新历《授时历》，并在全国设有二十七个测验所。《授时历》中的一年为 365.2425 天，和地球绕太阳转的周期只少 26 秒。

元 铜壶滴漏 中国国家博物馆藏

器物示例：铜壶滴漏，通高 264.4 厘米。此滴漏是中国古代的计时工具，由冼运行、杜子盛等铸。滴漏由四个铜壶组成，分别为日壶、月壶、星壶、受水壶。也有一种说法称为日天壶、夜天壶、平水壶和受水壶。使用时四壶自上而下依次安放，最上为日壶，最下为受水壶。日、月、星壶的底部各有一个出水龙头。受水壶壶盖正中立一铜表尺，上有时辰刻度。铜尺前放一木制浮箭，木箭下端是一块木板，称作"浮舟"。

这件浮箭法复式漏壶，使用时，日壶的水以恒定的流量滴入下层的月壶，月壶之水滴入星壶，星壶上部有一个小洞，如果月壶水滴多了，多余的就会从小洞流出，星壶又均匀地滴入受水壶。受水壶水量增加，浮舟便托起木箭缓缓上升。将木箭的顶端与铜表尺上的刻度对照，可知此刻时间。这件滴漏使用了近七百年，是我国现存最早、最大、最完整的铜壶滴漏。

元朝是游牧民族建立的统一王朝，与中原汉族人民生活习惯不同、社会文明发展程度也不同，入主中原后，既要保持本民族的利益和习惯，又要适应中原先进的社会制度，故而出现很大的文化击撞。

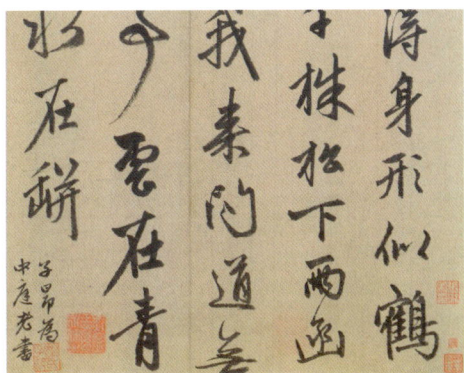

第三节

元朝器物总说

——汉化迟滞 王朝早衰

元朝是少数民族统治汉民族，但文化不如汉族发达，入主中原后汉化较为迟滞，最终王朝也未能持续太久。元朝器物与前朝风貌多有差异，总体风格为质朴平静，大器型较多。

元朝用玉制度严苛，寻常百姓无权用玉，只得以玛瑙代之。此时装饰用玉和文房用玉器型偏小，风格与宋朝相近，但也有像渎山大玉海这般的大型玉器存世。元朝铜镜地位下降，色泽泛黄，纹饰简陋，且不工整。与之相反，金银器品种却十分丰富，纹样以花卉为主，常见牡丹纹、莲花纹、海棠纹、菊花纹等。

元朝是中国陶瓷发展的转折点，瓷器的烧造工艺有极大发展，创烧出青花瓷器和釉里红瓷器。瓷器纹样风格更为写实，多有主纹、辅纹之分。器型较大，胎骨厚重，常见罐、瓶、执壶、盘、碗、匜和高足杯等。

在绘画方面，士大夫和文人是画坛的主流画家，所画内容多为其生活环境和情趣理想，重笔墨，尚意趣。此时，人物画有所减少，山水、枯木、竹石、梅兰内容增多。元朝绘画"尚意"，书法"尚古"。赵孟頫是元朝书法家代表之一，创造了"匀净平顺"的新书体。元朝后期，书法风貌趋于单一，故有书家另辟蹊径，开"尚趣"新风，代表人物有冯子振、杨维桢、宋克等。

在织物方面，元朝贵族喜爱织金锦，这种闪闪发光的金锦在元朝发展至鼎盛。此外，元朝还广泛推广棉花种植，使棉制品进入大众视野。元朝服饰以"质孙服"为主，此种服饰为短袍，腰部多衣褶，较为贴身，便于骑马。

元 景德镇窑霁青盘 台北故宫博物院藏

一任縈紆玉比窮山僧
盤洑白雲中間答空徒
更何事石上松枝常有
風樵德與摄霞寺羣
詩中畫也丙寅六月寫扵
菁閒館丁卯五月題識
玄宰

第十一章
明朝器物文化

明 公元 1368 年 – 公元 1644 年

第一节

明朝器物

——雅俗共赏

上图 明 玉牌 中国民间艺术品收藏评估委员会藏
左图 明 白玉人形珮 故宫博物院藏

明 黄玉猴 中国民间艺术品收藏评估委员会藏

明 青花海水龙纹高足碗 中国国家博物馆藏

明 黄花梨折叠式镜台 上海博物馆藏

明 金累丝镶嵌宝石送子白玉观音分心 兰州市博物馆藏

明 景德镇窑釉里红四季花卉纹瓜棱罐 上海博物馆藏

明 紫檀扇面形南官帽椅 上海博物馆藏

明 雅集图卷 陈洪绶 上海博物馆藏

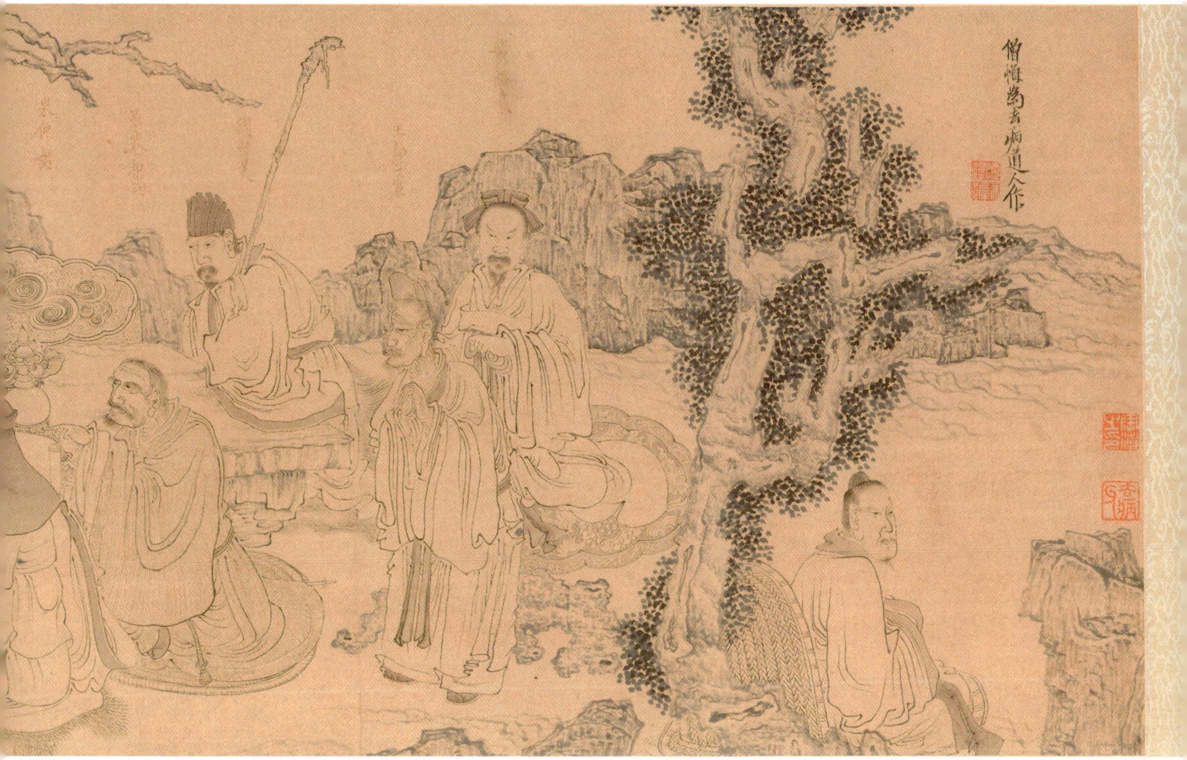

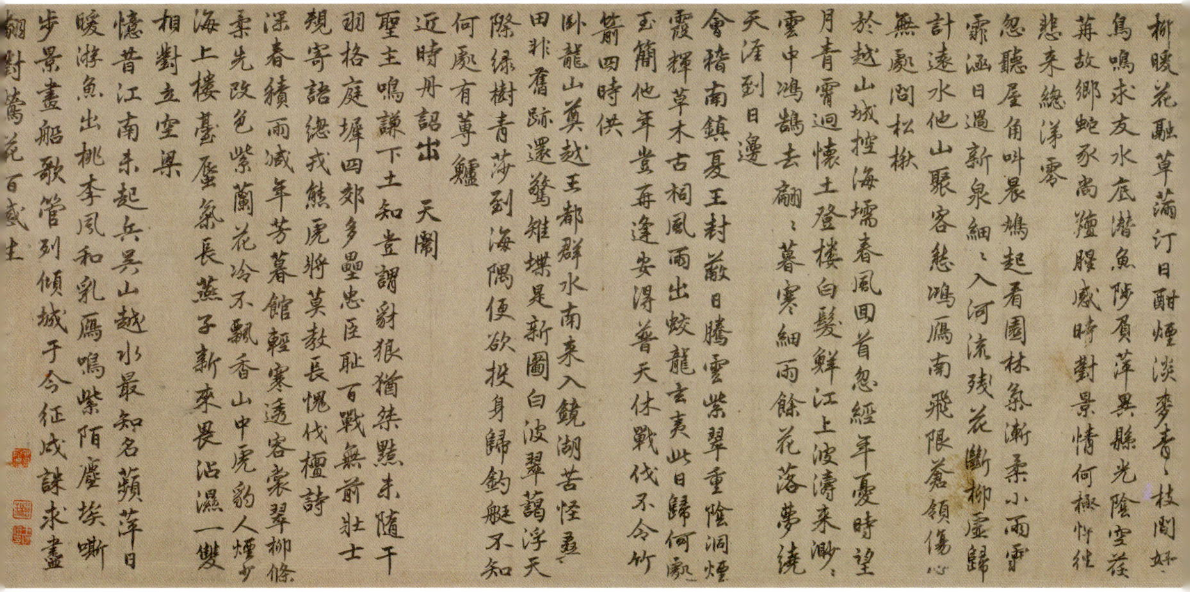

明 春兴八首诗卷 刘基书 上海博物馆藏

　　明朝时，汉族重掌中原政权，中央集权进一步加深，对人们的思想控制也愈加强烈。由于手工业和商品经济的发展，明中后期，出现商业集镇和资本主义萌芽，部分器物进一步世俗化。同时，此时期仿古风气盛行，多仿先秦、汉朝器物，出现不少雅致大气的器物。因此，明朝器物的总体特征为雅俗共赏，兼而有之。

　　一、玉器

　　明朝玉材数量颇多，基本依靠朝贡和官私贸易。玉器可分为装饰用玉、礼仪用玉、陈设品、日用器皿和文房用具等。这些玉器大量采用镂空雕刻手法，纹样繁密，多与黄金、珠宝组合搭配。高档宝石的大量应用，也是明朝宝玉石业发展的一大突出特点。

　　明朝中期，玉器的艺术轨道发生变化，摒弃了宋、元玉器形神兼备的现实主义传统。同书画一样，玉器艺术反对"形似"，力主"神似"，进而转向装饰化、工艺化、玩赏化的拟古主义道路。至明晚期，由于商业经济发达，资本主义因素缓慢成长，玉器生产进一步商品化，一些玉作坊为追求利润，不惜牺牲其艺术性，玉器美学价值大为降低，良材精工的玉器极为少见。

明　玉透雕龙纹带板　中国国家博物馆藏

此期玉器适应社会要求，玉茶具、玉酒具增多，玉佩饰品种也极为丰富，为市庶大众所喜爱。收藏古玉之风在城市相当盛行，但古玉有限，一批趋利若鹜的古玩商便组织玉匠磨制伪古玉，欺骗收藏家，获取高额利润。

明朝晚期的治玉工艺相当普遍，各商业发达的城市都有玉肆，官府琢玉地以北京为首，民间则以苏州为首。明朝陆子刚是当时享有盛名的治玉大师，受仿古玉风气的影响，其赝品几乎是铺天盖地，以至于在今天仍可见到不少刻有其款识的玉器。这些玉器优劣悬殊，真假混淆，有待鉴别。

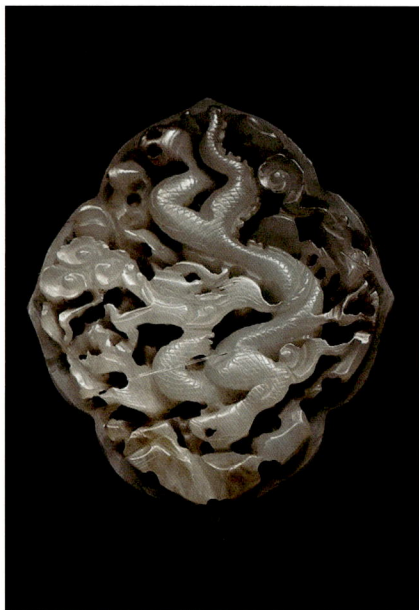

明 透雕云龙纹白玉牌 江西省博物馆藏　　明 青玉甪端熏炉 故宫博物院藏

器物示例：青玉甪（lù）端熏炉，高17.5厘米，口径5.6厘米。青玉质地，局部有深褐色沁斑及绺纹。此玉雕胎体厚重，保留元朝深层立体雕刻的技法，琢工刚劲有力、粗犷浑厚，但却忽略细部。这种技法是明朝玉雕工艺的突出特点。

该熏炉造型为甪端，传说中甪端是神兽，与麒麟相似，通四方语言，只陪伴明君左右，专为英明帝王传书护驾。甪端是明清宫廷重要的陈设用品，皇帝的宝座两侧常设有甪端与香筒，一般皆两两相对，器型也相对较大。此甪端头部为熏炉盖，身体中空，可贮香料，香气可从兽的口、鼻散出。

明 玉牌 黄玉猴 中国民间艺术品收藏评估委员会藏

　　器物示例：玉牌，高5.6厘米，宽3.9厘米，厚0.6厘米。此玉猴选用和田玉雕琢而成。整体呈长方形，雕工精细，四角圆滑。玉质细腻，中有一枝仙桃浮雕，叶为飘动状，以桃为主题有象征长寿之意。枝叶的搭配使画面丰富，立体感得以展现。

　　器物示例：黄玉猴，高5厘米，宽4厘米，厚3厘米。此玉猴以和田黄玉雕琢而成，设计巧妙，雕琢精准，做工细腻。动物形神兼备，栩栩如生，黄玉色泽鲜明且均匀，玉质通而不透，光洁滋润，立体感强。包浆厚重，臀部鸡骨白沁，沁色自然，让人爱不释手。中国人认为猴是吉祥物，由于汉字"猴"与"侯"谐音，在许多图画中猴的形象表示"封侯"的意思。如一只猴子爬在枫树上挂印，叫"封侯挂印"；一只猴子骑在马背上，叫"马上封侯"；两只猴子坐在一棵树上或者一只猴子骑在另一只猴子背上叫"辈辈封侯"。总之，寓意深刻，是升官、富贵吉祥之意。

明 青玉螭纹觥 杭州博物馆藏

二、金属器

1. 铜镜

明朝铜镜在继承传统的同时，其纹饰、铭文更多地反映当时普通人士的心态，融入市井文化内容，形成独特的时代风格。

在造型上，多数规整厚重，以圆形镜为主，其他形制的较少。出现平顶圆柱形钮镜新形制。纹饰上，题材广泛，内容丰富。除龙纹、双鱼纹、花卉纹、人物故事纹等传统内容外，吉祥图案和吉祥文字成为这一时期最具特色的题材。款式方面，多素无纹饰，常常铭文就是它的主要装饰。此时出现几种特殊工艺镜即填漆纹镜、吉语铭镜、异制镜。同时，明朝铸造大量仿古镜，大多铜质优良，制作精细。

明 九世同居铜镜 云龙纹镜 故宫博物院藏

2. 金银器

明朝的金银器装饰风格逐渐走向繁复华丽，纹饰多结构紧密，布满器身，也有不少采用浮雕手法装饰，对清朝金银器有着不可忽略的影响。

明朝金银首饰较前代有重大发展，大量运用累丝工艺。累丝即是用很细的金银丝编织、堆垒出器型，再镶嵌珍珠宝石，以显得玲珑剔透，精细华贵。此外，女性首饰除运用累丝外，还大量运用点翠工艺，点翠即是在器物表面黏贴蓝绿的翠鸟羽毛，此种羽毛色泽鲜明且不易褪色，与金色形成强烈的对比，异常华贵。

明 金镂空凤纹坠 湖北省博物馆藏　　　　明 簪镶宝石金冠 中国国家博物馆藏

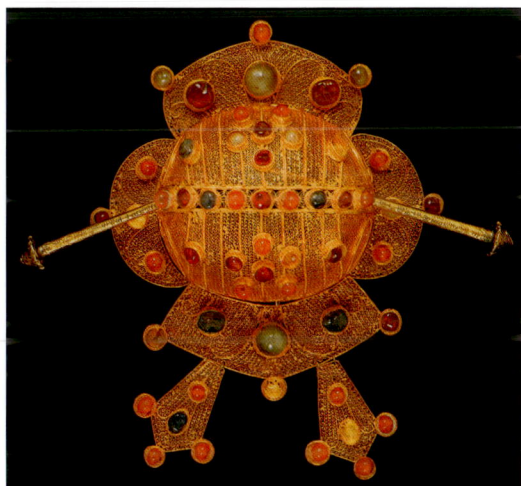

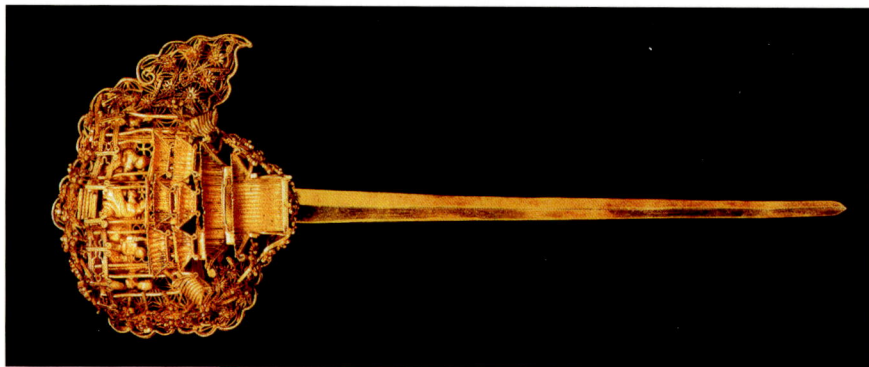

明 楼阁人物金簪 中国国家博物馆藏

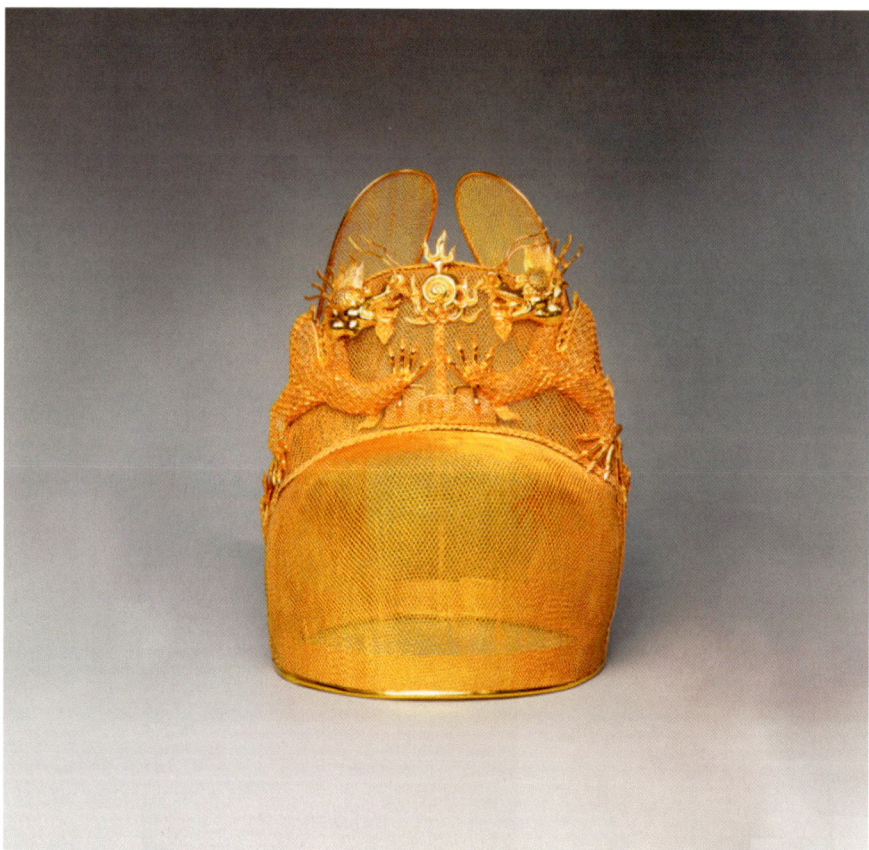

明 万历皇帝金丝冠 定陵博物馆藏

　　器物示例：万历皇帝金丝冠，高24厘米，北京市十三陵定陵出土。此冠本名为"翼善冠"，为万历皇帝朱翊钧陪葬之冠。制造精细，重一斤六两。

金冠用极细的金丝编成翼兽的形式，装饰两条用同样的金丝编成金龙，对称装饰在冠顶的两侧，居中是一颗火焰宝珠，精妙绝伦，整顶金冠找不到一个接头处。色泽纯正，既具富丽堂皇之势，又不失儒雅之气，充分显示了明朝皇家金银工艺的高超水平。

此金冠是 1958 年由中国科学院考古研究所在发掘北京市昌平县明朝定陵时所发现。它是迄今为止中国从考古发掘中获得的唯一一件古代皇帝的金冠，弥足珍贵。它为我们研究古代服装冠服制度、明朝金银工艺等提供了极为形象、具体的佐证。

3. 宣德炉

明朝宣德年间生产的铜熏炉，称为"宣德炉"，也称为"宣炉"。明宣宗朱瞻基认为当时典礼用的礼器不合古制，便令工部查考秦汉礼器形制，结合宋朝官、汝、定、哥等瓷窑器型，更制礼器，供典礼及寺院使用。宣德炉由此而生。因铜质优良，造型古朴，款识隽永，多为褐色、茄皮色、藏经色等，深得世人钟爱，为明朝最具艺术特色的金属器之一。

明 铜冲耳乳足炉 故宫博物院藏

清 宣德款铜熏炉 故宫博物院藏

器物示例: 宣德款铜熏炉,高 19.2 厘米,口径 14 厘米。铜炉直口直腹,立耳扁足。炉盖镂空,饰双龙捧寿纹。器表呈黄色,外底铸"大明宣德年制"阳文楷书款。香炉是古人焚香用的工具,早在汉朝以前便出现了陶、瓷、铜、铁制等材质制作的香炉。明朝宣德年间,开启了用黄铜制作香炉的先河。

据龙纹推断,此炉应属清朝仿品。明末已开始仿造宣德炉,在清雍正、乾隆时期达到高潮,清宫造办处活计档(即造办处档案)中经常可以看到制作"宣铜"的记录。可从原料、器型、颜色、重量、包浆、款识等方面进行辨伪。

4. 掐丝珐琅

掐丝珐琅又名"景泰蓝"、"珐蓝"、"嵌珐琅",因其在明景泰年间盛行,使用的珐琅釉又多以蓝色为主,存世器物多有"景泰年制"款识,便有了"景泰蓝"之称。掐丝珐琅是一种铜器,制作步骤是先用柔软的扁铜丝在铜胎上焊掐出各种花纹,然后在花纹内填充珐琅质色釉,高温烧成后即为掐丝珐琅。

明早期
掐丝珐琅缠枝莲纹梅瓶

明中期
掐丝珐琅狮戏球纹藏草瓶
故宫博物院藏

明晚期
掐丝珐琅鸳鸯式香熏

明 掐丝珐琅高足碗 中国国家博物馆藏　　　　明 掐丝珐琅缠枝莲纹尊 故宫博物院藏

　　器物示例：掐丝珐琅缠枝莲纹尊，高18.5厘米，口径14.3厘米。珐琅工艺历史悠久，古埃及、希腊和罗马都曾出现过珐琅制品，掐丝珐琅在元朝传入我国，因其金碧辉煌、富丽华贵的外在观赏效果，受到帝王和权贵们的赏识，在宫廷间流行起来，明朝在宫内设有专门的生产机构，制作供宫中使用的金属胎珐琅器。

　　此尊是宣德时期掐丝珐琅的代表作之一，以蓝色珐琅釉为地，用红、绿、蓝、黄、紫、白等色填饰图案，釉质细腻，色调纯正，气泡较少，质量精良。器物上纹饰布局疏朗，花朵饱满，通以单线勾勒枝蔓。造型敦厚庄重，颜色浓郁沉着，图案洒脱大方。

三、瓷器

　　明朝官窑瓷器开始用年号作款，延续至清朝，达五、六百年。而白釉的成功烧制是明朝制瓷技术的另一大成就，也为颜色釉和彩瓷的发展创造了条件。此时，瓷器生产技术有所提高，以吹釉代替蘸釉，以陶车旋坯代替竹刀旋坯。明朝瓷器种类繁多，大如龙缸，薄如蝉翼。在装饰手法上，唐宋时期流行的刻花、划花、印花等方式渐渐衰落，被画花取而代之。

1. 景德镇窑

　　明朝以来，景德镇成为全国的制瓷中心，最盛时有官窑五十多个，民窑九百多个。据记载，当时的景德镇是："昼间白烟掩空，夜间红焰烧天"。

明洪武三十五年，开始在景德镇珠山设"御器厂"，即官窑。御用瓷器主要分两种：一种为皇室使用，称之为"钦限瓷器"；一种为皇室赏赐使用，称为"部限瓷器"。

（1）洪武时期

洪武时期瓷器以青花和釉里红为代表，风格多继承元朝，造型浑厚，纹饰以花卉为主，画风古朴，器口常见几何纹装饰，少见戏曲故事类纹样。器物造型多梅瓶、玉壶春瓶、盘、碗、三足炉和高足杯等。国产青花釉料含铁量较低，含锰量较高，故此时青花瓷的色泽大多偏淡偏灰，不如元青花浓翠。釉里红瓷器的色泽也较淡偏灰，偶有飞红现象，甚至呈暗黑色，但也有相当部分的釉里红器呈色稳定。此外，洪武瓷器多见砂底，也有釉底。

明洪武 釉里红缠枝花纹碗 中国国家博物馆藏

明洪武 青花怪石牡丹纹菱花式盘
故宫博物院藏

明洪武 青花云龙纹"春寿"瓶
上海博物馆藏

（2）永乐时期

青花瓷、甜白瓷和红釉瓷是明永乐年间景德镇的代表瓷器品种，这一时期瓷器胎色洁白莹亮，胎质细腻轻薄，釉泡较少。体型较小，青花瓷的构图层次较元朝少，比明朝后期多，纹样单纯却不繁复，图案布局极为紧凑，釉色较为浓艳。款识多为四字篆书款。这一时期的青花瓷器造型多样、纹饰优美，被称为青花瓷器的黄金时代。

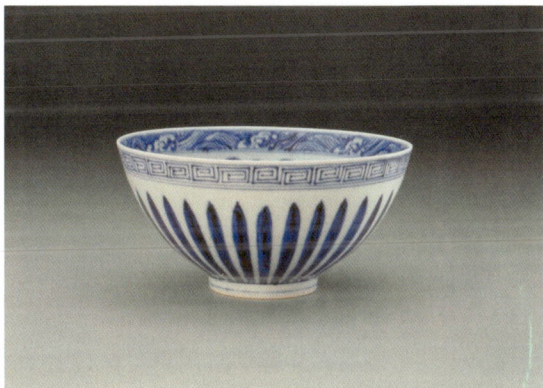

明永乐 青花云龙纹扁瓶 南京博物院藏　明永乐 青花菊瓣纹碗 故宫博物院藏

明永乐 景德镇窑青花菊瓣纹碗 上海博物馆藏

明永乐 青花压手杯 故宫博物院藏

器物示例：青花压手杯，高4.9厘米，口径9.2厘米。杯体如小碗状，口微撇，折腰，丰底，圈足。内外均绘青花纹饰。杯心有葵花一朵，花心署青花篆体"永乐年制"四字款。外壁口沿下绘朵梅，腹部绘缠枝莲纹。

　　缠枝莲纹是以莲花为主题的纹饰。魏晋南北朝时，莲花便作为佛的象征随佛教艺术而广泛出现在中国的工艺品上。瓷器上的莲花瓣装饰成为这一时期的典型代表。此后，莲花成为瓷器装饰中最普遍的纹样之一。

　　压手杯是明朝永乐时期景德镇御窑厂创制的新型瓷杯。特点为胎体厚重，重心在杯的下部，口沿微微外撇，手握杯时，正压合于手的虎口处，给人以沉重压手之感，故有"压手杯"之称。此杯制作精细，形体古朴敦厚，青花色调深翠。据目前掌握的资料看，此种品质精良且带有永乐年款的压手杯，仅故宫博物院收藏有四件。

永乐白瓷色釉以甜白最具特色，"白如凝脂，素犹积雪"，器物上多有暗花刻纹和印纹。这种胎薄釉莹的白瓷，给人一种"甜"的感觉，因此又称为"甜白瓷"。

明永乐 白釉暗花缠枝莲纹三系罐 中国国家博物馆藏

（3）宣德时期

宣德虽仅历时 10 年，但在中国瓷器发展史上却占有极为重要的地位。宣德青花的纹饰比永乐稍显粗犷，随意点绘没有轮廓，俗称"一笔点画"。常见纹饰有枇杷绶带鸟、石榴、四季花卉、缠枝花、松竹梅岁寒三友、海水龙纹、云凤、狮球、阿拉伯纹等。

宣德官窑瓷器一般都有年款，大多楷书"大明宣德年制"或"宣德年制"，与永乐不同，篆书款很少，款识书写位置较乱。宣德瓷胎较永乐厚重，釉层肥厚闪青，釉面像桔子皮，不平整，俗称"桔皮釉"。在高倍放大镜下观察，釉面充满了气泡，甚至有小气泡摞大气泡的情况。总体上，这一时期的青花瓷与永乐时期差别不大，故有"永宣不分"之说。

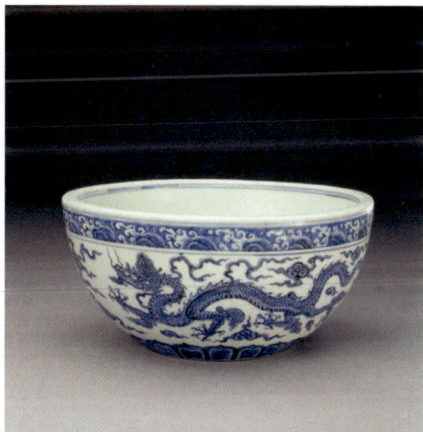

明宣德 青花海水蕉叶纹尊 青花海水龙纹钵 故宫博物院藏

明宣德 青花海水龙纹高足碗及底款 中国国家博物馆藏

明宣德 青花折枝花果纹碗及底部 中国国家博物馆藏

　　红釉瓷因其"殷红灼烁，宝光耀目"，深受帝王喜爱。但烧制难度非常大，对窑内温度要求极高，瓷器质量难以控制，所以烧制红釉瓷器被称为"火的艺术"。宣德以后，红釉瓷器趋于衰落，历朝虽仍有制作，却罕见成功者。

明宣德 红釉盘及底部 中国国家博物馆藏

（4）正统、景泰、天顺时期

正统、景泰、天顺时期是明朝的多事之秋，政治动荡，在不足三十年内，明政府屡次对瓷器生产禁烧、减烧，但实际上这三个朝代的瓷器生产从未中断，并且艺术风格开始从雄健浑厚向玲珑秀丽转变。

正统瓷器主要有大罐、大盆、大碗、盘等，纹饰疏朗纤细、繁密粗硕皆具，保持了一部分宣德晚期特点。景泰、天顺时期的梅瓶和罐颈部较高，呈上小下大梯形式，接胎痕比较明显，底足无釉，瓶多带月牙状耳。碗、盘壁多上薄下厚，圈足内收，底足多有釉。

明天顺 青花携琴访友图梅瓶 故宫博物院藏

明天顺 青花波斯文筒式三足炉 山西博物院藏

明景泰 青花八仙庆寿纹罐
故宫博物院藏

明正统 青花缠枝莲纹盖罐
江西省博物馆藏

　　正统、景泰、天顺三代瓷器，前期承宣德青花风格，青花发色较浓，纹饰布局较繁密；后期青花发色淡雅，纹饰布局趋于疏朗，开成化青花瓷之先河。正统时风格比较接近宣德，景泰、天顺时接近成化时期。

（5）成化时期

成化瓷器在继承永、宣精萃风格的同时，又锐意创新，瓷器造型多玲珑秀奇，胎釉晶莹细润，彩料纯正，色调柔和淡雅。

明成化 青花怪石茶花纹碗 斗彩蔓草纹瓶 故宫博物院藏

明成化 斗彩花蝶纹罐 斗彩婴戏纹杯 中国国家博物馆藏

青花加彩是成化时期的突出成就，其装饰方法分为填彩和斗彩两种。填彩即先在胎上用"苏泥勃青"画出纹样轮廓，然后再填以彩色釉料。斗彩又称"逗彩"，在胎上先用青花釉料画出部分花纹，再加以彩绘，使青花与彩绘形成变化而又统一的装饰效果。上下斗合，故名"斗彩"。成化斗彩极为名贵，历代仿制很多。

明成化 斗彩鸡缸杯 故宫博物院藏

器物示例：斗彩鸡缸杯，高3.4厘米，口径8.3厘米，足径4.3厘米。杯敞口微撇，口下渐敛，平底，卧足。杯体小巧，轮廓线柔韧，直中隐曲，曲中显直，呈现出端庄婉丽、清雅隽秀的风韵。其胎质洁白细腻，薄轻透体，白釉柔和莹润，表里如一。杯外壁饰子母鸡两群，间以湖石、月季与幽兰，一派初春景象。杯壁饰图与型体相配，疏朗而浑然有致。足底边一周无釉。底心青花双方栏内楷书"大明成化年制"双行六字款。

此杯以新颖的造型、清新可人的装饰、精致的工艺而倍受赞赏，堪称明成化斗彩器之典型。此杯是明成化景德镇御窑厂烧制的宫廷用器，明清文献多有所载，颇为名贵。明万历年间《神宗实录》载"神宗时尚食，御前有成化彩鸡缸杯一双，值钱十万"。清康熙、雍正、乾隆、嘉庆、道光各朝无不仿烧。康熙仿烧最佳，较为贴近原作，鉴别时需从造型、胎釉、色彩及款识等方面仔细观察。

（6）弘治时期

明弘治 青花荷塘游龙纹碗 故宫博物院藏　　　明弘治 黄釉盘 中国国家博物馆藏

弘治共历时18年，传世官窑器不多，瓷器基本上延续成化风格，斗彩瓷器产量很少。弘治瓷器胎骨洁白，器壁较薄，釉色肥厚光亮，器物内壁施釉较为粗糙。色釉瓷以黄釉最为著名，胎色呈鸡蛋黄色，器底釉色多白中泛青，为弘治时期所独有。

明弘治 绿彩云龙纹盘 中国国家博物馆藏

明弘治 白地酱彩花果纹盘 故宫博物院藏

弘治彩瓷非常稀少，主要有绿彩和红彩两种，绿彩是弘治时期主要的器物品种。烧制绿彩时，先在胎上刻出纹饰，上透明釉时空出图案，经高温烧成白釉露胎器后，再在露胎部位施绿彩以低温烧制。

（7）正德时期

正德朝历时 16 年，瓷器上承成化、弘治，下启嘉靖、万历，器物风格由成化、弘治的纤细精雅转为厚重粗糙。圆器胎质致密细薄，但相比成化、弘治还是略显厚重，立件大型瓷器胎体厚重粗糙，接胎痕比较明显，釉色白中偏青灰，造型盘多立沿，碗多撇口而微卷，称为"正德式"。

明正德 矾红彩鱼纹碗
中国国家博物馆藏

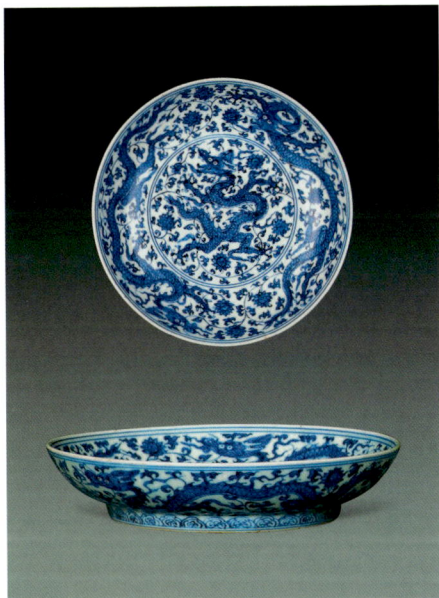

明正德 青花穿花龙纹盘 黄地青花折枝花果纹盘 中国国家博物馆藏

（8）嘉靖、隆庆时期

嘉靖朝历时 45 年，是明朝各时期烧制瓷器数量较多，传世器物也较多的王朝。主要品种有青花、彩瓷、颜色釉等。这一时期的官窑青花小件瓷器胎质细密坚致，胎体轻薄；大件瓷器胎体厚重，胎质粗松坚致，釉面不太平整，釉色白中泛青或闪黄。嘉靖皇帝迷信道教，故而此时的瓷器纹饰多与道教有关，如松鹤、仙鹿、八卦、灵芝、八仙、"卐"字等。

明隆庆 青花莲池鸳鸯纹碗
中国国家博物馆藏

此外，釉上红、绿、黄三彩是嘉靖彩瓷最主要的品种，青花五彩的风格也形成于嘉靖晚期。而隆庆朝历时很短，瓷器的制作几乎全部沿袭嘉靖。

明嘉靖 景德镇窑五彩鱼藻纹罐 上海博物馆藏

明嘉靖 黄地绿彩云龙纹方斗杯 中国国家博物馆藏

明嘉靖 青花云龙纹盘及盘底 青花八仙云鹤纹葫芦瓶 中国国家博物馆藏

（9）万历时期

万历朝历时48年，是明朝历时最长的一个朝代。前期官窑瓷器产量极大，品质优良，之后官窑日渐衰退。总体上，万历瓷器胎体厚重，制作比较粗糙，釉色不如嘉靖白润。但是，五彩瓷达到制作高峰，烧造数量多、质量高。此时青花五彩的风格与早期五彩迥然不同，用色具有强烈的装饰性，多用红、绿、黄、紫等饱和色。绘画用笔豪放不羁，线条挺健有力。万历时期烧制大器型较多，民窑青花器物的款识有年号款、吉语款、赞颂款和图记款等。

明万历 青花穿花龙纹带盖梅瓶 中国国家博物馆藏

（10）泰昌、天启时期

万历与天启之间还有一朝泰昌，泰昌帝在位仅一个月就病死了。天启时期已进入明朝尾声，虽然官窑严重衰退，但民窑却表现得蒸蒸日上。天启青花色调丰富多彩，官窑画风豪放简练，形成了自己的独特风格。由于大量生产日本外销瓷，从而吸收了东瀛风格特点，四方、六方、八方、扇面形、菱花式等造型和扇面纹、皮球花纹等纹样，都与外销日本相关。

明天启 青花罗汉图炉
故宫博物院藏

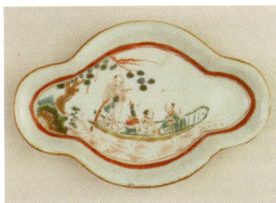

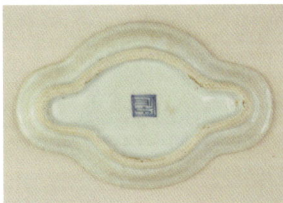

明天启 五彩人物纹海棠式盘 故宫博物院藏

（11）崇祯时期

崇祯是明朝最后一位皇帝，在位17年，官窑基本停废。纹饰比较潦草，主要器型有盘、碗、罐、花觚、香炉等。器物多酱口（口沿上类似酱色的釉或彩），底足较高，足外壁下部无釉。碗、盘底有放射状跳刀痕，砂底较多。

明崇祯 青花山水人物图净水碗及款识 中国国家博物馆藏

明崇祯 青花云龙纹盘 中国国家博物馆藏

明崇祯 五彩云龙纹盘及款识 中国国家博物馆藏

2. 龙泉窑

明 龙泉窑青釉刻折枝莲花纹盆
中国国家博物馆藏

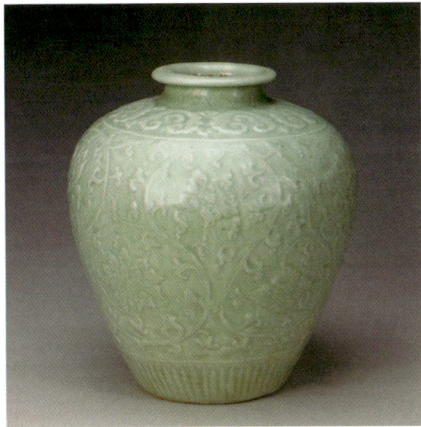

明 龙泉窑青釉凸花缠枝莲纹尊
故宫博物院藏

明朝龙泉窑仍继承宋朝青瓷系统发展。明初，龙泉窑瓷器便不如宋元精美，末期则更为草率，胎粗釉薄，色泽浑浊灰暗。此时的龙泉窑以大瓶、大盘为主要器型，装饰手法多采用釉下刻花。

3. 德化窑

明朝德化窑以烧制白瓷而著称，因瓷胎含铁量低，含钾量高，烧成后色泽明亮光润，釉中隐现粉红色或乳白色。明朝德化白瓷远销欧洲，有"中国白"、"鹅绒白"之美誉。

德化窑白瓷除了定制的外销瓷外，大部分器型都是常见的日用器皿以及文人墨客和宗教方面的用品，主要器型有碗、盘、盆、杯、壶、炉、洗等，最具特点的当属梅花杯。

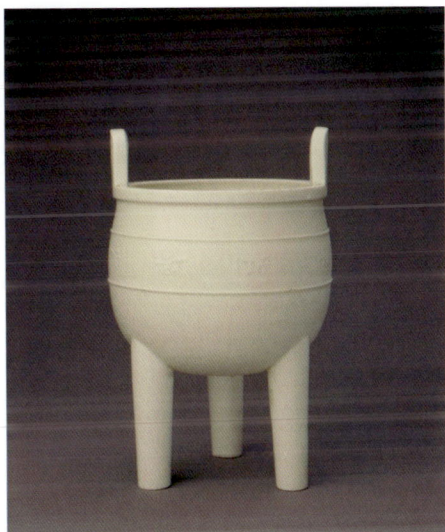

明 德化窑白釉弦纹双耳三足炉 故宫博物院藏

197

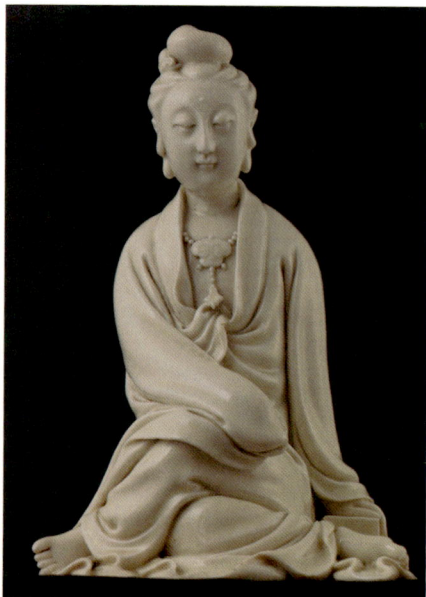

明 德化窑何朝宗款白釉观音 天津博物馆藏

四、紫砂器

紫砂器是一种用含铁量较高的特殊陶土制成的陶器。这种陶土为紫砂泥，产于中国江苏宜兴。宜兴紫砂器发端于宋朝，茗壶起源于明朝。明朝手工业劳动力的解放、饮茶方式的改变、紫砂独特的物理性使其成为当时流行的品茗佳器。市民与皇家都喜好紫砂器的艺术趣味。此时，紫

明 扁鼓形四系紫砂壶 无锡博物院藏

砂器造型主要有茗壶、酒器、花盆、香盒、文玩等。大多砂料较粗，有杂质，器表有明显的颗粒感。各种器具重形制，普遍素身无彩无纹，部分底部有款识。制作工艺方面，初期以手工捏制而成，明晚期出现木模制器的方法。

明 带流煮水紫砂罐 无锡博物院藏

明 柿蒂纹提梁壶 南京博物院藏

器物示例：柿蒂纹提梁壶，通高17.7厘米，口径7厘米，底径7.1厘米，江苏省南京市南郊中华门马家山明朝嘉靖十二年吴经墓出土。此件紫砂壶是用于煮茶或烧水的生活用具，是目前所见的唯一有具体年代可考的明朝嘉靖早期紫砂壶。

此壶形体平盖，高底座宝珠钮，盖内贴十字形筋，平底，流与腹部的连接处饰四瓣柿纹，采用模印贴花装饰技法，提梁圆角四棱。整器设计合理，造型稳定端庄，做工规整。

据考证，此壶的砂料与1976年羊角山遗址所出的紫砂大缸残器相同，砂料较粗，接近缸胎，器表有生烧和火疵现象。分析是与缸瓮一起入窑烧制，壶身局部沾有少量釉泪。明朝制壶的砂料取自最初用来制作大缸大瓮的砂料略加澄练，杂质较多，器表显粗糙。

明 供春紫砂树瘿壶 中国国家博物馆藏

器物示例：供春紫砂树瘿（yīng）壶，高10厘米，长19.3厘米，宽12厘米，为储南强捐赠。此壶以银杏树瘿入型，作扁球形，器表凹凸不平，纹理缭绕，泥质成素色，纯薄坚实，壶盖后配。整器古朴精工，温雅天然。

关于树瘿壶的流传经过，储南强自有记述："强上年（1927年）客吴门，忽邂逅得遇供春壶。壶为山阴傅叔和氏所藏，傅之前，藏西蠡费氏（念慈），西蠡之前，藏愙斋（吴大澂），又前则出于沈均和。沈之前，尚待考。"

1952年，储南强把此壶捐献给苏南文管会，后转至南京博物院、调至中国国家博物馆，成为国宝级文物紫砂。

五、漆器

明朝漆器制造非常发达，品种齐全，色彩绚丽、纹饰精美，以北京果园厂最为著名，果园厂是明官营漆器生产机构。漆器品种又可分为雕漆与填漆，其中以雕漆最具特色。

根据雕漆颜色的不同，可分为剔黄、剔绿、剔黑、剔彩等工艺，黑红相间的则称之为剔犀。果园厂的作品刻工精雅浑厚，刀法圆润。纹饰多为花鸟云纹、山水人物、园林等。现已知最早的剔彩作品为明朝所作，其做法是将不同颜色的漆分层涂在器胎上，再进行剔刻，需要哪种颜色便剔除其上漆层。剔彩的出现不晚于宣德，嘉靖后数量明显增多。

明永乐 剔红五老图方盘及款识 故宫博物院藏

明晚期 剔犀有束腰鼓腿彭牙云纹长方几 中国国家博物馆藏

器物示例：剔犀有束腰鼓腿彭牙云纹长方几，长49.5厘米，宽25厘米，高13厘米。方几采用剔犀工艺，有束腰，肩部向外膨出，足底向内翻。几面为剔犀云纹，牙板则为卷草纹，刀法娴熟，线条流畅。剔犀工艺一般由黑、红两种色漆交替刷在胎上，然后用刀以45度角雕刻出纹饰。由于在刀口的断面显露出不同颜色的漆层，与犀牛角断层面的肌理效果相似，故得名"剔犀"。此技法成熟于宋元时期，发展于明清两朝。

六、绘画

明初画院制度恢复，画风基本承袭于宋元，其山水画可分为院派、浙派和吴派。院派代表画家为周臣等人；浙派代表画家为戴文进，他继承了南宋画院风格，造型颇见功力。明朝中期，吴派兴起，代表人物有沈周、文徵明等。沈周为吴中大族，文徵明、唐寅都是他的学生。此外，画家仇英（仇十洲）精于临摹古画，兼长山水人物，颇具文人情致。崔子思、陈洪绶（陈老莲）诸人也以擅画仕女僧道像而闻名。明朝晚期，山水画松江派兴起，董其昌为此画派宗师。

明 京口送别图卷 沈周 上海博物馆藏

器物示例：京口送别图卷，纵 30 厘米。此画为沈周七十一岁时所作，描绘的是他送别好友吴宽的情景。沈周为吴门画派的创始人，开创了粗笔水墨山水画新风格，笔墨简练洒脱。他与文徵明、唐寅、仇英并称"明四家"，传世作品有《庐山高图》《秋林话旧图》《沧州趣图》。

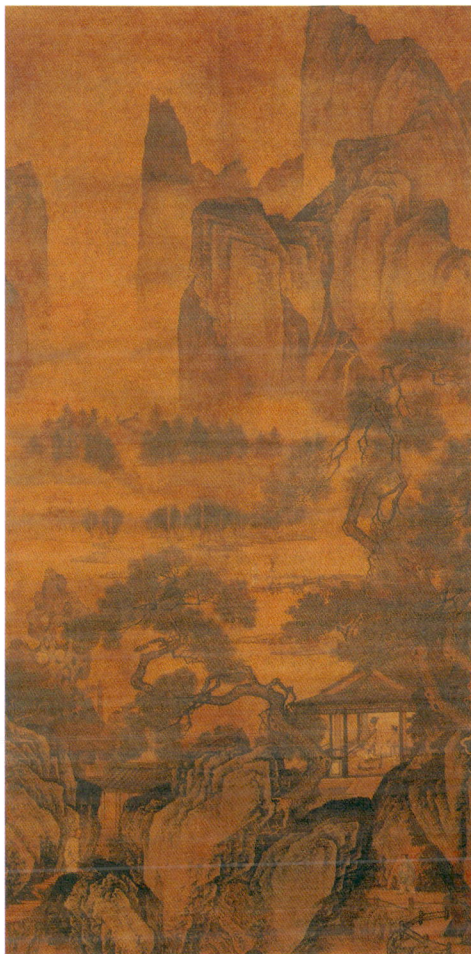

明 山斋客至图轴 周臣 上海博物馆藏　　明 桃源仙境图轴 仇英 天津博物馆藏

器物示例：桃源仙境图轴，仇英作，绢本设色，纵 175 厘米，横 66.7 厘米。此画为青绿山水人物画，取材自东晋文人陶渊明的名作《桃花源记》。仇英非常喜欢描绘这一题材，其传世作品中相关主题作品还有《桃花源图》《仙山楼阁图》《玉洞仙源图》《云溪仙馆图》等。

　　《桃源仙境图》画面分三层叠进，采用大青绿着色，近景山石运用勾斫笔法，较少皴染，色彩艳丽却不俗气。画面右下角的山石上有行楷小字"仇英实父为怀云先生制"，表明此画是为江苏富豪陈官（号怀云）所作。史料记载，陈官为仇英晚年的"赞助人"，仇英长期在他家作画。

明　栖霞寺诗意图轴　董其昌　五月莲花图轴　徐渭　上海博物馆藏

七、书法

自书法与绘画结合以来，元朝多数大画家的书法颇有功力。明前期著名
书法家有宋璲、宋广和沈度、沈粲。中期，书法家有祝允明、文徵明、王宠
等人，他们上追元朝赵孟頫及晋唐大家，在艺术特点上祝允明清劲古秀、文
徵明风神劲练、王宠婉约疏秀，宽博曼丽。明晚期，董其昌在书法上也很有
影响力，他师法颜真卿、米芾等大家，并发展出自己独有的风貌。

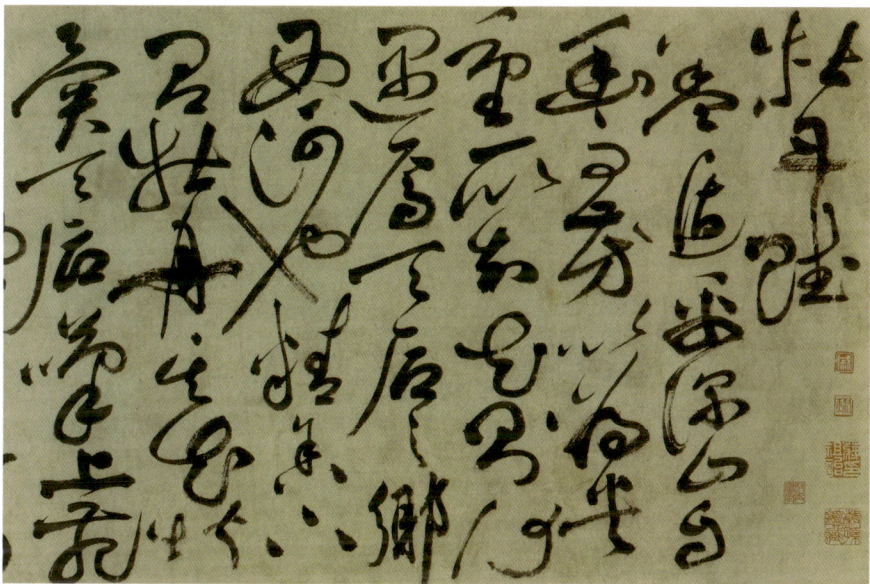

明 草书牡丹赋卷局部 祝允明 上海博物馆藏

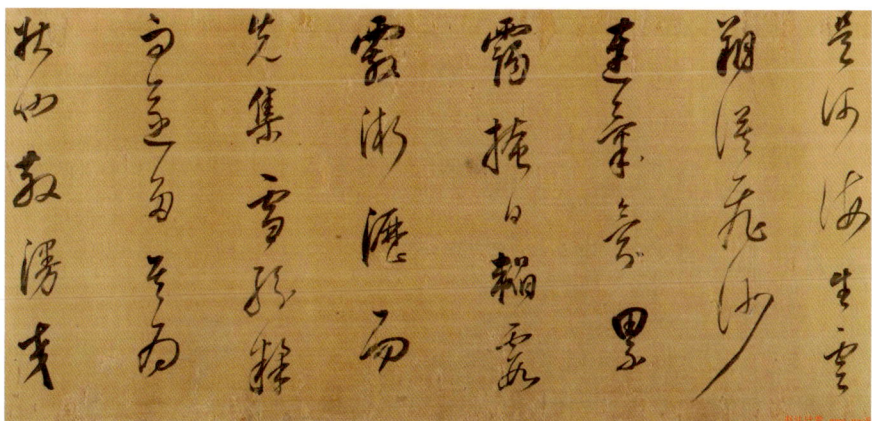

明 谢惠连雪赋 董其昌 纽约大都会博物馆藏

醉翁亭記

環滁皆山也其西南諸峰林壑猶美望之蔚然而深秀者瑯琊也山行六七里漸聞水聲潺潺而瀉出於兩峰之間者釀泉也峰回路轉有亭翼然臨於泉上者醉翁亭也作亭者誰山之僧智仙也名之者誰太守自謂也太守與客來飲於此飲少輒醉而年又最高故自號曰醉翁也醉翁之意不在酒在乎山水之間也山水之樂得之心而寓之酒也若夫日出而林霏開雲歸而巖穴暝晦明變化者山間之朝暮也野芳發而幽香佳木秀而繁陰風霜高潔水落而石出者山間之四時也朝而往暮而歸四時之景不同而樂亦無窮也至於負者歌於途行者休於樹前者呼後者應傴僂提攜往來而不絕者滁人遊也臨溪而漁溪深而魚肥釀泉為酒泉香而酒冽山肴野蔌雜然而前陳者太守宴也宴酣之樂非絲非竹射者中弈者勝觥籌交錯起坐而諠譁者眾賓歡也蒼顏白髮頹乎其中者太守醉也已而夕陽在山人影散亂太守歸而賓客從也樹林陰翳鳴聲上下遊人去而禽鳥樂也然而禽鳥知山林之樂而不知人之樂人知從太守遊而樂而不知太守之樂其樂也醉能同其樂

嘗

余於梅韻堂展玩右軍黃庭經初刻見其筋骨內三者俱備後人得其一即唐諸公親規右軍壹跆尚不能得何況今日至其水姿玉質究如飛天仙人又如臨波仙子雖文為規撫而杳不能至近余且屏居梅韻齋中塞頭日置黃庭經一本展玩逾時卷則臥再日顋然如是者數月而右軍運筆之法炙之愈出味之愈永氣象偶擷開歐陽公文集愛其婉逸流媚浮呂黎遺稿于慶書簏中讀而心慕之若探頤至志寢食遂以文章名冠天下予輒有動于中因傚右軍作小楷數百餘字聊以寄意敢云如鳳凰臺之於黃鶴樓也

嘉靖三十年辛亥七月二十四日長洲文徵明書於玉磬山房時年八十有二

明 小楷醉翁亭记 文徵明 台北故宫博物院藏

　　器物示例：小楷醉翁亭记，文徵明书，纸本纵 53.5 厘米，横 28 厘米。此书作为文徵明晚年作品，用笔果断，结字稳健。他一生向古人学习，对晋唐法书奉若神明，结字也渐渐由内紧外松转变至外紧内松。文徵明的小楷书法在八十至九十岁这一时期达到最高境界，基本特征是结体取势以方为主，略呈横势。起笔露锋，凌利俊健，收笔轻顿，稍按重回。

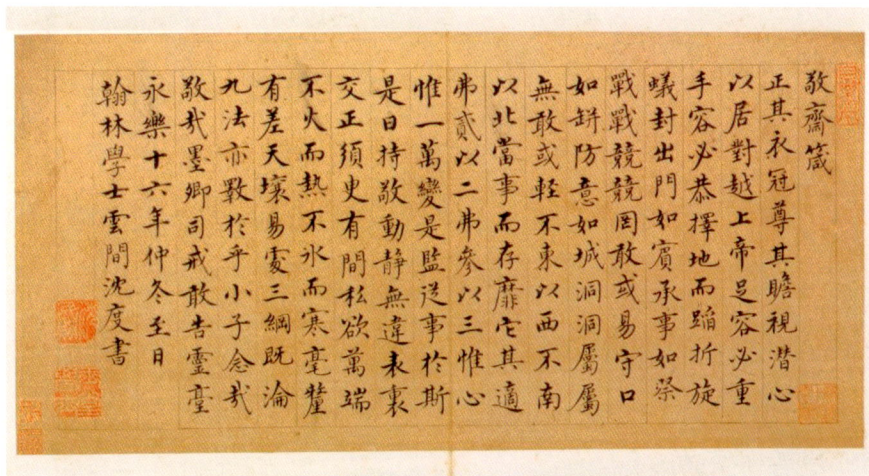

明 楷书敬斋箴页 沈度 故宫博物院藏

　　器物示例：敬斋箴页，沈度书，纸本，纵 23.8 厘米，横 49.4 厘米。此作品为沈度 62 岁时所书，结字端正稳健，体态圆润。但由于过度关注精巧雅致，笔墨变化较少，有千人一面、千篇一体之感。

八、家具

　　明朝海运昌盛，大量优质木材进入中原，为明家具的兴盛提供了物质基础。明朝家具多以花梨木为主要用材，简洁内敛。家具造型以线为主，素逸剔透，给人以恬静文气之感，形成别具一格的设计风格。

　　明朝家具基本不用钉子，也很少用胶，多采用榫卯结构，极富科学性。受自然条件的潮湿或干燥影响较小，经过几百年的变迁，家具仍然牢固如初。装饰手法多样，有雕、镂、嵌、描等，装饰用材也很广泛，珐琅、螺钿、牙、玉、石、竹等，样样不拒，但对装饰效果的掌控却恰如其分，整体上不失明朝家具的朴素与清秀本色。

明 黄花梨六柱式架子床 上海博物馆藏

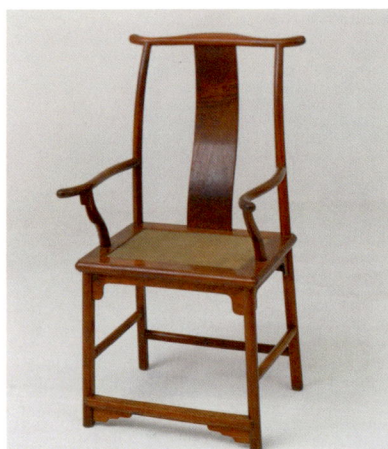

明 花梨四出头官帽椅 故宫博物院藏

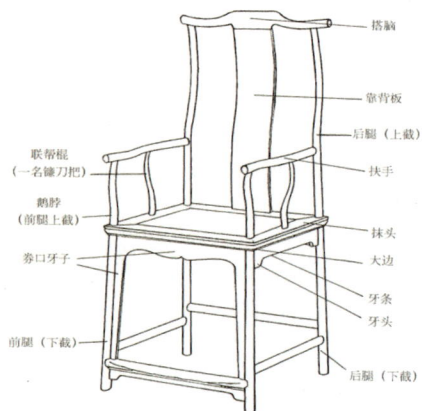

四出头官帽椅示意图

器物示例：花梨四出头官帽椅，高 107.5 厘米，横 57 厘米，纵 43.5 厘米。此官帽椅以花梨木为材制作而成，似做工简单，却颇具匠心。造型简练明快，大气端庄，为常见的明朝家具。

四出头官帽椅，即指椅子"搭脑"的两端和左右扶手的前端，长出前腿与后腿。其标准形式是椅背有一块背板，扶手两侧各有一根"联帮棍"。官帽椅的四腿间多装步步高管脚枨（chéng），管脚枨即四腿间用以固定的横木。而前枨最低，两侧枨稍高，后枨最高的组合方式，即名曰"步步高"，如四出头官帽椅示意图。

明 黄花梨折叠式镜台 上海博物馆藏

器物示例：黄花梨折叠式镜台，边长 49 厘米，支起高 60 厘米，放平高 25.5 厘米。镜台上层边框内为铜镜的支架背板，铜镜可放平，也可支起。背板下层正中有一荷叶式木托，可以上下移动，以备支架不同大小的铜镜。中层方格中心空透，系在镜钮上的丝条可从这里垂到背板的后面。底箱为两开门，中设三具抽屉，四足内翻，造型低扁有力。

九、织物与服饰

1. 织物

明朝棉纺织开始普及，江浙一带的"南京土布"大量出口。明政府在南京、苏州、杭州等地设置织染局，集能工巧匠从事龙衣彩缎等高级衣料的生产，同时又动用民间机户为其生产。在织造技术、染色、纹饰方面，较元朝都有很大发展与提高。

明朝丝织有四大产区。一是江浙，为全国丝织生产中心，织物质地精美，产量巨大。二是四川，代表织物为蜀锦。三是山西。四是闽广，福建有一种"改机"颇具特色。改机所织的丝绸，两面都有纹样，多为中小型花朵，略似南京的库锦。此外还有漳州的天鹅绒，广东的纱，都是全国有名的丝织品。

（1）制作方法及艺术特点分类

明朝锦缎，依其制作方法和艺术特点，可分为三类。

之一，妆花，一种多彩的丝织物。以众多不同色线织成，色彩异常丰富。花纹一般较大，故有"走马看妆花"的比喻。妆花在明朝非常盛行，锦、缎、绸、纱、罗、绢等都可用妆花织成。其织法复杂，为丝织物中的精品。

器物示例：黄地桂兔纹妆花纱，幅长 47 厘米，幅宽 48.5 厘米。此妆花纱以黄色经、纬线织平纹纱地。构图为三行小兔，间饰菊花和牡丹。小兔皆仰首，口衔灵芝或桂花，构图严谨，富有创意。用色艳丽古雅，织工细密精湛，为明早期南京云锦织物的精品。

明 黄地桂兔纹妆花纱 故宫博物院藏

明朝的纱织物品种很多，有湖州的直纱、花纱、夹织纱、包头纱，泉州的素纱、花纱、金线纱等，各种不同的纱都各有专门产地。

之二，本色花，通常称"库缎"、"摹本缎"。此种织物是在缎地上起本色花，根据织法不同，又分亮花、暗花两种。亮花织纹组织多浮于缎面，暗花多由经纬组织变化形成，较少织浮于缎面。

之三，织金银，在缎地上用金线或银线织出花纹。

（2）织物纹饰

明朝织物纹饰丰富多彩，已由纯粹的图案趋向写实绘画，纹饰多附有象征性、寓意性和装饰性，可以分为以下几类图：

云、龙、凤、鹤这类图案所占比重极大，变化也很多样。如云纹有四合云、海水江牙云、七巧云、植物化云等。龙纹也有坐龙、行龙、盘龙、团龙之分。

几何纹，有万字、回纹、锁子、龟背、八达晕等，多是唐宋延续下来的传统纹样。其中八达晕应用最多，具有庄重华美的艺术效果。

明 五彩云龙海水锦
中国国家博物馆藏

柿红盘绦花宋锦
故宫博物院藏

蓝色缠枝莲龙纹织金缎
中国丝绸博物馆藏

灰色杂宝云纹花纱
中国丝绸博物馆藏

明 缠枝八吉祥织金缎
中国丝绸博物馆藏

喜字串枝并蒂莲花织金缎
首都博物馆藏

花卉纹，多以团花、折枝、缠枝形式出现。缠枝，是明朝甚为流行的一种图案组织，以连续的曲线为骨架，相间排列各种花朵，枝间饰勾卷状叶片。早期缠枝花的花叶大小相称，比例协调，晚期叶片变小，几乎只显示枝茎和花朵。

明中期，棉纺织业已经成为许多农民的家庭副业，渐渐出现一些以生产棉布为主的城市和乡镇。此时，纺织技术也有所改进，发明了纺双纱或三纱的"天车"。万历之后，北方的棉布生产发展起来，棉织品多仿照丝织品采用提花或印染工艺。

器物示例：青地蕃莲印花布，纵 35.1 厘米，横 14.3 厘米。印染花布在明朝盛行不衰，各地都有棉布印染行业。花布印制方法有两种：一种是把灰粉加入矾中，在白坯布上绘制出纹样后随意印染，待出缸后刮去灰粉即可；一种是用木板雕出所需纹样，再把布蒙在版上，上色印出花纹。此花布为木板套印的方法染印而成。

明 青地蕃莲印花布 中国国家博物馆藏

2. 服饰

明朝时，中原地区再次被汉族控制，明皇帝废弃了元朝服制，并根据汉族人民的习俗，将服饰制度重新规定。皇帝服饰有冕服、通天冠、皮弁服（弁为男子戴的一种帽子）、武弁服、常服等。同时还制定了后妃礼服、常服，文武官员常服等。补服是明朝官吏的主要服饰，因其前胸后背缀补子而闻名。明朝以补子纹饰来区分官员品级，总体上将官员分为文官和武官两大类，文官着禽鸟补子，武官着猛兽补子，具体如下（洪武二十四年制）：

文官：一品仙鹤，二品锦鸡，三品孔雀，四品云雁，五品白鹇，六品鹭鸶，七品鸂鶒（xī chì），八品黄鹂，九品鹌鹑。

武官：一品、二品狮子，三品、四品虎豹，五品熊罴（pí），六品、七品彪（似虎），八品犀牛，九品海马；杂职：练鹊；风宪官（监察百官的官员）：獬豸（xiè zhì）。

明朝男子服装以袍衫为主，右衽宽袖，女性服装风格以修长、窈窕为美，上衣和裙的长短随风气变化，并无定式。此外，明朝女性还流行着背子、比甲和水田衣。

明朝背子　　　　　　明朝比甲　　　　　　明朝水田衣

　　背子，也称"褙子"，样式继承宋朝，贵贱皆服，分合领和对襟两种。大袖背子为贵妇礼服，小袖则为普通妇女便服。

　　比甲，即无袖无领的对襟马甲，明朝中期开始流行，比后来的马甲、坎肩要长，罩在衫袄之外。

　　水田衣，是一种以各色零碎织锦料拼合缝制的服装，形似袈裟，因拼缝的布形如水田而得名。

　　明朝建立之初，朱元璋便下令禁止胡语、胡服、胡姓和胡俗等，努力扭转元朝遗风。在这样的背景下，明朝的器物风格逐渐走向端庄敦厚。但随着经济的日益好转，社会上层风俗好尚逐渐转向世俗化，追求奢侈、炫财炫富蔚然成风，以至寻常百姓也日染奢习。

　　同时，以士大夫为首的文人雅士们多对金石学偏爱有加，故而他们眼中的高档器物也不一般。士大夫们多喜设计精致考究、外形古雅清秀的器物，对材质与工艺反而没有过高要求。

第二节

明朝概况

——专制极端

明朝是中国历史上最后一个由汉族建立的大一统王朝，明初，君主专制在历朝历代的基础上空前加强，丞相被废除，行省制也进行了改革，一切事务均由皇帝掌控。

一、政治兴衰

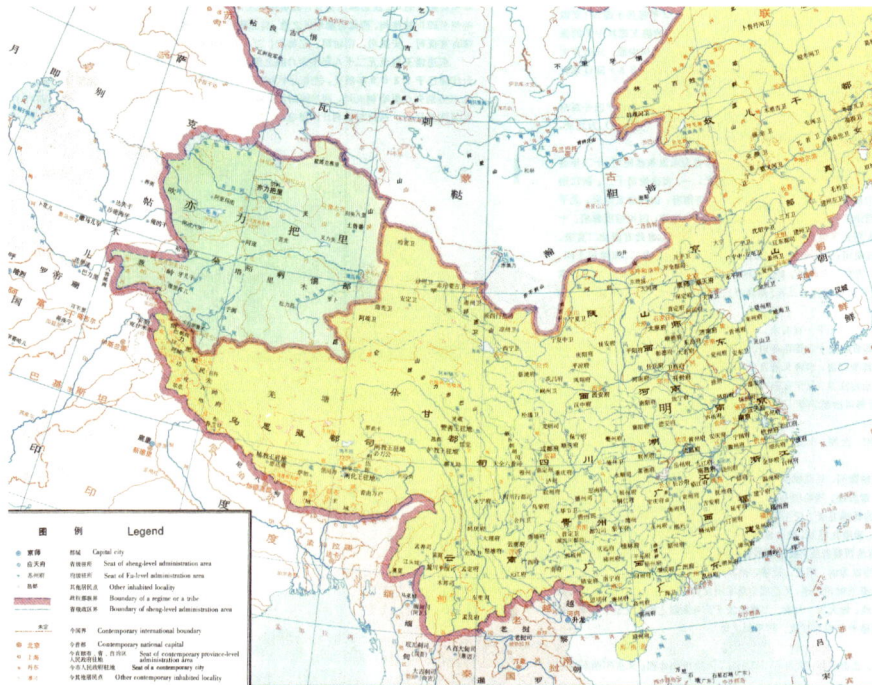

明朝疆域图　图片来源：《简明中国历史地图集》

公元 1368 年，明太祖朱元璋在南京应天府称帝，国号大明，共传十六帝，享国 276 年。明朝是继汉唐之后的又一黄金时期，国土面积最大约达一千六百万平方公里。

1. 靖难之役

明太祖朱元璋将自己的诸皇子分封于各战略要地镇守边疆，以拱卫王室。诸王中以北边"三王"（秦王、晋王、燕王）实力最强。洪武末年，太子、秦王、晋王相继去世，长期统兵作战的燕王朱棣遂成为诸王中势力最强、辈分最大者。

洪武三十一年（1398年），明太祖病死，长孙朱允炆继位，为建文帝。建文帝为保朝政准备削藩。建文元年（1399年），燕王朱棣以诛齐泰、方孝孺、黄子澄为名，誓师北平，号称"靖难"，经过四年"靖难之役"攻克京师，建文帝焚死（一说失踪）。朱棣称帝，改元永乐，为明成祖。

2. 永乐政局

朱棣即位后，继续巩固中央集权。其一，继续削藩，使军政大权进一步掌握在中央。其二，设立内阁，选文职官参与机务，后设内阁首辅，类似宰相，设内阁大学士，兼六部尚书。但不是法定权力机构，权力大小由皇帝决定。其三，恢复使用锦衣卫，又设"东厂"由宦官掌管。其四，迁都北平，为加强对北方控制，加之朱棣原封地在燕云一带，于永乐十七年（1421年）迁都北平，改称"北京"。

明成祖大力开拓海外交流，派郑和下西洋，派陈诚使西域，开创了万国来朝的局面。在经济上，大力发展农业，兴修水利，疏通大运河，减轻税负。此外，明成祖还命人编纂了《永乐大典》，此典籍包含了先秦以来所有经典书籍，可视为百科全书式的典籍。明成祖统治期间社会安定、国家富强，疆域辽阔。

3. 仁宣之治

成祖之后是仁宗与宣宗，他们在位期间政治清明、法纪严明、仓廪充实、社会稳定，形成了明朝早期国泰民安的升平景观，史称"仁宣之治"。

器物示例：三阳开泰，朱瞻基（宣宗）作，纸本，设色，纵211.6厘米，横142.5厘米。朱瞻基的绘画取材偏向花鸟、畜兽、墨竹，多带有寓意性，风格受文人画的影响，注重表现线条和墨韵，他还常以书画作品赏赐近臣。

此画描绘一只母羊与两只乳羊，并衬以竹树和茶花。"羊"与"阳"谐音，

明 三阳开泰轴 朱瞻基
台北故宫博物院藏

"竹"与"祝"谐音，故此画有"三阳开泰"之意。

4. 土木之变

明朝至英宗时，各方面的矛盾逐渐暴露出来。正统十四年六月（1449 年），蒙古瓦剌部首领进兵明境，英宗朱祁镇在太监王镇怂恿下亲征，后被俘走，多名大臣战死，史称"土木之变"，也称"土木堡之变"。土木之变后，文武百官拥立朱祁钰称帝，景泰元年（1450 年）英宗回朝，1457 年夺门之变英宗复辟，改年号天顺。

5. 国本之争

明后期社会矛盾激化，万历皇帝终年深居宫中，不闻政事，诸事全由大臣和宦官处理，朝政混乱，各级官僚纷纷争权夺利。这一时期，朝廷爆发了"国本"斗争。神宗宠爱郑贵妃，想立她的儿子常洵作太子。而诸大臣为维护继承制，要求立长子常洛为太子。最终常洛在东林党等支持下，立为太子。明熹宗执政初期，东林党人得到重用，势倾一时。但此后宦官魏忠贤得势，形成阉党，大兴冤狱，将东林党人诛杀殆尽。

6. 明末农民起义与明朝灭亡

明末农民战争形势图　来源：《九年义务教育历史教科书》

明朝后期，土地兼并愈加严重，大批农民沦为佃户和奴仆。同时，水灾、蝗灾和瘟疫空前严重，从万历到崇祯的 71 年中，灾年有 68 年之多。公元 1627 年，明朝最后一个皇帝明思宗崇祯继位，明王朝统治接近尾声，大规模农民起义爆发。1644 年，李自成率农民军攻入北京，崇祯皇帝在煤山（今北京景山）自缢而死，明朝灭亡。

二、各项制度

1. 官制

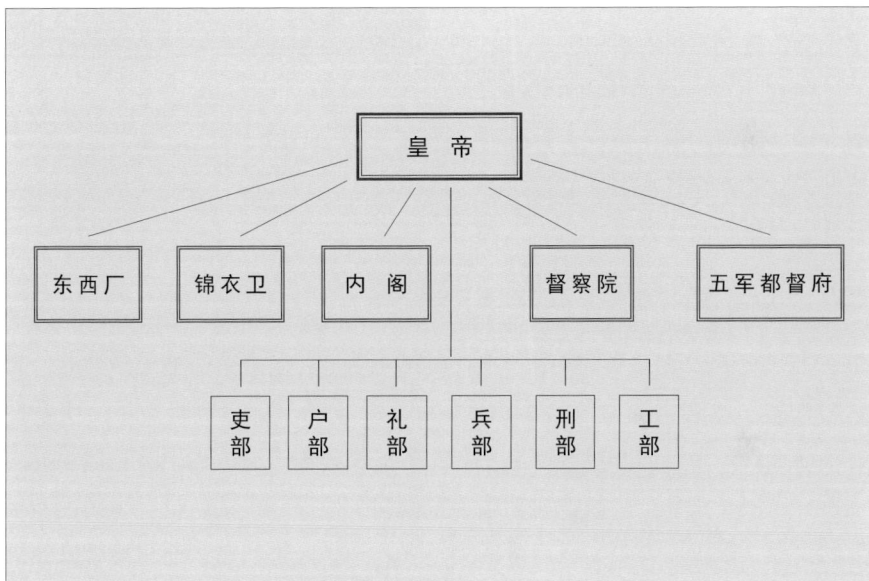

明朝官制示意图

明初集权、专制都达到了极端强化的程度，废除了丞相，也对行省进行了改制。1376 年，废行省名号，设"承宣布政使司"，置左右布政使，主管行政、财政；设提刑按察使司主管刑法；都指挥使司（简称"都司"）主管军事。事权分散，互相监督，削除了地方割据的因素。

1377 年，设"通政使司"主管章奏，丞相权利被削弱。接着发生了两起丞相专权谋反案，朱元璋以此为借口于 1380 年废除丞相一职。六部地位被抬高，而六部尚书直接听命于皇帝，对皇帝负责。中央大权直接集皇帝于一身，专制主义大为加强。

2. 严密监察制度及机构

为纠察百官善恶，明帝王还设立了监察和"特务机构"。监察机构初称"御史台"，洪武十五年改称"都察院"，都察院的左右都御史专职弹劾百官。又下设十三道监察御史，专职弹劾地方官员，监察御史品低权高，"代天子巡守"。另设专察六部奏章真伪的"六科给事中"。

锦衣卫为明朝的"特务机构"，下辖南北镇抚司，密缉盗贼奸人。还专管皇帝下令审察的案件、纠察功高位重之臣。

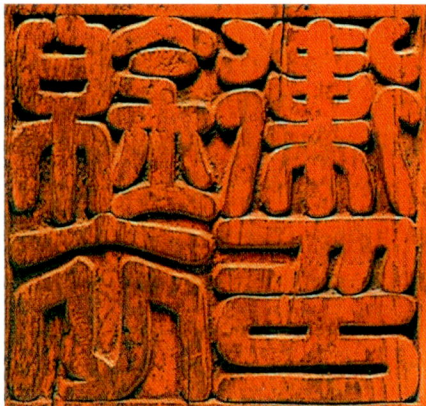

明 成化时期 锦衣卫木印
中国国家博物馆藏

3. 科举制

明朝科举三年一考，以四书五经命题，四书以朱熹的四书集注为准，文章格式为八股文。参加考试者，须是府州县学的生员，府州县学是明朝地方学校，经过地方的三级考试后才有资格参加科举考试。由中央直接管理的学校称"国子监"，生员多为功臣、官僚和少数民族子弟，也有少数民间推荐的民生。国子监学生结业后可直接做官，不必经过科举，而州县学以下的生员须经过科举考试才能取得做官资格。

乡试，三年一次，朝廷派官，在省城举行，称"秋闱（wéi）"，中者为举人，第一名为解元。

会试，举人参加，在乡试第二年二月，称"春闱"，礼部主持，在京城举行，考中者为贡士，第一名为会元。

殿试，贡士（或部分）参加，在皇宫大殿举行，皇帝主持，考中者为进士，第一名为状元，第二名为榜眼，第三名为探花。

各级正式考试，中者即可为官。明中期以后，国子监已名存实亡，全以科举取仕。

二、军事

明初军事由大都督府管辖，都督府分前、后、左、右、中五个，管辖京师和地方军队。但不能统率部队出征，出征时需皇帝发令，兵部出将，出征前由皇帝给将官"印信"，战后将"印信"交还，士兵仍回原地驻守。

从中央到地方的军队都设卫、所。一般五千六百人设一卫，长官为卫的指挥使，下辖五个千户所；每千户约一千一百二十人，长官为千户，又下辖十个百户所。卫、所、军士皆另立军籍，称军户。

明　铜柄钮"鳌山卫后千户所百户印"　故宫博物院藏

器物示例：铜柄钮"鳌山卫后千户所百户印"，印高8.8厘米，印面长7.1厘米。印铜铸，直柄钮。印面内铸阳文叠篆书体，右上起顺读。印台有楷书刻款"鳌山卫后千户所百户印。礼部造。洪武三十一年五月。鳌字五十一号"。

明朝百户统兵一百一十二人，分为二总旗，十小旗。明官印多为椭圆柄钮，体长，下宽上敛。鳌山卫为洪武二十一年（1388年）设立，治所在今山东省即墨市东鳌山卫。

四、农业与商业

1. 农业

明初，朝廷鼓励农民垦荒，耕地面积明显扩大。洪武时，各州县每年垦田少者以千亩计，多者达二十万亩。洪武二十四年（1391年），全国纳税土田总数达三百余万顷。洪熙年间，更是增加到四百余万余顷。种植面积增多，粮食和经济作物总产量也随之提高。

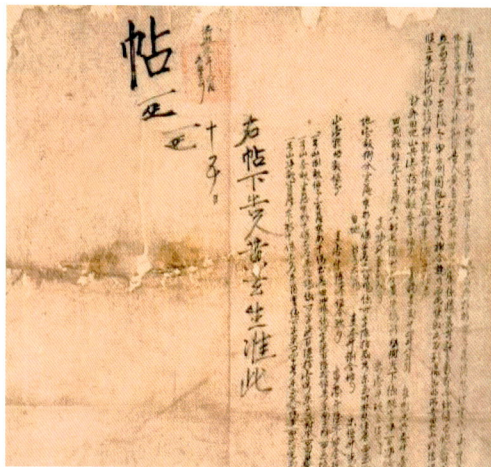

明 直隶开垦事帖 中国国家博物馆藏

器物示例：直隶开垦事帖，纵 60.2 厘米，横 46 厘米。此开垦事帖是明初发给直隶徽州府祁门县（今安徽省祁门县）农民黄玄生开垦荒地的凭证。帖中记录了他开垦荒地的名称、位置、面积和三年后应交纳的税粮数量。与明初规定农民开荒的政策一致。

明朝对越南稻种进行改良，在南北平原广泛推广种植，水稻产量大面积提升。同时，在地形崎岖和干旱贫瘠地区推广甘薯、玉米、土豆、花生等耐干旱作物，使土地得到了最大限度的利用。此外，明末烟草传入中国，推广迅速，遍及广东、江南、山东、湖广、陕西、甘肃各地。

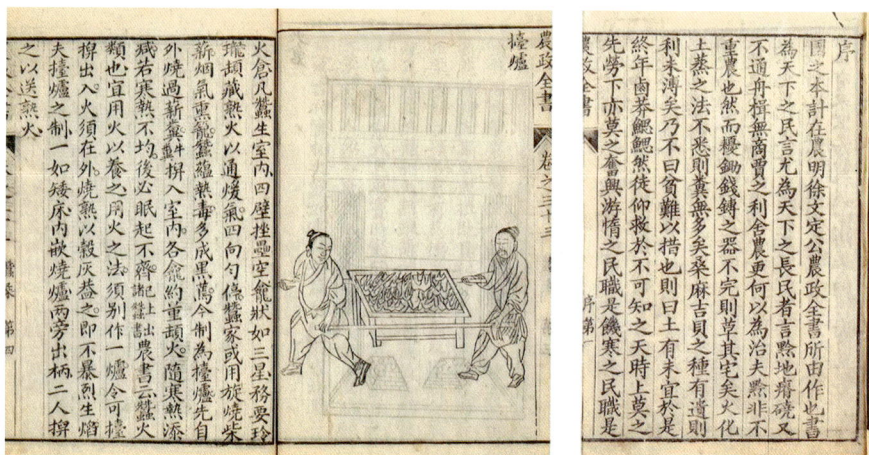

明 农政全书内页 徐光启著 中国国家博物馆藏

器物示例：农政全书，徐光启著。徐光启，字子先，上海县（今上海市）人，万历三十二年中进士，官至文渊阁大学士。他的科学研究范围广泛，尤以农学和天文学为突出。《农政全书》共六十卷，十二大目，约五十多万字。

从此书可知，明末农业上各个生产过程所需的工具都已齐备。水转连磨、水转翻车，以及木牛耕具的使用，对于提高明朝农业生产力，均有深刻影响。

2. 商业

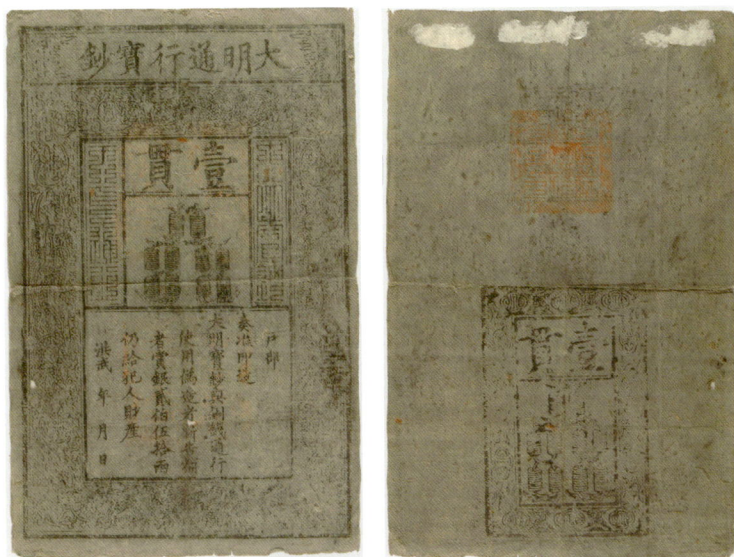

明 大明通行宝钞壹贯 上海博物馆藏

明建立后，铸"洪武通宝钱"。由于铜钱份量重、价值小，不便于大宗贸易，明太祖决定发行纸币，造"大明宝钞"，禁止民间用银。但发行额没有限制，旧钞、烂钞又未能及时回收，更不能兑换银子，加上印制简陋，容易伪造，这就使得大明宝钞很快贬值。之后，明政府开始在全国各主要市镇征"市肆门摊税"，要求商人纳钞，以提高钞值。

明 "京库金花银"银锭 "解秋粮银"银锭 中国国家博物馆藏

明 金锭 中国国家博物馆藏

明朝中期，尽管自给自足的自然经济仍居统治地位，但由于生产水平的提高，小生产者有能力售卖更多的劳动产品，从而促使商品经济有了很大发展，有"买不尽松江布，收不尽魏塘纱"之谚语。中期以后，"朝野率皆用银"，市场上大小买卖也都以银计算。商业资本十分活跃，各地商人和商业资本集团众多。

明 南都繁会图卷局部 中国国家博物馆藏

器物示例：南都繁会图卷，纵44厘米，横350厘米。此图卷描绘的是明初都城南京，画面从右至左，由郊区农舍开始，经城中的南市街和北市街，止于南都皇宫，着重表现街市纵横，店铺林立，标牌广告林林总总，车马行人摩肩接踵。画卷内共绘有一千多个职业、身份不同的人物和一百零九个商店招幌牌匾，充分反映了明朝城市经济和社会生活的深刻变化。

明成祖迁都北京后，南京虽然不是首都，但仍是明朝重要的政治、经济和文化中心。由这幅写实风格的绘画作品可知，明朝南京商业贸易发达，画卷所绘的招幌匾牌，如"西北两口皮货"、"川广云贵德森字号"、"福广海味发客"、"立记川广杂货"、"京式靴鞋店"、"南北果品"等说明南京是各地百货云集、八方商民杂处的商业大都市。而"东西两洋货物俱全"招幌，则隐约地透露出了明朝中外贸易的发达程度。此外，从画中还可看出明朝文艺活动的丰富多彩，唱戏、踩高跷、武术表演等应有尽有。

明 货郎图 中国国家博物馆藏

五、宗教

1. 道教

朱元璋起事后借用道士之说，称他家祖坟风水好，当出天子。行军打仗时，道士周颠仙和道人张中等常为他出谋划策。他还称自己曾梦游天宫，见到道家"三清"，有紫衣道士授他真人剑服等，完全神化了自己。成祖朱棣在"靖难之役"中也以道士颤士、袁珙、袁忠彻、金忠等为谋士，说自己起兵时玄武神曾率"天兵"助战等等。故自明初以来，历代皇帝都在"神道设教"的现实需要下扶植道教发展。建国伊始，朱元璋就赐正一道领袖张正常为"正一教主，嗣汉四十二代天师，护国阐祖通诚崇道弘德大真人"称号。朱元璋还亲自为《道德经》作注，表示推崇。直至明末，正一教在中国道教中一直占支配地位。

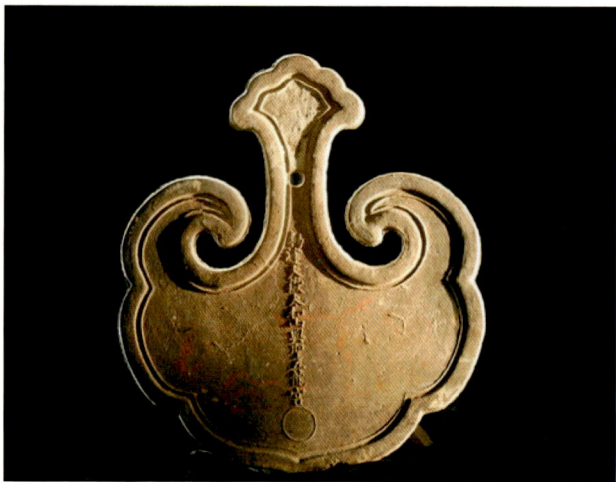

明 雕漆道符 南京博物院藏　　明 铁铸如意宝磬 武当博物馆藏

朱棣夺取帝位后，为报答玄武神的阴助之恩，便在京城和武当山大建宫观。仅修建武当山宫观就动用了三十余万丁夫，耗时六年。建成八宫、二观、三十六庵堂、七十二岩庙，又在天柱峰顶冶铜为殿，饰以黄金，供玄武像。

明太祖、太宗后诸帝都照例对道教优宠扶持。世宗朱厚熜继位后，抑佛扬道，崇信方士，大修道宫，迷信丹药，深居西苑，一生自封三次道号，二十余年不理政事，把明朝统治者的崇道行为推向极致。道士、宫观遍布天下，数量空前增长。

明 木雕彩绘五百灵官组像
武当博物馆藏

明 青花八仙人物纹五孔水盂
中国国家博物馆藏

明朝道教神系基本定局，分尊神和俗神两大系统。尊神有"三清"，即元始天尊、灵宝天尊、道德天尊；"四御"，即玉皇大帝、紫微北极大帝、勾陈上宫天皇上帝、后土皇地（主宰大地山川的女性神，也称为"后土娘娘"）；"七耀"，即日、月、木、土、金、水、火；"四方"，即青龙、朱雀、白虎、玄武及二十八星宿等；此外，还有五百灵官、真人（如南华、四大真人）、仙人（如八仙）等，均属于尊神范畴。

俗神多来自民间，如雷公、电母、关公、门神、灶神、土地、妈祖、药王、财神等。其中，金阙真人、玉阙真人、真武大帝、萨王二真君、五通神、关公、晏公、城隍、吕洞宾等在明朝极受尊宠。

2. 佛教

明初，中央对宗教管理比较严格，成祖之后才有所放宽。明朝汉地佛教流传最广的为禅宗，净土宗也比较盛行。明末，袾宏、真可、德清、智旭四位高僧影响很大，均以倡导三教圆融而著称。

明 鎏金铜绿度母坐像 鎏金铜观音菩萨坐像 中国国家博物馆藏

　　明朝藏传佛教的发展主要为宗喀巴的宗教改革，宗喀巴要求僧人严守戒律，学习经典要先显后密，按部就班；寺院要建立有计划、成系统的教学组织，并与管理组织分开。他联系地方封建势力，又不与任何一种势力结合，避免被世俗权力所操纵，以保持宗教的独立性。他的改革稳定了青藏高原的社会，为藏传佛教的振兴和发展奠定了基础。

明 漳州窑白釉释迦牟尼坐像 中国国家博物馆藏

器物示例：漳州窑白釉释迦牟尼坐像，高 62.6 厘米，底座长 25.2 厘米，宽 21 厘米。此释迦牟尼像头顶螺髻，双目微闭，胸前饰"卍"字纹，双手叠于腹前，盘坐于莲座之上。坐像底部刻有"开元寺"、"大明万历乙卯年漳州府东溪乡"、"冶子陈福成叩谢"等字，可知此像为明万历四十三年（1615年），漳州府东溪乡漳州窑制瓷艺人陈福成制作，并供奉在泉州开元寺。

漳州窑是位于漳州的一处瓷窑，在明、清两朝以烧制米黄色釉瓷器著名。清朝学者郭柏苍在其所著的《闽产录异》中有"漳窑出漳州，明中叶始制白釉米色器，其纹如冰裂。旧漳琢器虽不及德化，然犹可玩也"之说。因漳州月港曾是商港，漳窑瓷器一度远销海外。清朝初期，清政府实行海禁政策，该商港迅速衰落。开禁后也未能恢复，月港与漳窑古址遂湮没无闻。

六、学说

明朝程朱理学占统治地位，明初统治者极力提倡儒学和程朱理学。中期以后，王阳明理学兴起，并有了李贽的反理学思想。

1. 心学

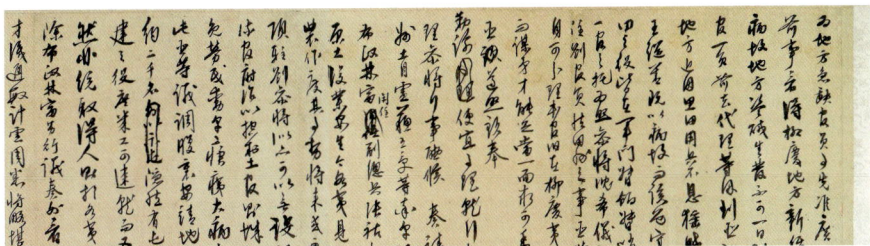

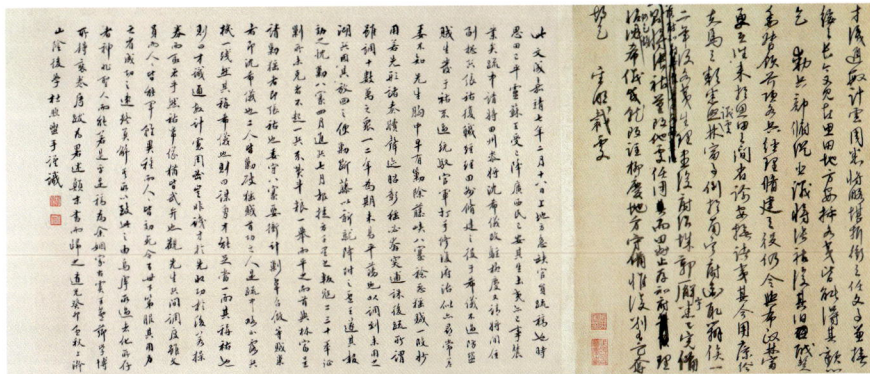

明 嘉靖七年二月十八日王守仁上急缺地方官员疏手稿局部 中国国家博物馆藏

王守仁，浙江余姚人，人称阳明先生。官至南京兵部尚书，多次率军镇压农民起义，故而认识到思想控制的重要性，正所谓"破山中贼易，破心中贼难"。后在东南、贵州等地聚众讲学。

王阳明继承陆九渊的主观唯心主义理学，后人称"陆王派"。他提出的"心外无物"是陆九渊的"宇宙便是吾心，吾心便是宇宙"的发展，认为人的意念指到那里，哪里便产生物。王守仁学说的政治意义，在于把封建社会的伦理观念论证为人心所固有的"良知"，他认为靠心中体验来"体认"道德伦理至关重要。

2. 李贽的反理学思想

李贽是福建泉州人，他做过知府，后弃官治学，师从王艮之子王襞。著有《焚书》《续焚书》《藏书》《续藏书》等作品。

李贽首先打破了对孔子的迷信，除统治者尊孔外，理学集大成者朱熹也有"天不生仲尼，万古长如夜"的名句。而李贽认为孔子"无学无术"，孔子学说可作为一种学说，但"以孔子之是非为是非"是不合道理的，这无疑是直接触动了理学的祖师。

同时，他还直接批判了理学所提倡的伦理道德。认为人不应划分贵贱高低，反对抑商，反对禁锢人们思想，有了朦胧的平等、个性思想。但后来被政府以"敢倡乱道"为名迫害，削发为僧，不久又被逮捕，死在狱中。

七、科学技术

1. 天文历法

明初严禁民间学习和研究天文历法，直至孝宗时禁令才有所松弛，一些学者开始研究天文历法。万历时，著名天文学家邢云鹭著《古今律历考》一书，全面评述了历代历法，又在兰州立六丈高表，进行冬至时刻实测，进而算得回归年长度值为365.24219日，约与理论值差2秒，是当时中国乃至世界上的最佳值。明朝晚期，传教士将西方天文学带入中国，徐光启与西洋耶稣会士龙华民等合作编著了《崇祯历书》，系统地介绍了欧洲天文历法，对中国天文学的发展有很大的影响。

2. 医药学

《普济方》是明朝的医药学著作，由朱橚（sù）、滕硕、刘醇等人编纂，此书分科收录药方，为我国现存最全的一部医方书籍。此外，李时珍是明朝最著名的药物学家，其父李闻言是当地名医。李时珍少从父学，曾在太医院任职，其著作除《本草纲目》外，尚有《濒湖脉学》《奇经八脉考》等流传于世。李时珍死后，此书于万历二十四年刊出，后传到日本、欧洲各地，对世界中医药学作出了不朽贡献。

明朝建立之初，明太祖朱元璋便废除了丞相、改革了行省制，后又设立了监察百官善恶的都察院。此番种种均是为了加强皇权，施行集权专制。明朝为当时兴盛一时的世界大国，但内外政策远不如唐朝开放，宗教、学说等均受到皇权的极大限制，多是为巩固政权而生。

第三节

明朝器物总说

——经济繁荣 自觉自醒

明朝中后期，社会奢靡之风日渐盛行，商品经济较为繁荣，市民逐渐注重生活享乐，自我意识开始觉醒。随之而来的是器物品种丰富，数量庞大，风格奢华繁复，重视寓意性，更加世俗化。

明朝器物，整体制造工艺较元朝有很大提高。玉器多采用镂空手法雕琢，常与黄金、珠宝组合搭配，异常华美。功用多样，可分为装饰用玉、礼仪用玉、日用器皿和文房用具等。陆子刚是明朝享有盛名的治玉大师，以他名字为旗号的赝品众多，以至于在今天仍可见到不少刻有其款识的玉器，需小心鉴别。同时，明朝收藏古玉之风盛行，商家为获暴利大量制造伪古玉，对今人鉴玉有一定影响。

明朝金银器多结构繁密，满布纹饰。金银首饰喜运用累丝工艺，玲珑剔透，繁复华贵。除金银器外，明朝还有一种重要金属器，即宣德炉。数量稀少，铜质优良，造型古朴深受世人喜爱，是明朝最具艺术特色的金属器之一。同时，掐丝珐琅逐渐发展壮大，色泽艳丽多以蓝色为主，又名"景泰蓝"，实为铜器，是明朝另一具有艺术特色的金属器物。

明朝瓷器在元朝基础上继续发展，器物种类繁多，大如龙缸，薄如蝉翼。以画花瓷器为主，刻花、划花、印花瓷器逐渐减少。在朝廷的扶持下，景德镇成为全国制瓷中心，"昼间白烟掩空，夜间红焰烧天"，窑口数量近乎上千。

明朝紫砂壶成为流行的品茗佳器，紫砂砂料含有杂质，较为粗糙，表面有明显的颗粒感。明初期紫砂器多为手捏成型，晚期出现木模制器。紫砂器不仅有茗壶，还有酒器、花盆、香盒、文玩等造型。明朝，漆器回归大众视野，制漆工艺非常发达，品种以雕漆与填漆为主。雕漆中，依漆色的不同又有剔黄、剔绿、剔黑、剔彩、剔犀之分。

绘画方面，明朝初期画风基本承袭宋、元两朝，山水画可分为三派，即院派、浙派和吴派。中期，吴派兴起，代表人物有沈周、文徵明等。晚期，松江派兴起，董其昌为此画派宗师。

自元朝书画结合以来，多数大画家也是大书法家。明朝初期，著名书法家有宋璲、宋广和沈度、沈粲等人。中期，书法家有祝允明、文徵明、王宠等人。晚期，董其昌结合颜真卿、米芾等大家书法，发展出自己独有的风貌。

明朝家具不可不提，其因简洁内敛，素逸剔透，备受瞩目。明朝家具装饰手法多样，用材广泛，但对装饰效果却恰到好处。此外，明朝家具还极富科学性，多采用榫卯结构，基本不用钉子，也很少用胶，受气候影响较小，历经百年仍可牢固如初。

在织物方面，棉纺织业发展壮大，棉织品甚至出口他国。织造技术、染色技术，较元朝也都有很大发展与提高。织物纹饰丰富多彩，已由纯粹的图案趋向写实绘画，多具象征性、寓意性和装饰性。

服饰上，明皇帝废弃元朝服制，根据汉人习俗重定服饰制度。官吏的主要服饰为补服，文官着禽鸟补，武官着猛兽补。男子服饰则以袍衫为主，右衽宽袖，女性服饰以修长、窈窕为美，上衣和裙的长短随风气变化，并无定式。此外，明朝女性还流行着背子、比甲和水田衣。

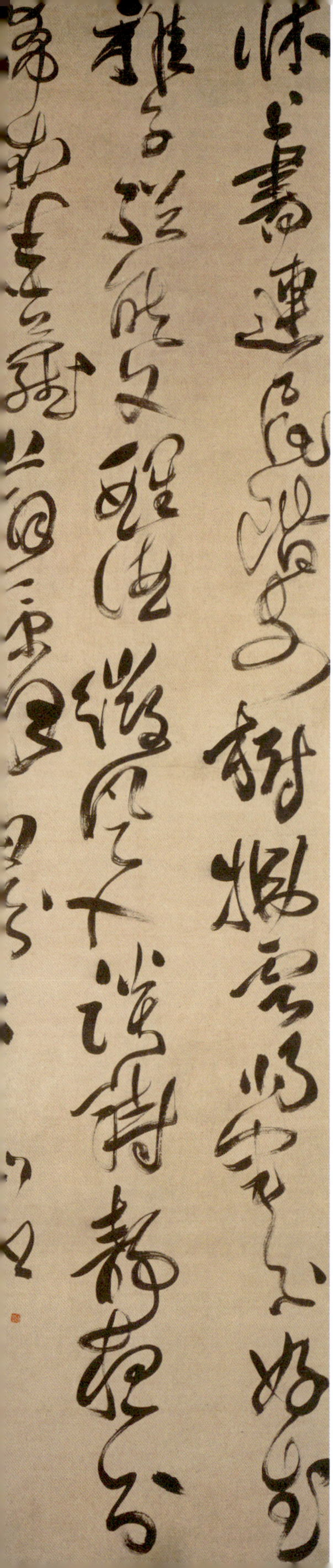

沐書連□□□謝□□□□好□
雜□□□能□□□□□□□
□□□□□從□□人□□□靜□□
□□□□□□□□□□□

第十二章
清朝器物文化

清 公元 1644 年 – 公元 1912 年

第一节

清朝器物

——繁缛世俗

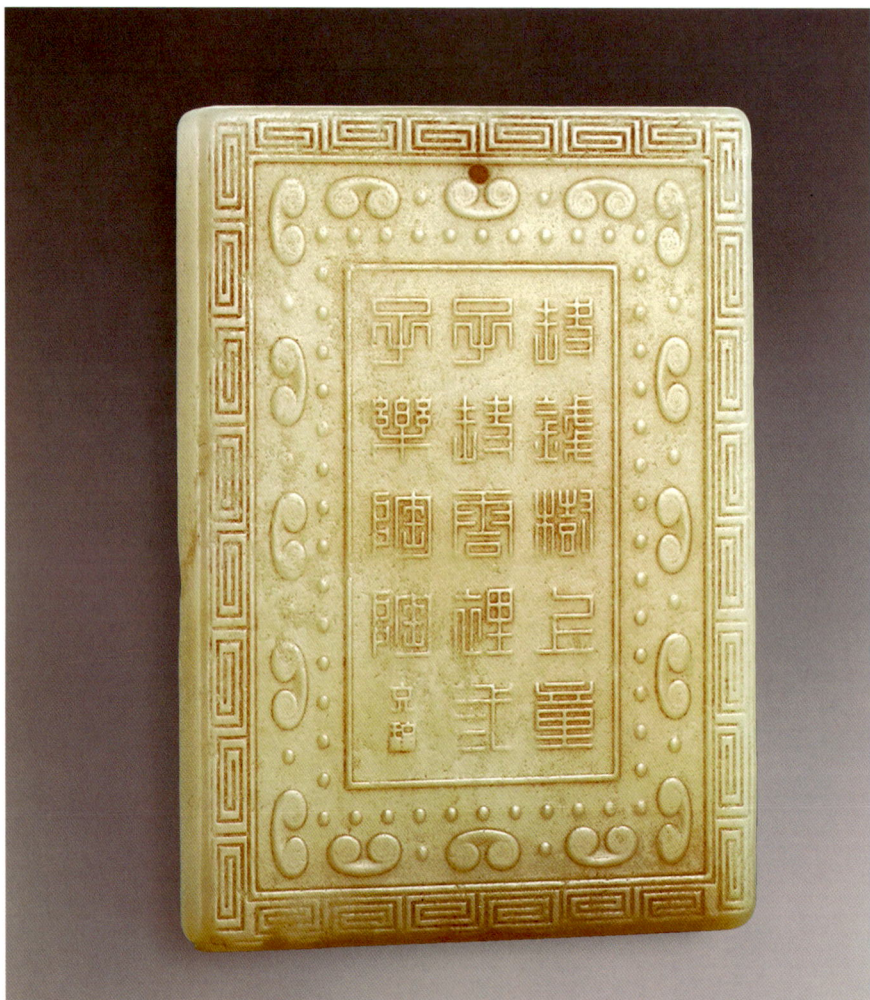

清 大腰牌 中国民间艺术品收藏评估委员会藏

清 铜胎画珐琅海棠式盒 台北故宫博物院藏

清 掐丝珐琅龙耳炉 台北故宫博物院藏

清 青花花果弓耳扁壺 台北故宮博物院藏

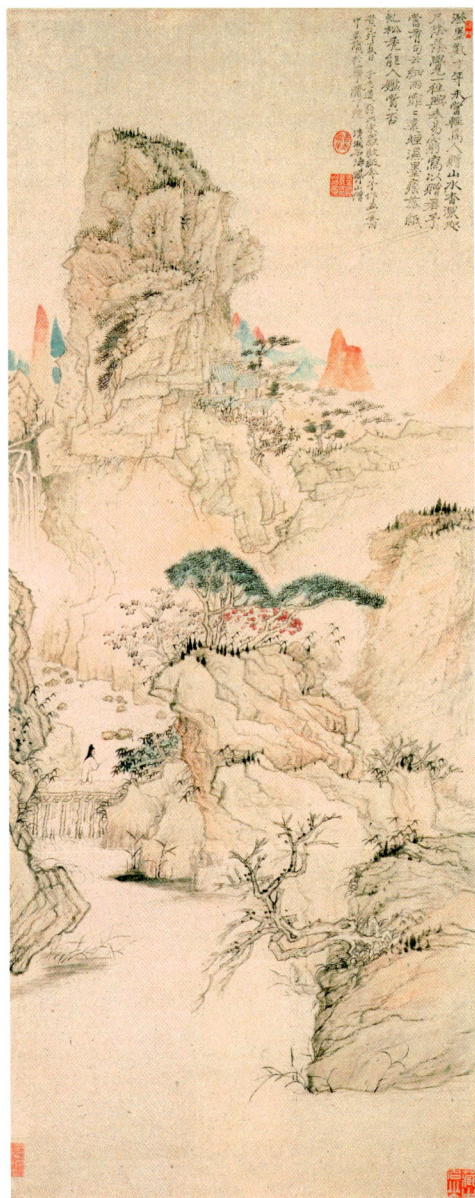

清 细雨虬松图轴 石涛 上海博物馆藏

戢紙麝煤沾筆媚

古甌犀液發茶香

乾隆甲子冬日書

古杭金農

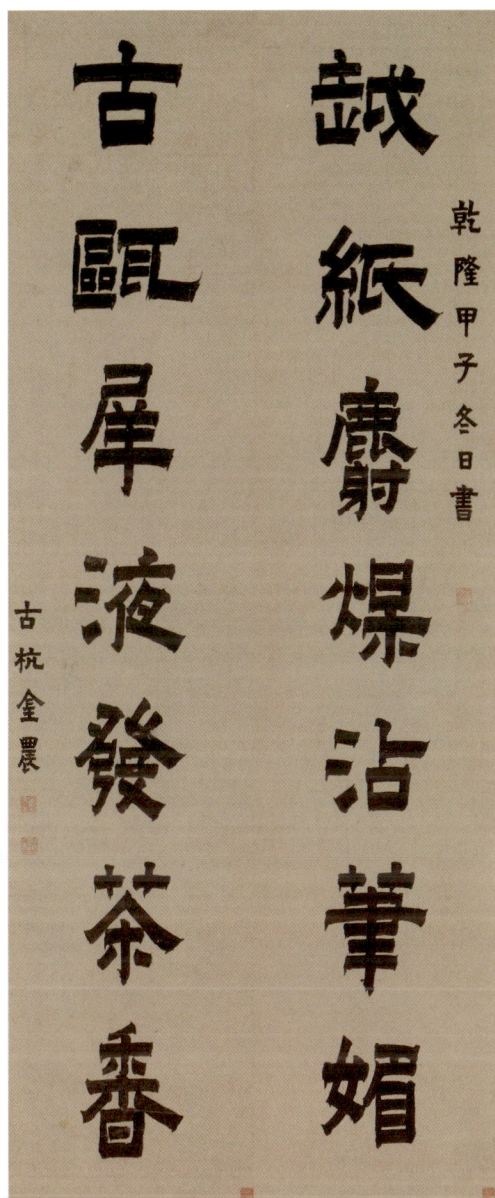

清　隸书七言联　金农　上海博物馆藏

清 景德镇窑蓝釉金银彩桃果纹瓶 上海博物馆藏

清朝是中国历史上最后一个封建王朝，由满族掌权。满族统治者大力吸收汉文化，可以说是少数民族统治集团中汉文明程度最高的民族，所以在器物风格上已不见太多北方民族印记。清朝以康熙、雍正、乾隆三朝最为鼎盛，在器物的艺术、技术性上也发展至巅峰。但在乾隆晚期，开始逐渐迷恋技术，忽视艺术，出现了不少繁缛世俗之器。

一、玉器

清朝在玉材方面以和田玉和翡翠为主，玉材数量、生产规模、加工技术、纹饰都远非历史上任何一个朝代可以比拟，堪称中国古代玉雕史上最后一个高峰。清朝重白玉，尤尚羊脂白玉。玉器多受绘画影响，做工严谨，有的碾琢细致，如雕似画，有的在抛光上不惜工本，以彰显玉质温润晶莹。

乾隆朝是玉器制作最全盛的时期。乾隆皇帝喜爱玉器，广泛收集、鉴别，甚至改制夏、商、周三朝古玉器。如今在故宫博物院中仍藏有不少清朝改制的旧玉。这一时期，玉器仿古风气更盛，玉器轮廓规整，棱角多呈劲挺锋锐状。清朝中期以后，玉器生产渐入衰落，制作工艺上多偷工取巧。

中国的优质玉材主要产自新疆。乾隆二十四年平定西北叛乱后，优质玉材被大量运往内地。由于玉材充盈，使得制作大型玉器成为可能。目前所知清朝最大的一件玉器为大禹治水图玉山，高两米有余，以密勒塔山产的青玉制成，表现大禹开山治水的宏大场面，于乾隆五十二年雕琢而成。开采、运输、制作此玉石消耗不菲，连乾隆皇帝也是痛心不已，便在玉山背面御刻诗词，告诫后人若仅为赏玩，万万不能再做类似的事情。

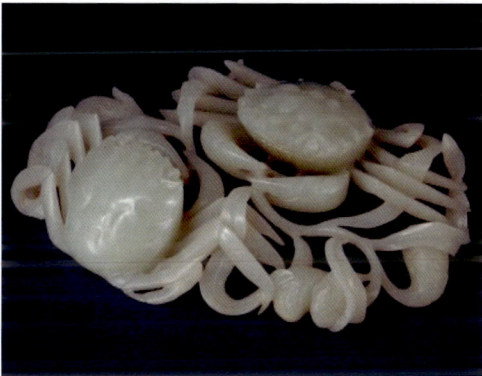

清 白玉双蟹 青玉盖炉 故宫博物院藏

清 大禹治水图玉山 故宫博物院藏

清 山水人物玉山 上海博物馆藏

清 青玉天鸡尊 青玉兰亭修褉山子 故宫博物院藏

　　器物示例：青玉天鸡尊，高21厘米。天鸡尊以整块青玉琢成，天鸡昂首直立，背负一方口尊，尊颈部饰蕉叶纹，腹部饰兽面纹。这些纹饰虽为商周青铜器纹饰，但纹饰线条工艺精湛，抛光度高，无砂碾毛刺。其表现形式已脱离古法，是清朝仿古之作。

　　器物示例：青玉兰亭修褉山子，高11.6厘米，宽31.5厘米。宋朝已有在玉器表面琢饰叙事性图案的做法，明朝琢玉图画更为盛行，但这种多在平面上表现。玉山子属于玉摆件的一种。这主要得益于玉矿石原料的拓广和制玉技术的发展。明朝的玉摆件较为细小，多以文人玩物为主，如秋山图、玉山子、人物雕像、小动物等。清朝逐渐出现大型玉雕摆饰，多取材于绘画、诗文、历史故事，有的更镌刻诗文、印章，布局精心，做工复杂，成为集诗、书、画、印于一体的三维雕刻艺术。

二、金属器

1. 铜镜

随着东西方密切交流，明末清初已有欧洲水银玻璃镜输入，为照容带来了全新体验。康熙皇帝在位期间曾设立玻璃厂，开始生产玻璃照容镜。随着玻璃镜在清朝中晚期的普及，铜镜的主流地位逐渐被取代。此时的铜镜产量急剧下降，且大多铸造粗糙。

清 凤纹铜镜 台北故宫博物院藏

器物示例：凤纹铜镜，镜径 13.2 厘米。背面中央有一凸圆钮，以铸模制作图纹，两侧装饰有一对浅浮雕凤纹，下方为一株浅浮雕莲花纹，边缘做八瓣花形，镜面平滑。

2. 金银器

清朝时期，中国金银器发展到了又一个历史高峰。代表着财富和尊荣的金银制品受到官僚贵族、地主和商人的喜爱，他们广泛的使用金银器及珠宝镶嵌工艺品，所以无论在数量与品种上，还是在制作工艺、造型和纹样等方面都十分丰富。

清朝金银器传世之作很多，以皇家宫廷御用金银器为翘楚，用料奢华，种类繁多，涉及宫廷典章、祭祀、武备、陈设、冠服、生活、礼佛等方方面面。工艺十分精细，充满了华丽感，色彩斑斓，以宝石、珠玉镶嵌为特色。同时，也反映了清朝宫廷繁缛的审美情趣。

清　金点翠花囊 故宫博物院藏

清 银累丝花瓶 故宫博物院藏

清 金镶四龙戏珠镯 故宫博物院藏

清 金瓯永固杯 故宫博物院藏

器物示例：金瓯永固杯，高 12.5 厘米，口径 8 厘米。瓯为古代器具之一，《说文》释其为"小盒也"。所谓金瓯，即金制的小盒，珍贵而坚实。古人往往用金瓯喻国土的完整、国家的繁荣。

此件金瓯永固杯金质，以立夔龙为耳，夔龙头各安珍珠一颗；三象头顶立、卷鼻为足，杯身錾宝相花，以珍珠、红蓝宝石做花心，点翠地，口边刻回纹。杯前正中有篆文"金瓯永固"四字，后面刻"乾隆年制"款识。

乾隆年间，清宫造办处制造了各式酒杯，其中不乏龙耳作品，且式样颇多，但这种以象鼻为足的作品却很少。这件金杯的设计及加工皆属上乘，是皇帝专用的酒杯。

3. 掐丝珐琅器

清康熙朝，掐丝珐琅器制作十分兴盛，大体可分为细丝粗釉、粗丝淡釉、匀丝浓釉三种。这一时期出现了大量仿明器物，还常錾刻景泰年款。经过雍正朝短暂的萧条后，掐丝珐琅在乾隆时期又开始繁荣发展，广泛使用欧洲釉料，色泽早期浓郁，中晚期雅丽，多运用鎏金工艺。乾隆时期的掐丝珐琅器影响很大，其风格被后面的嘉庆、道光等朝延续。

清康熙 掐丝珐琅菊石纹小圆盒　　清乾隆 掐丝珐琅双龙纹水丞 故宫博物院藏

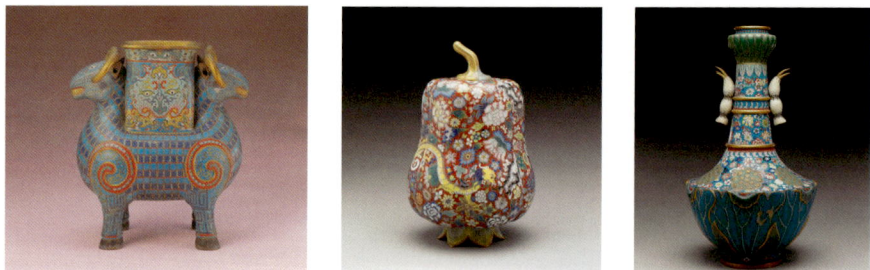

清 掐丝珐琅双羊尊 掐丝珐琅夔龙花卉纹瓜式盖罐 掐丝珐琅莲藕式瓶 故宫博物院藏

清 掐丝珐琅三足鼎 广东省博物馆藏 清乾隆 掐丝珐琅凫尊 故宫博物院藏

　　器物示例：掐丝珐琅凫（fú，野鸭）尊，高30.5厘米。此尊为铜胎镀金，凫身以绿色珐琅釉为地，掐饰羽毛纹。凫背装连椭圆形尊，尊以浅蓝色珐琅釉为地。

　　乾隆时期，掐丝珐琅的生产基地除内务府造办处外，还有广州、扬州两个重要产地。这两地烧制的掐丝珐琅器，一方面受宫廷工艺影响，按皇家样款，烧制内廷所需物件；另一方面由于地域差异，又带有明显的地方特色。扬州的掐丝珐琅造型别具一格，釉色偏冷，喜用蓝、绿色，色彩对比强烈。掐丝线条纤细，器物色彩、造型以及掐丝技法与内廷风格迥异。

4. 画珐琅器

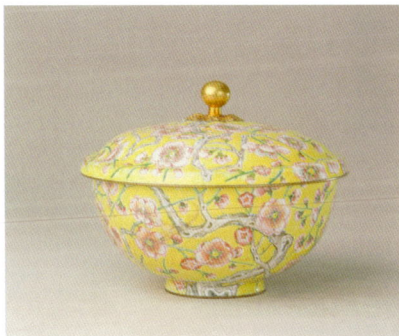

清乾隆 画珐琅花卉三足熏炉 清康熙 画珐琅盖碗 故宫博物院藏

画珐琅也称"铜胎画珐琅"，它以铜等金属为胎，先在胎上涂一层珐琅料，然后焙烧，再以珐琅料绘制出纹饰后，进行焙烧。这种方式起于欧洲，清朝初期传入中国。

康熙后期的宫廷画珐琅十分精美，釉质细腻光洁。雍正时期，多用黑釉为地。发展至乾隆时，画珐琅达到极盛，乾隆以后，逐渐衰落，晚清时又因外销而一度兴旺。

画珐琅器的常见造型有杯、盘、盒、炉、瓶等，装饰花纹多为绘画式花卉、山水等。其色彩极为丰富，有红、粉红、黄、土黄、浅黄、蓝、浅蓝、绿、浅绿、黑、白、紫、青等色。

清 珐琅花卉祝寿八宝双层盒 广州省博物馆藏　清 画珐琅八宝纹法轮 故宫博物院藏

清乾隆 画珐琅开光瓜棱式盒 故宫博物院藏

器物示例：画珐琅开光瓜棱式盒，高14.9厘米，口径17.5厘米，足径12.2厘米。盒做六瓣瓜棱式，以錾刻镀金的弦纹分为上、中、下三层，每层有六个开光，其内分别描绘不同的景致和花纹。上层为传统水墨山水画，中层为母婴西洋画，下层是折枝四季花卉。乾隆时期的画珐琅纹饰十分丰富，引进西洋画是其一大特色。

三、瓷器

清朝瓷器继承了明朝传统，以景德镇为烧制中心，在生产技艺上，仍有不少创造。釉色品种也有所增多，更为丰富多彩，在五彩和珐琅彩上都达到了较高水平。而青瓷的瓷色白而泛青，所以制作的青花瓷，在视觉上更为和谐。

清康熙 斗彩开光人物图花盆 广东省博物馆藏

在清朝全盛时期，景德镇的制瓷工人达二十余万人。清帝后、亲贵和王公大臣等都拥有各自的专属瓷窑。而景德镇的民窑也有较快的发展，其质量技艺，有时甚至超过了官窑。

1. 顺治时期

顺治朝历时十八年，此时期的瓷器造型多为碗、盘、炉、瓶等，碗较深而盘较浅。碗和炉多为卷口，瓶口缘多外敞。装饰花纹为花卉、人物、洞石、云龙等，布局较满，近似明朝特色。釉色呈青白，青花色调灰暗。胎骨厚重，口沿多为一圈酱色。

清顺治 青花洞石楸叶诗句盘 故宫博物院藏

2. 康熙时期

康熙时期的瓷器从釉色上来说，以红釉最著名，又称"宝石红"。因当时曾由名臣郎廷极督造，故也称为"郎红"。

元朝已开始烧造红釉瓷器，在明宣德时期成熟起来，但在宣德以后开始衰落。直到康熙时，才得以恢复生产。此时期的"郎红"也称为"郎窑红"，这和督窑官员郎廷极有关系，他对红釉非常痴迷，经过反复研究，终于研制成功，因此就以他的名字来命名。康熙时期的红釉瓷器颜色鲜艳，特点是挂不住口。器皿的口缘部分，红釉下淌，呈现淡青色。

清康熙 郎窑红釉观音尊 故宫博物院藏

清康熙 五彩仕女圆瓷板 中国国家博物馆藏

　　五彩是康熙时期的重要品种，生产最为繁盛，水平也最高。官窑器型普遍偏小，民窑则大小兼有。康熙五彩颜色浓艳，较明朝五彩有深浅层次之分。因清五彩烘烤温度较高，色彩明快，笔力劲健，与柔和秀丽的粉彩差异明显，所以又称为"硬彩"。

清康熙 五彩描金花蝶纹攒盘 中国国家博物馆藏

　　器物示例：五彩描金花蝶纹攒盘，大盘长 22 厘米，小盘长 15.8 厘米，直径 50 厘米。攒盘由内外两层共十二件大小盘组成葵花式样。攒盘又称为"拼盘"，为盛放食物的器具。始制于明朝万历时期，清康熙时较为流行，并延续至晚清。一组拼盘的数量不等，少者五个，多者达二十多个，按件数不同又称为"五子"、"七巧"、"八仙"、"九子"、"十成"，器型有六方形、八方形、葵花形、莲花形、扇形等式样。康熙攒盘多见五彩、三彩，乾隆时期品种多样。

青花在这个时期也有一定发展。所谓康青五色，是指渲染的次数加多，更富层次感。康熙青花颜色非常清丽漂亮，称为"翠毛蓝"。同时青花还可以分出层次来，称为"墨分五色"，能分出九个层次。所以康熙青花在整个清朝，乃至后来到民国，都被认为是清朝最好的青花。

清康熙 青花果树纹双管瓶 上海博物馆藏

器物示例：青花果树纹双管瓶，通高 19.8 厘米，口径 2.3 厘米，足径 7 厘米。这件双管瓶造型奇特，双口连体，器腹中间隔断，可同时盛放两种液体，其来源可能与 16 世纪意大利当地一种软陶油醋罐有关。通体用青花满绘花、果和昆虫，可以辨认的有葡萄、石榴、桃子、牵牛花、菊花、兰花以及蝴蝶和蜻蜓，繁而不乱。双管的外口沿和圈足上都有一周三角形的波浪纹，双管的内口沿还有一圈卷云纹。整器造型新颖，纹饰丰富，是一件清代康熙年间生产的外销瓷器，由景德镇制造，销往遥远的欧洲大陆。此青花果树纹双管瓶是民窑外销瓷中的精品，共有一对，均来自于荷兰收藏家倪汉克先生的捐赠。

目前所见最早的景德镇素三彩瓷器为明朝成化遗物，在明正德、嘉靖、万历时期，素三彩工艺已取得较高成就，至清朝康熙年间得以进一步发展，成为康熙时期具有特色的瓷器品种之一。康熙素三彩基本上是以黄、绿、紫三种低温色料装饰，因不使用红彩，画面显得典雅素净。

3. 雍正时期

雍正时期以粉彩成就最高。烧造粉彩开始于康熙，雍正时最为繁盛。粉彩的主要特征是色调柔和淡雅，笔力精细工整，故又称"软彩"。粉彩有温润匀净之美，五彩则有清新透彻之美。前者调和，后者挺拔，故有软硬之分。

此外，粉彩与五彩还有诸多不同。粉彩用玻璃白涂底，而五彩不用打底；粉彩用渲染手法表现，颜色由深到浅，有浓淡明暗，五彩则多用单线平涂；粉彩烧制温度为 700 度左右，五彩则为 800 度左右。

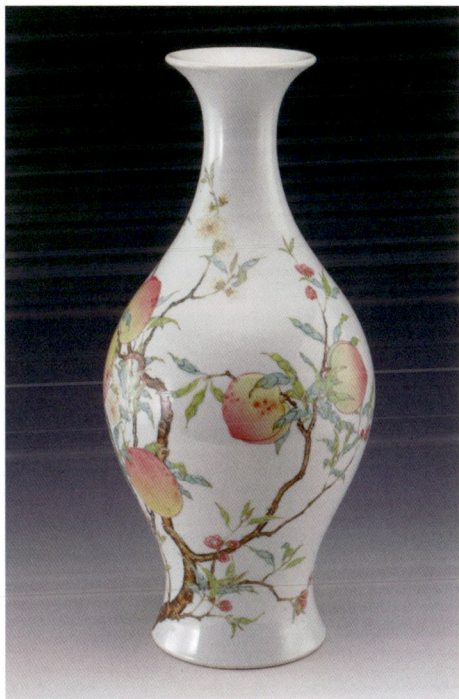

清雍正 粉彩蝠桃纹瓶 上海博物馆藏

清雍正 粉彩过枝桃牡丹纹盘 上海博物馆藏

4. 乾隆时期

乾隆初期瓷器继承康熙、雍正的传统风格，产生了不少优秀的精巧作品。之后，开始追求奇巧精异，但乾隆瓷器在清朝瓷器中仍占有重要地位。

清乾隆 粉彩镂空套瓶 景德镇陶瓷馆藏　清乾隆 松石绿釉镂空花篮 故宫博物院藏

珐琅彩是这个时期的重要品种，多为宫廷玩物，制作精巧，色彩华丽，具有浓厚的宫廷气。珐琅彩始制于康熙年间，最早用进口原料，所以也称为"洋瓷"。珐琅彩色彩晶莹、质地凝厚，多用作装饰，花纹有微凸堆起之感。珐琅彩的瓷胎在景德镇生产，运至北京后施加彩绘，进行二次烧制。乾隆帝对珐琅彩瓷器珍爱有加，珐琅彩瓷器的烧制数量超过康雍两朝。

清乾隆 珐琅彩勾莲纹象耳瓶及底部 故宫博物院藏

器物示例：珐琅彩勾莲纹象耳瓶，高 14.4 厘米，口径 5.3 厘米。瓶内施松石绿釉，外壁以金彩绘 7 道弦纹，圈足内施松石绿釉，瓶底署篆书"乾隆年制"双行四字款。装饰工艺多采用百花地、色地轧道及仿鎏金。仿鎏金装饰虽然在其它时期也有出现，但大量应用于珐琅彩瓷上却始于乾隆后期珐琅彩瓷，与雍正白胎珐琅彩清新典雅的风格形成鲜明对比。该时期镀金装饰极为广泛，几乎所有的珐琅彩瓷品口、底部都有镀金。这也是区别康熙、雍正两朝的显著特征之一。

四、紫砂器

清朝宜兴紫砂受到皇家重视，胎制更为细腻，在 20 倍放大镜下能看到颗粒状云母、石英粒。造型多样，传统的几何形圆器继续发展，方器非常流行，筋纹器仍普遍制作。此外，由于写生技巧成熟，仿生的自然形体造型蓬勃兴起。明末清初开始逐渐流行印章款，器表上铭刻诗书。同时，紫砂工艺推陈出新，出现了涂漆、描金、画珐琅、堆绘等装饰，呈现富丽堂皇的效果。

清 宜兴陈曼生制半瓦当式紫砂壶 上海博物馆藏

清 紫砂泥绘花卉方花盆　紫砂芦雁纹六方茶叶罐 故宫博物院藏

清 "邵邦祐" 款紫砂珐琅彩壶　故宫博物院藏

器物示例："邵邦祐"款紫砂珐琅彩壶，高9.7厘米，口径8厘米，足径7.4厘米。壶为圆形，平底，浅圈足。流及壶柄已残缺，壶盖保存完好。深栗色砂泥，细润光滑。壶身与壶盖以红、黄、绿、蓝等色珐琅彩描绘山石花鸟，纹样精细，生机盎然。器底以道劲规整的楷书馆阁体书："乙酉桂月臣僧宝诚进，邵邦祐制。"

宜兴胎珐琅彩是由宜兴提供紫砂素胎，于宫中造办处画彩烧

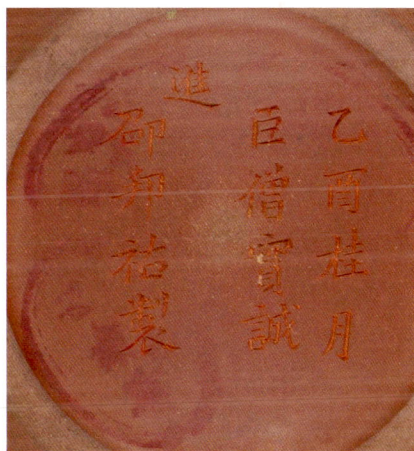

清 "邵邦祐" 款紫砂珐琅彩壶底部
故宫博物院藏

成的。此壶形制古朴，轮廓周正，色彩淡雅，制作精良，是此时期的代表作。
代表了康熙朝紫砂制作的最高水平。

清 宜兴窑紫砂黑漆描金彩绘方壶 故宫博物院藏

器物示例：宜兴窑紫砂黑漆描金彩绘方壶，高 11.5 厘米，口径 12 厘米 × 9 厘米。壶直口，略呈长方形。器身方中见圆，圆中见长方。弯流，方柄，壶门（kǔn mén，家具术语，指牙板的一种样式。在此壶中，即指足部向上供出的样式）足。出沿式盖，方亭式钮。壶为紫砂内胎，外髹黑漆，并以金彩绘画。壶身描金漆绘保存完好，盖上则大部分脱落（见右图）。壶身四面所绘内容

清 宜兴窑紫砂黑漆描金彩绘方壶
故宫博物院藏

为山水楼阁图，壶柄和流上绘制梅花。以漆髹饰紫砂壶始于明朝，清雍正年间吸收了漆画中重彩描金的技法，将壶体装饰的金碧辉煌。

此壶造型大气，构图饱满，描金漆画精美异常，富丽堂皇，具有典型的皇家风范。

五、漆器

清朝漆器以剔红、螺钿、脱胎器为代表。清朝与明朝漆器不同之处较为明显，明朝漆色暗红，清朝鲜红；明朝刀法圆润，清朝刀痕显露，少有打磨；明朝纹饰庄重浑厚，清朝繁缛纤细；明朝胎骨多为木胎，清朝则兼有瓷胎、紫砂胎、皮胎等。

清 嵌螺钿锦纹经格 上海博物馆藏　清 黑漆嵌螺钿加金片婴戏图箱 故宫博物院藏

器物示例：剔红海水游龙纹盒，通高 9.6 厘米，口径 7.9 厘米。盒为桶形，通体髹朱漆，雕海水游龙纹。足内髹黑光漆，有刀刻填金楷书"乾隆年制"款。此盒雕工精细纤巧，锋棱毕露，是前朝所未见的新风貌。据记载，乾隆初年造办处漆作尚无雕刻匠人，乾隆便命南方刻竹名匠从事雕漆，此漆作风格很可能与此有关。

清朝，螺钿漆器以扬州制造为最

清 剔红海水游龙纹盒 故宫博物院藏

佳。而在螺钿工艺中，以点螺为最精巧，即将彩色的鲍鱼贝壳切成细片后，镶嵌成各种纤细的花纹，可显出五彩的光泽。

　　乾隆时期制器艺人沈绍安，运用传统的夹纻技法，创造了脱胎漆器，即先用泥做成模型，再用布或者绸粘贴，然后上漆，这种做法一直沿袭到今天。脱胎漆器的色泽华美，器体轻巧，深受世人喜爱。

清　脱胎朱漆菊瓣式盖碗　故宫博物院藏

六、绘画

　　清初，文人宫廷画兴盛，并形成两种截然不同的艺术追求。王时敏、王鉴、王翚（huī）、王原祁、吴历、恽寿平是此时的著名山水画家，被称为"清六家"或"四王吴恽"。他们的笔墨技巧功夫深厚，特别是王翚，风格清丽，作品有深秀真实之感。他们以摹古为宗旨，很少向大自然汲取素材，受到皇室的重视，居画坛正统地位。

　　而活动于江南地区的一批明朝遗民画家，寄情山水，借画抒怀，艺术上具有开拓、创新精神，以"四僧"为代表。四僧之一的明宗室八大山人朱耷，善以夸张变形的手法画花鸟；之二明靖江王后裔石涛，主张山水画应借古以开今；之三安徽的弘仁和尚，他画的黄山、新安江风景给人以幽淡清新的感觉；之四南京的髡残和尚，善以干笔皴擦法，画青山翠峦云烟雾霭形状。与四僧同时的董邦达、吴历（号墨井）及常州人恽格（号南田），南京的龚贤、张风，芜湖的萧云从等，都有一定成就。

清中期，扬州的金农、李鱓（shàn）、黄慎、汪士慎、郑燮、高翔、闵贞、罗聘等，继承朱耷、石涛的遗风，破除艺术俗套，发挥独创精神，作画重在写意，与正统派画风迥然不同，形成了一股新的艺术潮流，被称为"扬州八怪"。清朝宫廷画师中，意大利的传教士郎世宁将西方绘画技巧与传统国画相结合，颇为独特。他善画肖像、花鸟、动物，尤工画马。

清 仿山樵山水轴 王时敏 上海博物馆藏

清　仿高房山云山图轴　王原祁　上海博物馆藏

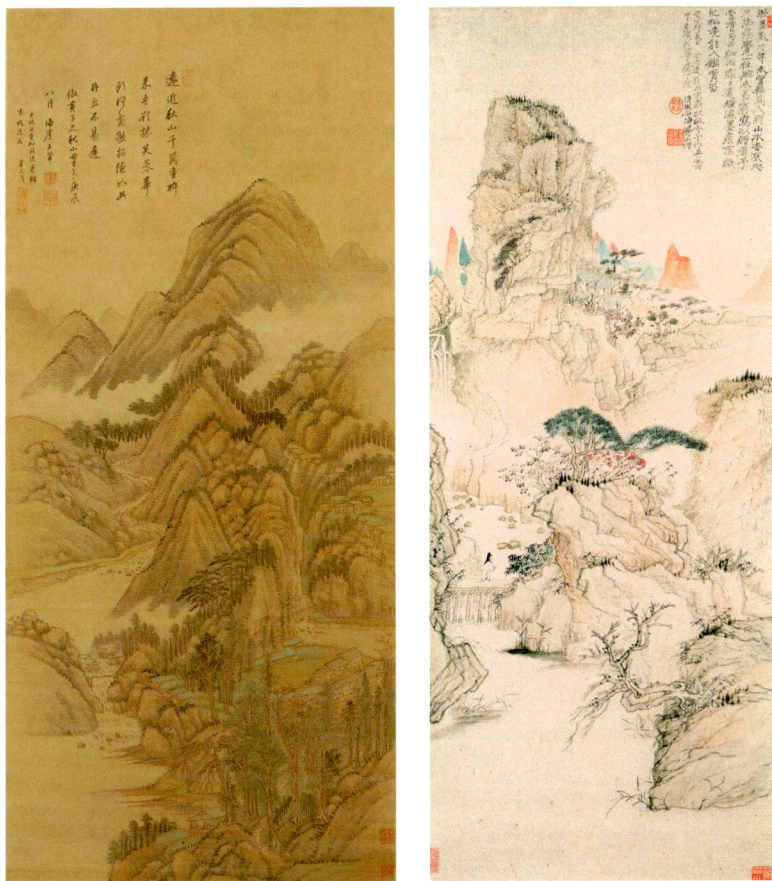

清 秋山万重图轴 王翚 故宫博物院藏　清 细雨虬松图轴 石涛 上海博物馆藏

器物示例：秋山万重图轴，王翚作，绢本设色，纵117.5厘米，横53.3厘米。王翚六十九岁时仿元画家黄公望笔意创作此画，描绘的是今常熟市虞山一带的深秋景色。

王翚的山水画有可分为早、中、晚三期变化。三十五岁以前为早期，笔墨尚不成熟，主要为临仿古画；三十五岁至六十岁为中期，取诸家之长，变化多端；六十岁以后为晚期，技法纯熟，但构图多成定式，不及中期生动多姿。

器物示例：细雨虬松图轴，石涛作，纵100.8厘米，横41.3厘米。石涛于四十多岁创作此画，在用笔上取法李公麟、倪瓒，同时又具有强烈的个人风格，秀雅而不失凝重。石涛早年的山水画师法宋元诸家，画风疏秀明洁。晚年用笔纵肆，墨法淋漓。

七、书法

清朝初期流行草书，黄道周、倪元璐、朱耷、王铎、傅山等都颇有特长。但总体上与明朝相似，前期书法多因循守旧少有创新，赵孟頫和董其昌的书法最受推崇，集"帖学"之大成的书家有张照、刘墉等。清中期开始有书家开始倡导写碑风气，如金农、郑燮等。金农入古出新，楷书隶意很浓。而郑燮的字篆、隶、真、草、画相杂，自称"六分半书"，别有风味。

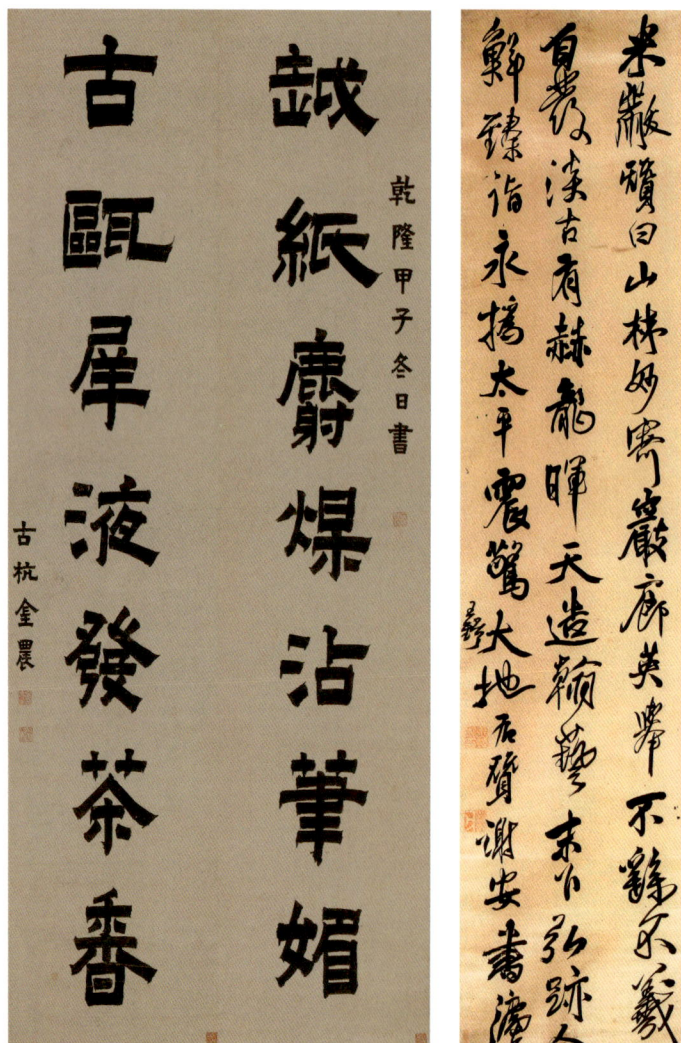

清 隶书七言联 金农 上海博物馆藏　　清 行草临谢安帖轴 王铎 安徽博物院藏

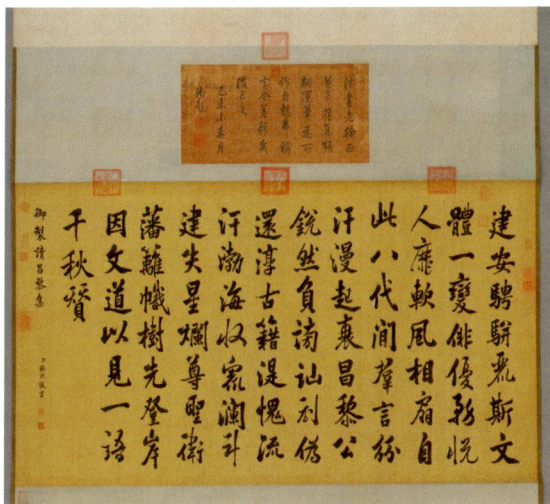

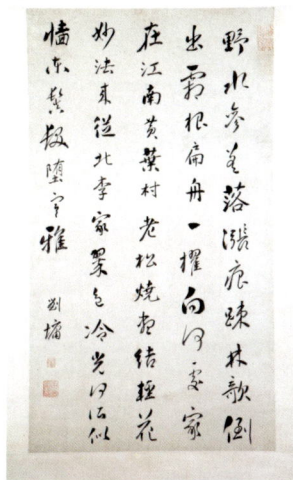

清 行书弘历读昌黎集诗轴 张照 故宫博物院藏　　清 行书诗轴 刘墉 故宫博物院藏

　　器物示例：《弘历读昌黎集诗》轴，张照书，绢本行书，纵85.2厘米，横149.1厘米。《石渠宝笈》著录名称："张照书御制读昌黎集诗一轴"。此幅行书用笔圆转流畅，浑朴雄健，神采飞扬。此轴曾贮于紫禁城内御书房。张照是《石渠宝笈》的主要初编者，深得弘历倚重，并被弘历誉为"五词臣"之一，其书画作品在《石渠宝笈》初、续、三编中均有著录。此件以横披装裱为立轴，是一种不多见的装帧形式。

　　器物示例：《行书诗》轴，刘墉书，纸本行书，纵102厘米，横58.5厘米。此轴所书内容取自苏轼二首诗"书李世南所画秋景二首"其一。刘墉学古不追求外表的形似而注重用笔之法。起笔喜用藏锋，转折处用偃笔作折锋，字形丰满圆润，内中骨力强劲，犹如棉里裹铁。

八、家具

　　清朝初期，家具风格仍延续明风，雍正时仍有不少典雅端庄之作。但随着清朝新风格的形成，家具逐渐走上选材考究、做工精细、造型新奇、装饰繁缛的道路，并被称为"清式家具"。康熙时已初步形成清式家具风格，乾隆时走上巅峰，随后便逐渐衰落，一蹶不振。

　　清人格外喜爱色泽深沉、材质细腻的硬木，故而紫檀木备受重视，成为制作贵重家具的材料。清式家具往往仅用同一种木材来制作一件家具，有的甚至只用同一根无节无疤的木料来制作，以求色泽纹理一致，此类家具尤以康熙、雍正和乾隆三朝为盛。

　　清朝家具在明的基础上，样式更加丰富，如多宝格、暖椅和可升降的痰桶架等都是新出现的品种。而传统家具的造型也是变化百出，追求新奇多变。清中后期，刻意地装饰成为家具制作的主流趋势，主要手法有雕刻和镶嵌。家具越贵重，雕饰就越繁复，常常是刻线、浮雕、圆雕和透雕等多种手法兼施并用，做工非常精细，却降低了美感，过于繁缛。

清 鸡翅木黑漆描金书柜式多宝格 上海博物馆藏

清乾隆 紫檀束腰卷珠足西洋式扶手椅及局部 中国国家博物馆藏

器物示例：紫檀束腰卷珠足西洋式扶手椅，长70厘米，宽65厘米，高110厘米。清朝中后期，不少家具受西方艺术影响，在造型、装饰上透漏出西洋风格特点，如此椅通体雕饰的蔓草西番莲纹即是典型的西方纹饰。

清 紫檀嵌珐琅绣墩 故宫博物院藏

器物示例：紫檀嵌珐琅绣墩，高52厘米，面径28厘米。绣墩又称"坐墩"，造型似腰鼓，中间宽两端窄。早在唐宋绘画中就有文人雅士坐于其上，围桌畅饮的描绘。绣墩是清朝时期较为常用的家具，现今的存世量较多。

此紫檀嵌珐琅绣墩，造型精美，腹腔中部有六组海棠式开光，嵌有夔龙纹珐琅片，可见其工艺复杂程度。

八、服饰

清朝服饰制度完备严谨，基本上每种服饰都有配套的冠（帽）顶戴、袍、褂、腰带、佩饰、靴鞋及用料、颜色、纹样等。

皇帝的服饰主要有五种，一为朝服，包括朝冠、袍、珠、带、靴，在国家大典及大祭祀时穿着。二为吉服，由吉服冠、袍、带、珠、靴组成，吉服袍即龙袍，在吉庆宴会、接见臣僚时穿着。三为常服，由冠、袍、褂、带组成，在一般性公众场合穿着。四为行服，由行冠、袍、褂、裳、带组成，在出巡、狩猎、亲征时穿着。五为雨服，由雨冠、衣、裳组成，在下雨时服用。清朝后妃的服制主要有朝服、吉服、常服三种，其质料、纹样、佩饰等依等级不同各不一样。

清中期 金黄色彩云金龙妆花缎男朝袍 黄色缂丝云蝠寿袷袍 故宫博物院藏

清乾隆 乾隆皇帝大阅图轴 郎世宁 故宫博物院藏　　　　清朝暖帽、翎羽

清朝官员的服饰也分为朝服、吉服、常服、行服等几类，每类都由冠、袍、褂、带、裳等组成。品官职务、身份的高低，主要从顶戴（顶子、顶球）、花翎、补子上区别。

顶戴是朝服和吉服冠顶上镶嵌的宝石等。一品为红宝石，二品红珊瑚，三品蓝宝石，四品青金石，五品水晶，六品砗磲（chē qú，大型深海双壳贝，主要用其外壳制造摆件），七品素金，八品阳文镂花金，九品阴文镂花金。

　　花翎是插在官员朝服和吉服冠上的孔雀翎毛。孔雀翎尾上象眼睛一样的彩色斑纹称为眼，花翎分单眼、双眼和三眼。顺治十八年规定，贝子、固伦额驸戴三眼花翎；镇国公、辅国公、和硕额驸戴双眼花翎；非宗室官员五品以上和一至四等侍卫等戴单眼花翎；贝勒府司仪长、亲王以下二三等护卫及前锋、亲军、护军校，均戴染蓝翎。

　　补子多承明制，文官用禽纹，武官用兽纹。

　　清朝普通男性服饰主要有袍、衫、袄、褂、马褂、马甲、小帽、风帽、皮帽等。长袍马褂是清朝典型的男装，在长袍上套马甲也很流行。女性服装主要分汉式和满式两大类。汉族妇女沿明制，着汉装上衣，有袄、衫、背心，下衣为裙。满族妇女则着满族传统服装。

　　清朝虽为满族政权，但汉化程度很高。清朝器物抛弃了明朝雅致的那一部分，在其基础上更加繁缛世俗，社会自上而下极度迷恋炫技夸富，甚至为此不顾美感。

第二节

清朝概况

——存亡绝续

清原名金，由女真人首领努尔哈赤于 1616 年所建，1625 年迁都沈阳，1636 年皇太极改国号为"大清"，而 1644 年顺治帝迁都至北京。

清朝是中国封建王朝的最后一朝，晚期在军事、政治制度等方面逐渐落后于其他国家，最终被殖民者入侵，被动地结束了封建统治。中国从此进入存亡绝续时期。

一、政治

清朝疆域图　图片来源：《简明中国历史地图集》

乾隆二十五年（1760 年），清军平定准噶尔，疆域达到极盛，东北与俄罗斯帝国接壤，以额尔古纳河、格尔必齐河和外兴安岭为界。正北达萨彦岭、沙毕纳依岭、恰克图和额尔古纳河。西北至帕米尔高原。西南以喜马拉雅山至野人山为界。正南大致与今中华人民共和国边界相近。东至日本海、东海。极盛时期总面积可达一千三百万平方公里。

1. 清初政令

（1）笼络亡明官僚

女真人在东北建立政权后臣服于明朝，后又公开与明朝敌对，甚至逼近北京城。1644年，明王朝被李自成义军推翻，而李自成军又被清军逼出北京。清军为在北京站稳脚跟，笼络亡明旧臣，称其入主北京是为驱逐义军。同时礼葬崇祯帝，官员服丧三天，厚待元明宗室，在京官员照旧录用，归顺者还官升一级。很快，大批亡明旧臣归顺清朝麾下。

清 多铎入南京图局部 中国国家博物馆藏

器物示例：多铎入南京图，长142.1厘米，宽112厘米。多铎为努尔哈赤的第十五子。天命五年（1620年）被封为贝勒，天命十一年（1626年）为正白旗旗主。天聪二年（1628年）随皇太极出征蒙古有功，赐号"额尔克楚呼尔"，不久被封为和硕豫亲王。顺治元年（1644年）多铎随多尔衮进关，打败李自成起义军，又率师南下至南京，破扬州，俘南明福王，战功卓著。顺治四年（1647年），多铎晋封为辅政叔德豫亲王。顺治六年（1649年）病卒。此图描绘的正是多铎率军进入南京的情景。

（2）剃发令

清人属满族，自古男女均留长辫，区别在于女性有刘海，男性前额上剃光。而明朝男性习惯将头发束于头顶。清人认为，汉人只有剃发梳辫，改从满俗，才算真心归顺。所以清军每到一地，都强令军民"剃发"，入关前令关内百姓剃发，入京后令京师军民剃发。因此遭到汉族军民的强烈反对，但最后还是推行到全国。

（3）圈地令

明朝皇室在北京和其它地方有大量庄园，明末农民起义时不少被农民垦耕为己田。清初统治者为了满足本族贵族的掠夺之欲，在入京同年下令圈地给从东北来的清军，不仅荒田围占，还常圈占民田。如令军士骑马拉绳，尽力奔跑，所占即称官地，故圈地亦称"跑马占地"。顺治二年正式下令各地圈地，不记有主无主，一律任意围占。被圈土地一部分给八旗兵士，而大部分则由八旗官员，特别是皇族、王公所占据，称"旗田"。

2. 平定叛乱

（1）三藩之乱

三藩指三个封藩的王，即镇守云南的平西王吴三桂，镇守福建的靖南王耿精忠、镇守广东的平南王尚之信。三人清初在东北弃明军降清，被清分封为王，形成了割据势力，这些地方不推行中央法令。加之三王残酷压榨当地百姓，激化阶级矛盾，清廷便计划削藩。但三王也对朝廷暗存戒心，后吴三桂在云南发动暴乱，以复明为号召起兵。数月间攻陷滇、黔、闽、湘、川之省。广东尚之信、福建耿精忠等也随之响应。经过多年战争，康熙帝才平定三藩之乱。

（2）准噶尔部叛乱

清初西北地区的蒙古族分为漠南蒙古、漠北喀尔喀和漠西厄鲁特三部。漠南蒙古被封为六个盟，下辖五十一个旗，旗主为清廷指定，称"札萨克"。清自顺治帝开始便常到张家口以北打猎，其实为巡视蒙古部，巩固疆域。

康熙时期，厄鲁特蒙古的准噶尔部强盛起来，噶尔丹称汗后，统一了厄鲁特诸部，势力达青藏地区。他们与沙俄勾结，妄图割据一方。先与俄军夹攻喀尔喀蒙古，喀尔喀部便南下投奔清王朝。

康熙二十九年，噶尔丹以追击喀尔喀为名南下，攻至距北京 900 里的内蒙乌珠穆沁部。为击退噶尔丹，康熙帝于 1690 年、1695 年、1697 年先后三次御驾亲征，率军征战大漠南北，大败噶尔丹，最后噶尔丹服毒自杀。

清 北征督运图册 中国国家博物馆藏

器物示例：北征督运图册，佚名，绢本设色，长 41.1 厘米，宽 38.4 厘米。图册原 24 开，现存 19 开。该图册描绘的是康熙三十四年（1695 年）冬至三十六年（1697 年）秋，清军平定噶尔丹时，西路大军洪承烈前往克鲁伦河和翁金河，给平叛大军运输军粮的情景。

二、各项制度

1. 行政机构的调整

清初中央地方行政机构多仿明制，官员由满汉两族分掌，但实权在满人。内阁职责与明相同，由内国史院、内弘文院，内秘书院组成，是中央最高的行政机构。下辖六部，作为执行机关，官员也是满汉分属。但内阁在清朝并不掌实权，而是议政王大臣会议掌握实权。

议政王大臣会议简称"国议"（议政处），由满族贵族组成，汉人不准参与，军国大事全由议政王大臣决定，权力超出内阁之上。

康熙继位时年少，由诸大臣辅政，后诛杀鳌拜等人，限制了议政王大臣会议的权力，但并没有取消这个机构。同时，康熙又在宫中设立"南书房"，任用亲信文人拟写谕旨。

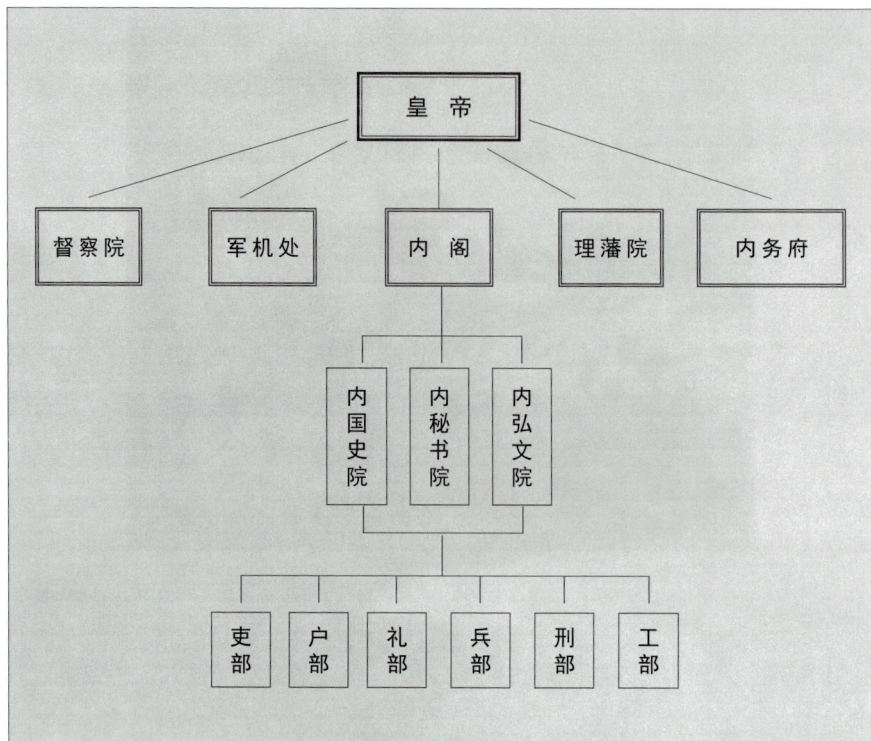

清朝官制示意图

军机处遗址

雍正七年（1729年），因用兵准噶尔部而设立"军机房"为军事指挥部门，后成为固定设置，三年后又改称"军机处"，由皇帝选派的亲信大臣组成，称为军机大臣，成为处理全国军政大事的核心机构，议政王大臣会议则成了虚衔。

如此，皇帝诏令通过军机处传达，各地大臣给皇帝奏章也交由军机处，不再经国议和内阁。但军机大臣不能自作主张处理军政大事，须听命于皇帝，所以军机处的设立最终是加强了皇帝的专制主义。

　　清朝都察院、大理寺、通政司等府院机构，与前代职责相同。所不同的是增设了两个部门，理藩院和内务府。

　　理藩院，专职管理边疆少数民族事务。起初仅办理蒙古事务，后渐渐扩大为各地少数民族；最后又办理与外国交易事务，是清末"总理各国事务衙门"的前身，但只有满人组成，汉人不得参与。

　　内务府，专管宫廷事务，长官称总管，由满族贵族担任。取代原宦官二十四衙门职权，特别是取缔了司礼监秉笔太监的"批红"权。但"总管"也不能行使此权。

　　2. 刑法

　　顺治四年（1647 年）颁《大清律》，经康、雍两朝增删，于雍正五年正式颁行。清律的主要特点是"用例不用律"，"例"即可增减删修的条例，暂时无例可循，方以律定罪。

清 大清律例 故宫博物院藏

　　器物示例：《大清律例》，四十七卷，清刘统勋等纂，乾隆六年（1741 年）武英殿刻，乾隆三十三年增修本。《大清律例》对人民聚众、结社、聚会等言行都有约束。重新规定佃主是"主仆名分"，较明律后退。并且有民族歧视特点，满、汉犯罪截然不同，满人犯罪有"换刑"之权。此外还有蒙古律、维族的回律等。

　　《大清律例》在结构与形式上与《大明律》相同，由律和例两部分组成。共有 436 条律文，重点增修例条 1456 条，末附比引律条和秋审条款。《大清律例》以《大明律例》为蓝本，是中国历史上最后一部封建法典。

三、军事

清朝军队主要为八旗兵、绿营兵和土兵。

八旗兵于努尔哈赤时代创立，具有军事、行政、生产三种职能。入关后才成为纯军事组织，并分为满八旗、蒙古八旗、汉军八旗，直属中央八旗都统衙门。八旗兵包括守京师的禁卫兵和驻防各地的驻防兵，总数在清初有二十余万人，一半以上驻扎在京城或京城附近。

绿营兵由入关后整编的明军和新招募的汉人组成。用绿旗，故称"绿营兵。分为马、步、水军，按标、协、营、讯编制，较八旗兵人数多，清初达六十余万。

土兵为边远地区少数民族组成的地方正规军，北方、西北方、西南方称土兵，东北则称"索伦兵"。

与绿营兵相比，八旗兵地位高、待遇好，由中央八旗都统衙门管辖，驻防要害地点，地方官无权管辖；而绿营兵待遇低，多归地方官管辖。清初除正黄、镶黄、正蓝三旗由皇帝亲辖外，其余全由满族贵族首领率领。

康熙晚年，派皇子办旗务，意在削弱旗主势力。雍正继位后，派亲信管理旗务，下令旗丁直接听命于皇帝，削弱了八旗主力量。

四、宗教

1. 道教

清朝统治者入关以前未曾接触道教，因而对道教热情不高。但为了笼络信教群众，清政府在加强管理的同时，对道教各派领袖仍给予适当安排。早在顺治时期，就封正一道第五十二代天师张应京为正一嗣教大真人，执掌道教。康熙时，又封五十四代天师张继宗为正一嗣教大真人，后又授其为光禄大夫。乾隆时，议定正一真人统率龙虎山上清宫道众，秩正五品。后正一真人来京师朝贺，加恩晋三品秩。

清朝道教的管理体制大致沿袭明朝。中央设道录司，置左右正一各一人，左右演法各一人，左右至灵各一人，左右至义各一人。地方直省府设道纪司，置正、副道纪各一人，州设道正司，置道正一人，县设道会司，置道会一人。

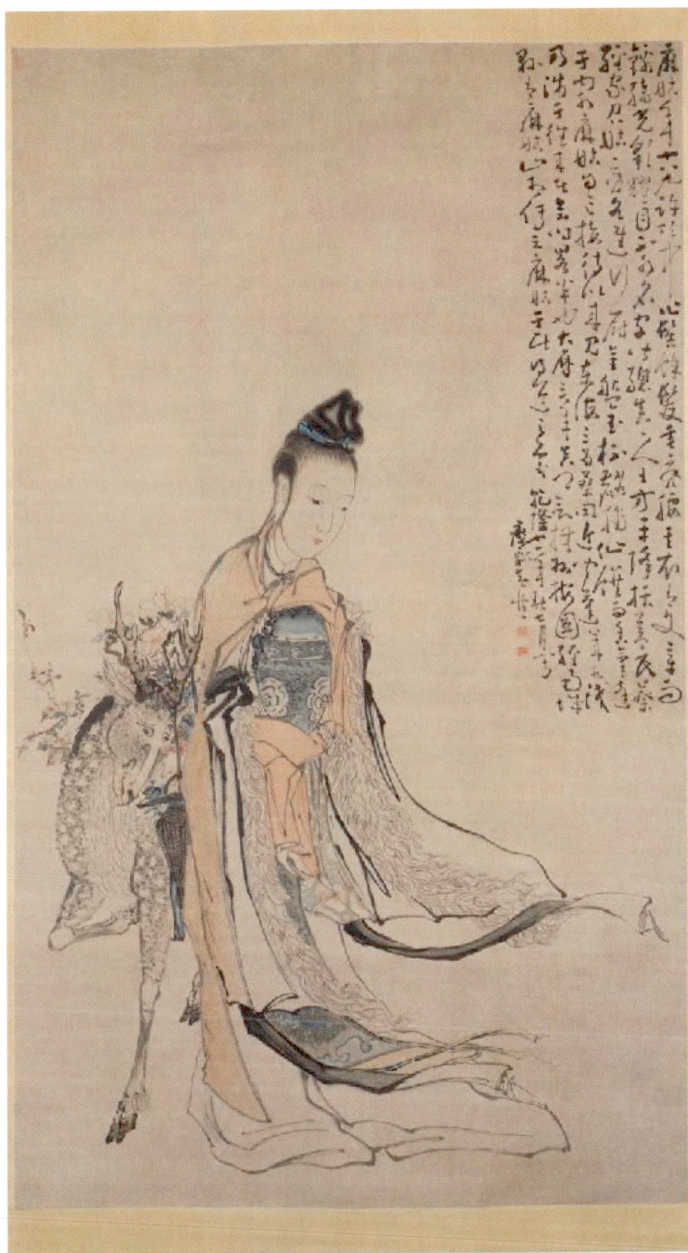

清乾隆　黄慎麻姑仙像图轴　故宫博物院藏

2. 佛教

清朝皇帝大都崇奉和扶植佛教，顺治、康熙帝常到寺院礼佛，雍正、乾隆时还将汉文藏经译成满文，即《满文大藏经》。藏文经有北京、卓尼、德格、奈圹四种刻版，分正藏《甘珠尔》和副藏《丹珠尔》，全文远多于汉文《大藏经》。

清乾隆 铜菩萨坐像 中国国家博物馆藏　　清 德化窑观音菩萨坐像 故宫博物院藏

清 《乾隆版大藏经》 故宫博物院藏

五、学说

1. 明清之际的启蒙思想

明清之际，随着封建制度的衰落、民族矛盾的加深和资本主义萌芽的出现，以黄宗羲、顾炎武、王夫之为代表的启蒙思想家应运而生。

（1）黄宗羲

黄宗羲，字太冲，号南雷，又叫梨洲。其师刘宗周，其父黄尊素都是王守仁的弟子。黄宗羲曾为"复社"领袖，以反阉党名闻全国。明灭，又组织"世忠营"抗清，失败后致力于学术研究，著有《宋元学案》《明夷待访录》及《明儒学案》等。黄宗羲思想的亮点，在其社会政治思想上。他批判君主专制，揭露封建法制是"一家之法"。倡导限制君权，实现"天下为主，君为客"。还提出"工商皆本"，整顿市场，改革币制，发展工商业等进步思想。

（2）顾炎武

顾炎武，字宁人，号亭林。他和黄宗羲一样参加过"复社"，有过抗清的经历，失败后致力于学术研究，著有《音学五书》《日知录》《天下郡国利病书》《亭林诗文集》等。顾炎武也反对君主专制，要求"众治"，他将"亡国"与"亡天下"相区别，认为"亡国"不过是"易姓改号"。

（3）王夫之

王夫之，字而农，号薑斋，湖南衡阳人。曾领导过清初衡山一带的抗清斗争，后隐居衡阳船山著书立说，学界称"船山先生"。著有《张子正蒙注》《读通鉴论》《周易外传》《宋论》等，均由后人辑入《船山遗书》。他认为人的认识来源于客观对象，而客观对象独立于人而存在。在知行关系上，他既不同意朱熹的"知先行后"说，也不同意王守仁的"知行合一"说，而提出"行先知后"，认为知离不开行，行离不开知，知行互相依赖，这是唯物主义的主张。

在方法论上，他认为万事万物都在对立统一中运动、变化和发动，运动是绝对的，静止是相对的，社会历史的发展有规律可循。

2. 文学

清前期，随着社会经济尤其城市经济的发展，受市民社会欢迎的戏曲、小说成为文学的主要形式，同时传统的诗词、散文也更加成熟。

清朝小说以曹雪芹的《红楼梦》最为著名，《红楼梦》以贾、王、史、薛四大封建家族为背景，以贾宝玉和林黛玉的爱情悲剧为线索，反映出整个封建社会走向灭亡的过程。书中人物众多，除宝玉、黛玉外，还塑造了薛宝钗、王熙凤、睛雯、史湘云、尤三姐、刘姥姥、平儿等数以百计、特点各异的艺术形象。语言平淡而含蓄，通俗而典雅，丰富而深刻，无论在思想性还是艺术性上都达到了我国古典小说的最高峰。

六、科学技术

1. 天文历法

清初康熙帝热衷于研究天文历算，在他的倡导下，出现了以王锡阐、梅文鼎为代表的一批兼通中西的天文学家。

王锡阐，字寅旭，号晓庵。他编著的《晓庵新法》是中国古代最后一部传统历法。该书提出日、月食初亏和复圆方位角的计算新法，还写出计算金星、水星凌日的方法。在《五星行度解》一书中，他提出一套独特的行星运动理论，并推导出一组公式，用于行星位置的预报。

器物示例：齐彦槐制天球仪。齐彦槐，字梅麓，婺源人，清朝中期科学家。这座天球仪，是根据天象计时的仪器，内部仿钟表，用"钢肠"（发条）作动力，自动运转报时报刻。中国古代的计时方法，与天文学是不可分开的，年、月、日、时都脱离不了天象。

清 齐彦槐制天球仪 中国国家博物馆藏

2. 医药学

这一阶段我国中医药有了重大发展。明清之际叶天士、薛生白、吴鞠通、王孟英等在温病学说上多有创见，后称为"温病四大家"。

又有江苏吴江人徐大椿，字灵台，号洄溪老人，著有《徐灵台医书》《神农本草百种录》及《洄溪医案》等，与叶天士齐名。乾隆、嘉庆时期福建长乐人陈念祖，字良有，号修园，曾官河北正定府知府，著有《医学三字经》《医学从众录》《医学实在易》《金匮要略浅注》《伤寒论浅注》《本草从新》等书，后合为《陈修园医书七十二种》，其书简明扼要，易于普及，对当时中医学的传播起了重要的推动作用。

清 药具 故宫博物院藏

经历朝历代积累，清朝的经济、技术虽然已较为发达，但仍免不了灭朝之难。清前期国力尚可，但清政府随之采取闭关锁国政策，就在此时西方各国资本主义兴起，军事力量增强，仅百年时间清朝便落后于其他国家，最终被武力结束封建王朝。

第三节

清朝器物总说
——矫揉造作 内忧外患

清朝在政治、军事等方面可谓内忧外患，对内满汉两族矛盾不断，对外国力远落后于西方各国，末期天朝风采尽失。在器物上，清朝多呈矫揉造作之态，极度注重制器技巧，普遍采用多种工艺、运用不同材质来完成一件器物。

清朝玉器尚白玉，玉材以和田玉和翡翠为主，雕制细致。乾隆时期，玉材充盈，玉器数量骤增，器物规整，棱角分明，仿古器型较多。但此后玉器生产逐渐衰落，制作工艺上多偷工取巧。

由于西方水银玻璃镜传入，清朝铜镜数量骤减，质量也非常粗疏。在金银器方面，清朝集历朝之所长，传世器物众多，以宫廷用器为最，用料奢华，工艺精细，多镶嵌宝石、珠玉，反映出清朝宫廷繁缛奢侈的审美情趣。

掐丝珐琅器在清康熙年间十分盛行，主要分为细丝粗釉、粗丝淡釉、匀丝浓釉三种。这一时期，还制造了大量仿明器物，多錾刻景泰年款，需谨慎鉴定。乾隆年间，掐丝珐琅器色泽早期浓郁，中晚期雅丽，多运用欧洲釉料和鎏金工艺制作，此风格被后面的嘉庆、道光等朝延续。清朝另一金属胎珐琅器为"画珐琅"，也称"铜胎画珐琅"，由欧洲传入。较掐丝珐琅器纹饰绘制更为自由，色彩也更为丰富。

在瓷器方面，清朝仍以景德镇为烧制中心，瓷器种类、釉色和器型达至极盛。清人多喜艳丽色彩，故五彩和珐琅彩备受欢迎，烧制水平也有较大提高。而青瓷的瓷色普遍泛青，制作出的青花瓷，在视觉上更为和谐。

清朝紫砂器以宜兴为最，胎制细腻，造型多样，方器盛行一时。自明末清初起，器物的印章款逐渐增多，颇有文人情趣。同时，还出现了其它装饰工艺，如涂漆、描金、画珐琅、堆绘，富丽堂皇。

漆器方面，清朝以剔红、螺钿、脱胎器为代表，漆胎有瓷胎、紫砂胎、皮胎等。较明朝漆器色泽鲜艳、刀痕明显、纹饰纤细繁缛。

在绘画方面，清朝初期文人宫廷画兴盛，并分为两派，以"清六家"和"四僧"为代表。"清六家"，居画坛正统地位，以摹古为宗旨，受皇室重视。"四僧"为明朝遗民，活动于江南地区，他们借画抒怀，在艺术上开拓、创新，与"清六家"画风迥然不同。书法上，清朝初期流行草书，多泥古守旧少有创新。中期，金农、郑燮等书法家倡导写碑风气，入古出新，别有风味。

在家具方面，初期仍延续明风。康熙朝时，初步形成清式家具风格，选材考究、做工精细、造型新奇、装饰繁缛。清式家具木材以紫檀木为最，为求色泽纹理一致，往往用同一种木材，甚至是同一根无节无疤的木料来制作一件家具，尤以康熙、雍正和乾隆三朝为盛。

清朝服饰制度完备严谨，皇帝的服饰主要有朝服、吉服、常服、行服、雨服五种。后妃有朝服、吉服、常服三种，其质料、纹样、佩饰等依等级不同各不一样。官员服饰也分为朝服、吉服、常服、行服等几类，仍着补服，与明朝差异不大。

清朝普通男性服饰主要有袍、衫、袄、裤、马褂、马甲、小帽、风帽、皮帽等。女性服饰主要分汉式和满式两类。汉族妇女沿明制，着汉装上衣，有袄、衫、背心，下衣为裙。满族妇女则着满族传统服装。

后 记

　　一本书，字字斟酌，带你领略千年风景；千件器物，件件精品，使人仰望先人智慧。透过器物，窥探古人风尚，辨析今之真伪。

　　本书以通俗简约的文字、清晰的脉络，以历史的朝代交替为经、各工艺演变兴衰为纬，以出土实物为证，描绘出一幅从夏朝到清朝封建帝制终结几千年以来，在历代帝王你方唱罢我登场的历史帷幕下，以器物审美为主导的中国古代工艺美术风尚的衍生与流变景象。

　　为深入分析中国古代的器物文化，中国民间艺术品收藏评估委员会特别要求编者在编撰《中国器物简史》时，在表述每个文化形态时，都力求全面展现其存在的概貌、结构形态、发展规律、文化内涵、价值影响、时代特征等完整内容。整套书结构严谨、语言通俗、明白晓畅，具有很强的可读性、欣赏性和系统性。

　　《中国器物简史》在成书过程中得到诸多有识之士的帮助，感谢之情溢于言表。正是由于他们的深情付出，本书才得以丰富呈现，在此一并致谢！

中国民间艺术品收藏评估委员会

2017 年 9 月 3 日

附录一

图　录

附录二

参考书目

1. 田自秉．中国工艺美术史．北京：商务印书出版社．2014.

2. 尚刚．中国工艺美术史新编．北京：高等教育出版社．2007.

3. 杨伯达．中国美术全集．北京：文物出版社．1987.

4. 李泽厚．美的历程．天津：天津社会科学院出版社．2001.

5. 蒋勋．美的沉思．湖南：湖南美术出版社．2014.

6. 张传玺．简明中国古代史．北京：北京大学出版社．2013.

7. 吕思勉．中国通史．浙江：浙江古籍出版社．2017.

8. 孙机．中国古代物质文化．北京：中华书局出版社．2014.

9. 阎步克．中国古代官阶制度引论．北京：北京大学出版社．2010.

10. 湖北省博物馆．湖北出土文物精粹．北京：文物出版社．2007.

11. 吕文郁．春秋战国文化史．上海：东方出版中心．2007.

12. 张传玺．秦汉问题研究．北京：北京大学出版社．1985.

13. 李剑农．先秦两汉经济史稿．上海：三联书店．1957.

14. 韩国磐．隋唐五代史纲．北京：人民出版社．1979.

15. 吴山．中国纹样全集．山东：山东美术出版社．2010.

16. 徐斌　许静　郭威．清宫收藏与鉴赏典．北京：故宫出版社．2012.

17. 杨伯达．中国玉器全集．河北：河北美术出版社．2005.

18. 张明华．古代玉器．北京：文物出版社．2006.

19. 韩金秋．夏商西周中原的北方系青铜器研究．上海：上海古籍出版社．2015.

20. 贾文忠．中国青铜器鉴定实例．北京：紫禁城出版社．2009.

21. 申秦雁．金银器——陕西历史博物馆珍藏．陕西：陕西人民美术出版社．2003.

22. 扬之水．金银器——奢华之色——宋元明金银器研究．北京：中华书局出版社．2016.

23. 张景明．辽代金银器研究．北京：文物出版社．2011.

24. 陈丽华．故宫藏金属胎珐琅器．北京：紫禁城出版社．2002.

25. 王世襄．中国古代漆器．上海：三联书店．2013.

26. 张荣．古代漆器．北京：文物出版社．2005.

27. 中国硅酸盐学会编．中国陶瓷史．北京：文物出版社．1982.

28. 彭适凡 . 中国南方古代印文陶 . 北京：文物出版社 .1987.

29. 李辉炳 . 宋代官窑瓷器 . 北京：紫禁城出版社 .1992.

30. 耿宝昌 . 明清瓷器鉴定 . 香港：紫禁城出版社 雨木出版社 .2014.

31. 徐邦达 . 古书画鉴定概论 . 北京：故宫出版社 .2015.

32. 谢稚柳 . 中国书画鉴定 . 上海：东方出版中心 .2007.

33. 胡德生 . 故宫经典：故宫名式家具图典 . 北京：紫禁城出版社 .2011.

34. 彭浩 . 楚人的纺织与服饰 . 湖北：湖北教育出版社 .1996.

35. 华梅 . 古代服饰 . 北京：文物出版社 .2004.

36. 王本兴 . 甲骨趣闻 . 北京：北京工艺美术出版社 .2014.

37. 杨荫浏 . 中国古代音乐史稿 . 北京：人民出版社 .1981.

38. 郑祖襄 . 中国古代音乐史 . 北京：人民高等教育出版社 .2008.

39. 金秋鹏 . 中国科学技术史 . 北京：科学出版社 .2008.

40. 高英民 . 中国古代钱币 . 北京：学苑出版社 .2007.

41. 李经纬 . 中医史 . 海南：海南出版社 .2015.

42. 沈从文 . 花花朵朵 坛坛罐罐——文物与艺术研究文集 . 北京：外文出版社 .1994.